Helmut Thielicke
Auf der Suche nach dem verlorenen Wort

**Gedanken zur Zukunft
des Christentums**

BASTEI-LÜBBE-TASCHENBUCH
Band 60219

Inhalt

Zweiter Teil:
Das Christentum und sein Weltauftrag

Wenn Sie (hochwürdige geistliche Herren!) nicht zu einer bedingungslosen Selbstkritik . . . für einen neuen Anfang zurückfinden können, vermag keine Werbetechnik der Welt das Ende aufzuhalten.

Wenn Gott Sie verlassen hat, was sollen wir armen Werbefachleute Ihnen raten? Die Menschen werden nicht aufhören, Gott zu suchen, aber sie werden sich andere Vermittler wählen. Können Sie, sehr verehrte geistliche Herren, nicht mehr nachfühlen, was eigentlich die kleine Gruppe von Aposteln am Pfingsttage mit einer so ungeheuren Macht ausrüstete, daß sie ausreichte, das Gesicht des Abendlandes umzuformen? Das waren keine Propagandamittel im üblichen Sinne . . ., sondern das war die Influenzkraft des Glaubens, des unerschütterlichen Glaubens an die Sendung Christi und an die Erlösung im Leben und im Tode, die das Wunder vollbracht hat. Weil Sie selbst nicht mehr die Influenzkraft des Glaubens in sich verspüren, geben Sie sich Mühe, die fehlende suggestive Hilfe einer starken Seele durch taktische Klugheiten zu ersetzen. Damit sinken Sie immer tiefer in den Bereich der Resonanzlosigkeit herab.   *Hans Domizlaff*

Man verliert nicht den Glauben; er hört auf, dem Leben Form zu geben, das ist alles.   *Georges Bernanos*

Ich bin kein Atheist. Ich bin nur ein Schwergläubiger.
          Erich Maria Remarque

Vorwort

Der Untertitel eines Buches, der die Frage nach der Zukunft des Christentums aufgreift, könnte nach Hochstapelei aussehen. Er legt die Vermutung nicht gerade nahe, schließt sie aber auch nicht völlig aus, daß hier ein universaler Ausblick auf das Christentum inmitten der Weltregionen eröffnet werde. Dabei müßte dann auch die Frage nach den Wachstums- oder Rückgangsraten im Vergleich etwa zur moslemischen Dynamik, zur Ausbreitung fernöstlicher Meditationspraktiken und vielen anderen religiösen Phänomenen erörtert werden. Darum möchte ich sogleich meine Zielsetzung eingrenzen.

Es geht mir »nur« um die Situation des Christentums in seinem eigenen Umkreis, im christlichen Abendland also, genauer: bei uns selber, noch genauer: im deutschsprachigen Raum und hier vor allem in seinem von der Reformation geprägten Sektor. Ich möchte also, wenn man so will, vor der eigenen Tür kehren und Probleme ansprechen, die allen einschlägig interessierten oder engagierten Zeitgenossen auf den Nägeln brennen.

Daß sich dabei immer wieder Ausblicke auf die uns umgebende Klima-Zone des Säkularismus ergeben — auf den Hintergrund also, vor dem unsere religiösen Probleme zu sehen sind —, gehört unmittelbar zu unserem Thema. Hier und da wird auch die Frage aufs Tapet kommen oder im Leser ausgelöst werden, ob der Katholizismus nicht vor manchen ähnlichen Problemen und Krisen stehe. Man braucht nur, um ein Beispiel herauszugreifen, an die Auseinandersetzungen mit der südamerikanischen Befreiungstheologie zu denken, um eine gewisse Entsprechung zu der politisierenden Gruppe im protestantischen Klerus vor Augen zu haben.[1]

Es geht mir zunächst um Verfallserscheinungen dessen, was einmal im Mittelpunkt der Reformation stand: der christlichen *Verkündigung*, vor allem der Predigt. Ich möchte mich der Frage stellen, ob und warum das Leben aus vielem, was wir da zu hören bekommen, gewichen sein könnte, so daß wir oft unter dem Eindruck eines beklemmenden Leerlaufs stehen. Welche Aufgaben der Umkehr, Rückkehr und Einkehr sind uns hier gegeben? Läßt sich der Zeiger der Geschichtsuhr überhaupt zurückstellen — oder ist diese Frage falsch gestellt? Geht es um etwas ganz anderes als um »Vor« und »Zurück«?

Ich werde in diesem Buch nicht auskommen ohne handgreifliche Illustrationen von allerhand Fehlentwicklungen: von einer Lesbierinnen-Trauung zum Beispiel oder einer abartigen feministischen Theologie, vor allem aber von bedenklichen Politisierungs- und Ideologisierungsphänomenen lautstarker Minderheiten, die von den Medien gehätschelt und in den Adel öffentlicher Beachtung erhoben werden.

Bei alledem habe ich als Leser nicht nur die sogenannten »Kirchentreuen« und die Amtsträger im Auge, sondern möchte gerade die ansprechen, die der sogenannten »Amtskirche« (welch gräßliches Wort!) längst den Rücken gekehrt haben, sei es aus Ärger über das Erlebte oder sei es, weil sie schon als Atheisten oder Agnostiker sowieso auf Distanz zu ihr leben. Ich habe dabei eine bestimmte Beobachtung gemacht: Leute, deren geistige Neugier auch gegenüber der religiösen Dimension wach geblieben ist, mögen es in der Regel nicht gerne, daß man sie in Spezialtraktaten anredet und seinen Richtstrahler allzu penetrant auf sie einstellt.

Sie möchten lieber einmal »Mäuschen« sein und mithören, wie die Herrn unter sich reden. Das soll hier geschehen.

Nachdem wir so Verzerrungen, Mißverständnisse und »Umfunktionierungen« (wieder ein gräßliches Wort!) des Christentums haben Revue passieren lassen, möchte ich in einem Schlußkapitel vortragen, was ich unter einem wohlberatenen Weltauftrag des Christentums meine verstehen zu sollen. Hier geht es vornehmlich um eine *positive* Zielgebung dessen, was sich bei talarumwandeten Pfarrern, die bei Demonstrationen mitmarschieren, nur in der Karikatur zeigt. In diesem abschließenden Kapitel wird ein Stück theologischer Arbeit geleistet. Obwohl ich mich bemüht habe, jede interne Fachsprache zu vermeiden, muß ich einige Ansprüche an die Bereitschaft des Lesers stellen, mitzudenken.

Ich hoffe, daß er nicht nur in dieser Schlußpassage bemerkt, von welchem Standort aus ich schreibe: von dem eines Liebenden, der sich durch keine Enttäuschung an der Verheißung irre machen läßt, die über der Kirche steht: an der Verheißung nämlich, daß die »Pforten der Hölle sie nicht überwältigen sollen«, ja nicht einmal ihre eigene Torheit, ihr eigenes Irren und ihre eigene Verblendung kann sie »kaputt machen«.

Ich sehe allenthalben ein Wiedererwachen der religiösen Frage (und werde das noch begründen). Inmitten der Wüste allgemeiner Indifferenz bilden sich zunehmend Oasen, in denen es wieder grünt und blüht, auch und nicht zuletzt in der jungen Generation. Deshalb versuche ich Wege aufzuzeigen, wie die hier aufkommenden Fragen der Sehnsucht gehört werden und wie ihnen die christliche Botschaft als befreiendes und helfendes Wort begegnen kann.

»Die Luft ist voller Verheißungen« — mit diesem Satz schließt das Buch. In diesem Licht möchten auch seine harten und kritischen Kapitel gelesen werden.

Zwei kurze Bemerkungen seien noch angefügt:

Erstens: Im ersten Teil habe ich auf ein früher erschienenes Buch »Leiden an der Kirche« zurückgegriffen, das ich gründlich überarbeitet, um aktuell gewordene Fragen ergänzt und auch nicht unwesentlich gekürzt habe.

Zweitens: Da ich im vorliegenden Buch viele Grundsatzprobleme nur andeuten konnte, vielleicht sogar übergehen mußte, schien es mir gut, im Anmerkungsteil den spezieller interessierten Leser mit dem einen oder anderen bibliographischen Hinweis auf einige Publikationen aufmerksam zu machen, in denen ich sie gründlicher behandeln konnte.

Erster Teil

Der Verfall der christlichen Verkündigung

Das Wort an der Peripherie

Wer die Ziele vor Augen hat, die sich einmal die Reformation gesetzt hatte, kann nur mit Kummer beobachten, was in der Kirche Luthers und Calvins aus dem geworden ist, was ihre Väter als den Quellgrund christlichen Glaubens und Lebens verstanden: aus der Verkündigung. Sie scheint in der hektischen Betriebsamkeit der Routine mehr und mehr an den Rand gedrängt zu werden. Der Großstadtpfarrer muß seine Abende in esoterischen Vereinen absitzen, in denen er immer dieselben Gesichter sieht. Und am Tage wird er von Unterrichtsstunden, Kasualien, Besuchen und vom Moloch seiner Bürokratie aufgefressen. Dies alles zerreibt ihn inmitten jenes winzigen Sektors der pluralistischen Gesellschaft, den man »Kirche« nennt — in einem Sektor, von dem die Bewohner der riesigen säkularisierten Provinzen ringsumher kaum Notiz nehmen. Der Pastor hat das Gefühl, diesen seinen Dienst nahezu unter Ausschluß der Öffentlichkeit zu tun. Und während er fährt und läuft und den Auftrag zu einer Botschaft mit sich führt, die das Leben revolutionieren müßte, mag ihn der Gedanke bedrängen, welcher Widerspruch doch klaffe zwischen dem Anspruch und der Verheißung dieser Botschaft auf der *einen* und der Unbeweglichkeit seiner eingefahrenen Gleise auf der *anderen* Seite. Was tut sich denn schon? Und wo ist auch nur ein kleines Anzeichen dafür erkennbar, daß hier ein Licht in die Welt scheint und daß das Salz im Erdreich wirksam wird und es vor Fäulnis bewahrt?

Indem die Melancholie den also Gehetzten zu umhüllen droht,

mag ihn zusätzlich die institutionelle Unwahrhaftigkeit bedrängen, in deren Rahmen er wirksam ist: die öffentliche und rechtlich privilegierte Konsolidierung dieses Kirchenwesens, für die seine innere Vollmacht kein Äquivalent bildet. Die selbstkritische Frage, die er sich stellt, könnte lauten: Wie müßte der institutionelle Rahmen, innerhalb dessen ich diene, wohl aussehen, wenn er nicht durch die Masse der Kirchensteuerzahler und Taufscheinbesitzer zur Verfügung gestellt würde (unwillig genug), sondern wenn er dem entspräche, was er an wirklich gelebtem Leben des Glaubens umgreift? Die Predigtvorbereitung brauchte Schwingen; hier aber scheint es eher Bleigewichte zu geben. Sie brauchte Sammlung; hier aber droht nur zerstreuende Betriebsamkeit.

Doch nicht nur der *Ort* der Predigt ist so bedenklich zur Peripherie hin gerückt und also im organischen Sinne deplaciert, sondern auch die Predigt selbst ist vielfach zersetzt. Als Student besuchte ich einmal zusammen mit einem berühmten theologischen Lehrer den Gottesdienst der Ortsgemeinde. Ich vergesse nicht (sondern weiß es noch fast wörtlich), was der Professor mir nach der sehr beelendenden Predigt sagte: »Zuerst, wenn ich die Kirche betrete«, so meinte er, »schaue ich mich um und stelle betrübt fest, daß kaum einer meiner Kollegen aus den anderen Fakultäten in den Bänken sitzt. Wenn aber die Predigt vorbei ist, denke ich oft: Wie gut, daß niemand da war!« Und er fuhr fort: »Ich verlange ja von dem abgehetzten Mann auf der Kanzel keinen rhetorischen Ohrenschmaus und auch keine geistreiche Fütterung meines Intellekts. Nicht einmal eine gründliche Textinterpretation erwarte ich, denn vielleicht ist er erst Samstag abends zur Vorbereitung gekommen. Nur auf *eines* möchte ich nicht gerne verzichten: auf einen einzigen eigenen Ton.« Er spielte damit an auf das Übliche: daß nur ein Routinevokabular — Gott, Gnade, Sünde, Rechtfertigung — zum Abrollen gebracht wird und daß so ein christliches Funktionärschinesisch entsteht, das niemandem unter die Haut geht und höchstens die Reaktion auslöst: »Der Pfarrer *muß* ja so reden. Aber was geht es mich an?« »Der eigene Ton ist alles; wer den nicht hält, begibt sich der inneren Freiheit, die erst das Wort möglich machen kann.«[2] Das hat schon Hugo von Hofmannsthal gesagt.

Wenn ich recht sehe, hat gerade der Mensch unserer Generation einen sehr sensiblen Instinkt für Routinephrasen. Er ist durch Werbung und Propaganda daran gewöhnt. Er weiß, daß das ständige Rühmen eines Markenartikels (oder eines politischen Systems!) nicht die eigene Überzeugung dessen ausdrücken muß, der da redet, sondern daß es oft gestanzte Gewohnheitsphrasen sind, die als steter Tropfen die steinerne Psyche des Konsumenten aushöhlen sollen. Wer wissen will, ob eine Limonade wirklich so gut ist, wie sie das Mädchen auf dem Bildschirm anpreist, darf nicht der phonetisch hochgesteigerten Empfehlung glauben, sondern er muß feststellen, ob sie selber privat diese Limonade trinkt. Trinkt der Prediger das selber, was er auf der Kanzel ausschenkt? Ist er also glaubwürdig? Das ist die Frage, die das von Reklame gebrannte Kind unserer Zeit stellt.

Was heißt: »hinter« seiner Botschaft stehen?

Sicher täte er dem Pfarrer unrecht, wenn er ihm eine mögliche Heuchelei unterstellte. Ich kenne ziemlich viele Pfarrer, aber wüßte keinen einzigen, der heimlich auf eine andere »Limonadenmarke« als die von ihm vertretene schwört. Doch so ungerecht diese Frage auch im Vordergründigen sein mag (um massive Heucheleien geht es ganz sicher nicht!), so beklemmend kann sie auf Fragwürdigkeiten im Hintergrund deuten. Was heißt denn schon, darauf zielt diese Frage dann, von einer Sache überzeugt sein und sie als »Wahrheit« vertreten?

Offenbar verlangt der Rang einer Überzeugung doch mehr, als nur etwas für wahr zu halten. Das bloße Halten-für . . . kann ja auch unverbindliche Meinung sein.

Und wir wissen doch — etwa aus den Kundgebungen der Meinungsforschungsinstitute —, wie bloße Meinungen zustande kommen, wie oft sie nur die Funktionen des jeweiligen Milieus sind, wie sie dem Trägheitsgesetz der Überlieferung und des allgemeinen Ondit unterliegen und überdies manipuliert und »aufgebaut« werden können. Wer beweist uns denn, daß die christliche Meinung nicht *auch* so zustande gekommen sein sollte? Spricht nicht vieles dafür? Könnte denn heute jemand, der nicht aus einer christlichen Tradition kommt, die hier vertretene Wahrheit als eine Entdeckung empfinden? Das will mir als die schlechthin entscheidende Frage erscheinen. Und ich freue mich, Rudolf Augstein wenigstens darin (aber auch in einigem anderen) zustimmen zu können, wenn er sagt, daß der überzeugte Christ sich fragen müßte: Welchen Grund sollte eigentlich jemand haben, der aus Überzeugung nicht glaubt, an die christliche Botschaft zu glauben?

Wenn diese Botschaft nicht imstande sein sollte, einem Widerstrebenden plötzlich evident zu werden, bisher gegangene Wege jäh abzubrechen und ungeahnt neue Horizonte zu eröffnen, dann wäre das die Bankrotterklärung aller christlichen Möglichkeiten. Es gibt keine deprimierendere Rechtfertigung des Christlichen als die, daß es im Sinne des Trägheitsgesetzes der Tradition sich nun einfach forterben müsse, daß es nur wie eine klebrige Masse denen weiter anhafte, die einmal mit ihm in Berührung gekommen seien, niemals aber imstande wäre, ein überwältigendes und attraktives Novum für jemanden zu sein, der zu ganz anderen Zielen unterwegs war.

Liegt aber die christliche Wahrheit, so lautet die marternde Frage, nicht viel zu weit ab von dem, was uns sonst bewegt, so daß sie mit diesem uns sonst Bewegenden gar nicht in Kontakt kommt und es darum auch nicht zu revolutionieren vermag? Liegt sie nicht weltenweit ab vom Abendprogramm im Fernsehen, vom Interesse am Sozialprestige gegenüber den Nachbarn, vom nächsten Fußballmatch und von der Vorfreude auf die Ferien? Kann das immer neue Ausdreschen des alten Korns, das vielleicht längst zu leeren Hülsen geworden ist, überhaupt anders erklärt werden als damit, daß hier jemandem von seiner Familie der Dreschflegel in die Hand gedrückt wurde und daß die »bedingten« und von der christlichen Tradition eingeschliffenen Reflexe ihn nun veranlassen, immer weiter zu dreschen, obwohl schon längst nichts mehr da ist, was als lebendige Frucht herausspringen könnte? Könnte *das* also nicht die sogenannte christliche Meinung sein, die auf den Kanzeln vertreten wird? Und wären diese bedingten Reflexe der christlichen Tradition nicht durchaus mit subjektiver Ehrlichkeit zu vereinen? Auch die negativen Psychiater der ideologischen Systeme, die die Pawlowsche Lehre von jenen Reflexen zur Manipulation der menschlichen Psyche benutzen, streben ja eingestanzte Überzeugungen an, die ihre Opfer dann tatsächlich und in subjektiver Ehrlichkeit zu besitzen glauben. Kann man nicht geradezu erfüllt sein von einem induzierten neuen Glauben — sagen wir einmal bei den Jugendsekten? Die Frage ist nur, ob es die Betreffenden *selbst* sind, die diese Überzeugungen hegen.

Hinter solchen skeptischen Fragen steht die folgende Kritik: Es genügt uns nicht, daß der Prediger subjektiv von der Richtigkeit seiner Überzeugung erfüllt ist und daß er also nicht bewußt heuchelt. (Für so unanständig halten wir ihn gar nicht.) Wir müßten, um uns ein Urteil über seine Glaubwürdigkeit bilden zu können, etwas anderes wissen (und das klingt jetzt wieder an das Bild von der Limonade an): ob er selber in dem Gehäuse seiner Dogmen wohnt, ob er darin »existiert«. Das heißt also: Das, was der Pfarrer auf der Kanzel sagt, müßte eine Beziehung zu dem haben, was seine Existenz auch sonst erfüllt. Er ist ja ein netter und umgänglicher Mann. Aber bitte: Wann taucht in seiner sehr menschlichen Konversation etwas von Christus auf? Wann fällt dieser Name so selbstverständlich, wie wenn er mit mir über das Wetter oder über die letzte Note meines Sohnes im Deutschaufsatz spricht? Er ist auch ein kultivierter Mann. Wird im Kino oder im Theater ein Problemstück gespielt, ist er bestimmt dort; und neulich sah ich ihn in einer Ausstellung von Emil Nolde. Die Stimme, mit der er darüber spricht, klingt ungezwungen und hat jenen beiläufigen Ton, der darauf deutet, daß das Ausgesprochene ein selbstverständliches Bestandstück des geistigen Organismus geworden ist. Wird er aber »sakral«, zeigt das Timbre seiner Stimme an (obwohl er keine Spur von Kanzelpathos hat), daß er etwas von weit her Herbeigeholtes sagt und daß das nun wie ein Meteor von anderen Gestirnen in seiner normalen Lebenslandschaft liegt und wie ein Fremdkörper wirkt. Spricht er über Kafka, ist er ganz »dabei«, das andere *holt* er erst herbei. Beides taucht auch kaum zusammen auf, und es ist geradezu so, als ob hier zwei Räume in ihm wären, die nicht durch eine Tür und also auch durch keine lebendige Fluktuation verbunden sind. *Wohnt* er also in seinem Lehrgehäuse? Holt er Kafka und Bertolt Brecht da hinein? Holt er seinen Spaß an einem guten Witz da hinein? *Lebt* er also darin? *Fühlt, denkt* und *will* er darin? Oder sind Kanzel und Studierstube außerweltliche Räume, die von der sympathischen Normalität seines Daseins geschieden sind?

Daß er sich ernstlich mit seiner Predigt beschäftigt, daß er die Bibel studiert und theologische Probleme durchdenkt — das alles wäre noch kein Beweis dafür, daß er seine »Limonade« selber trinkt. Das könnte, wie gesagt, ein bedingter Reflex oder ein Effekt des kategorischen Imperativs sein, der Treue im Beruf gebietet. Die Frage ist vielmehr, ob er mit der Bibel seinen eigenen Durst stillt, so wie er den Durst seiner geistigen und menschlichen Interessen im Theater oder im Umgang mit seinen Freunden stillt. Wenn ich zwischen seiner christlichen und seiner menschlichen Existenz einen Bruch und keine Verbindung sehe, dann neige ich zu der Diagnose — so argumentiert der Normalmensch auf reflektierte oder unreflektierte Art —, daß er nicht selber im Gebäude seiner Verkündigung wohnt, sondern sich daneben angesiedelt hat, daß also die Schwerpunkte seines Lebens anderswo liegen.

Hier erinnere ich mich einer Erfahrung, die wir nach dem Kriege machten. Auf zahlreichen Konferenzen mit führenden Männern der Kirche wurde sie immer wieder bestätigt. Wir erlebten die Rückkehr vieler Pfarrer aus langem Kriegsdienst oder schweren Gefangenschaften. Beides hatte sie mit Grenzsituationen der Menschlichkeit konfrontiert und einem sehr elementaren Schicksal begegnen lassen. Sie waren aus jeder Art kirchlichen Gettos herausgerissen und zu den unmittelbarsten mitmenschlichen Kontakten geführt worden. Jedermann dachte, das müsse sich nun sehr erkennbar auf die Art ihrer Verkündigung auswirken. War sie vorher vielleicht etwas blaß und dem Leben entrückt gewesen, so würde sie gewiß nun blutvoll und mit durchlittenem Leben gesättigt sein. Die Hoffnung darauf mochte sich noch steigern, wenn sie von ihren Erlebnissen berichteten: da war alles prall und dicht, es gab keinen falschen Ton, und darum rührte es einen an. Stiegen sie aber auf die Kanzel, so war von dieser Unmittelbarkeit oft wenig mehr zu spüren. Gleichförmig und im gewohnten Flußbett strömten die üblichen Gewässer herab. Was eben noch den Ton des Unmittelbaren, was den »eigenen« Ton gehabt hatte, war nun wieder generell und verblasen. Und neigte man vorher noch zu der Feststellung, daß »der ganze Kerl im Feuer des Kriegsschicksals umgeschmolzen und umgekrempelt« worden sei, so schien er auf der Kanzel ohne erkennbare Zäsur dort fortzufahren, wo er 1939 aufgehört hatte.

Diese Feststellung hatte etwas Erschreckendes, und man fragte sich, wie es wohl zu erklären sei, daß die Verkündigung von alledem oft unberührt geblieben war. Gewiß gab es auch Ausnahmen, und man konnte beglückt ein geistliches Wachstum feststellen. Dann war die Phase des so schreckvoll Erlebten geistlich verarbeitet worden, dann wurde sie theologisch bewältigt und konnte zu einer Gestalt der Verkündigung führen, die — um Kleines mit Großem zu vergleichen — an die Propheten erinnerte. Denn deren Botschaft war ja unmittelbar in die Geschichte verwoben, in deren Mitte sie standen. Da wurden die geschichtlichen Figuren (Cyrus und Nebukadnezar), wurden Flutkatastrophen und wunderbare Errettungen, wurden öffentliche und geheime Sünden in »das Licht vor Gottes Angesicht gestellt« und transparent gemacht, so daß die Gerichte und Gnaden Gottes durch sie hindurch gesehen werden konnten.

Wo dieses geistliche Wachstum und damit die Verlebendigung der Botschaft beobachtet werden konnte, da war meist die vorangegangene Geschichte in besonderer *Weise* durchlebt worden: Der Prediger mußte nämlich schon *während* ihres Ablaufs — im Kessel von Stalingrad oder inmitten der Schrecken des Bombenkrieges — verkündigend tätig sein. Er war daher gezwungen, die eigene Benommenheit durch Angst, Entsetzen und Sorge jeden Tag neu zu durchstoßen und nach den Bergen aufzublicken, von denen uns Hilfe kommt. Er mußte die apokalyptische Situation, die den Normalmenschen in Schock, Panik oder Erstarrung versetzte, für seine Person bewältigen und sub specie aeternitatis zu sehen lernen — einfach weil er auf die Kanzel oder ein zusammengenageltes Notgerüst klettern mußte, um seinen verstörten Hörern etwas davon zu sagen, daß alles dies etwas mit Gott, daß es mit seinen Gerichten und Heimsuchungen zu tun hatte.

So kamen Leben und Verkündigung in engsten Kontakt. Denn in *dieser* Situation war es wirklich unmöglich, nur im generellen Sinne von Sünde und Gnade zu sprechen. Worte ohne Bezug zu ihr hätten einem im Halse steckenbleiben müssen. Entweder ich mußte verstummen oder etwas in die *Stunde* hinein sagen. Um aber in die Stunde sprechen zu können, mußte sie *mehr* für mich werden als ein Partikel im Strom der Zeit, von dem ich mich nur passiv mitnehmen ließ. Ich mußte dieses Zeitstück auf die Ewigkeit beziehen und es geistlich verarbeiten.

So konnte ich einem Exerzitium konkreter Verkündigung unterworfen werden, und der Heilige Geist mochte mich in eine Schule versetzen, die unerbittlich war. Ich mußte gleichsam stellvertretend für die, die meine Botschaft mit anhörten, Distanz zu der Stunde des Schreckens gewinnen, obwohl ich noch gar keine zeitliche Distanz von ihr hatte; und üblicherweise pflegt man doch zu sagen, daß man nur im Maße des zeitlichen Abstands zu einem abgewogenen Urteil und zur Reife komme. Hier aber mußte »im Augenblick« verkündigt werden. Darum war die Distanz, die gewonnen werden mußte, von anderer als zeitlicher Art: Sie ergab sich daraus, daß die Dimension der Ewigkeit helfend zur Stelle war. Indem ich die Stunde nicht nur kreatürlich durchlitt, sondern die Frage stellte, ob auch über *ihrer* Sinnlosigkeit noch die höheren Gedanken Gottes gedacht würden, ob und wieso auch sie ein Kapitel bedeute, das dem Thema des Heiles zugeordnet sei und also *nicht* aus der großen Geschichtskonzeption Gottes herausfalle — indem ich diese Frage zu stellen gezwungen war (sie war ja von höchster Dringlichkeitsstufe, denn gleich mußte ich wieder aufs Gerüst, gleich würden die Menschen gespannt darauf warten, ob es mir die Sprache verschlagen oder ob meine Botschaft auch noch den Hufschlag der apokalyptischen Reiter durchdringen werde), nochmals: Indem ich diese Frage stellen mußte, war die Distanz geschenkt. Sie konnte nur ein Wunder des Geistes sein. Nur wer der Stunde so entrückt wurde, konnte in sie hinein sprechen und war ihr dann auf ganz neue und ungeahnte Weise nahe.

Wie aber war es mit denen, die sehr viel Schrecklicheres erlebten und nun nach dem Kriege in konventioneller Weise und auf eine falsch distanzierte Art einfach weitermachten? Sollte eine Lösung für dieses bedrängende Rätsel vielleicht darin liegen, daß sie jene Geschichtsphase eben »kreatürlich« und nicht »geistlich« durchlebten — was keineswegs heißen soll, daß das nicht auf eine sehr tapfere und menschlich imponierende Weise habe geschehen können? Daß sie vielleicht zu erschöpft, zu hungrig, zu verzweifelt, zu verlaust gewesen sind, um die meditative Anstrengung vollziehen zu können, auch nur die Bibel zu lesen und jene geistliche Distanz gegenüber der Stunde zu gewinnen?

Wer geneigt ist, diese Frage mit Ja zu beantworten, kann eine solche Diagnose nur ohne jeden Pharisäismus stellen. Er kann sie nur im Dank für die harte Gnade Gottes vollziehen, die ihn vielleicht von Berufs wegen (und nicht wegen seiner besonderen theologischen Qualität) nötigte, in oft verzweifelter und hoffnungsloser Mühe die *Distanz* von Verzweiflung und Hoffnungslosigkeit zu gewinnen und die Psalmen und die Propheten und die Evangelien mächtiger über sich werden zu lassen als die schreckvolle Stunde, die wahrlich übermächtig genug nach ihm griff.

Auf die Prediger aber, in deren Botschaft wenig von dem Durchlebten eingeflossen war, scheint tatsächlich zuzutreffen, was wir soeben feststellten: daß die Schwerpunkte ihres Lebens offensichtlich anderswo als in ihrer Botschaft liegen können, daß ihr Lehrgehäuse möglicherweise *neben* diesem ihrem Leben steht, das sie in großer Intensität zu durchleben hatten.

An dieser Stelle scheint mir das geheime Mißtrauen gegenüber der christlichen Verkündigung zu schwelen. Hinter aller vordergründigen Kritik, wie etwa der, daß die Predigt langweilig, weltfremd, nicht tangierend sei, steht nach meiner Überzeugung dieser letzte Vorbehalt: Wer langweilig ist, langweilt sich auch selber. Und wer sich langweilt, lebt nicht in dem, was er so — Langeweile verbreitend — von sich gibt. »Wo euer Schatz ist, da ist auch euer Herz«; hier scheint der Schatz des Herzens nicht identisch zu sein mit dem, was es anpreist. Die Attraktionen, von denen dieses Herz bewegt ist, scheinen nicht in *dem* zu liegen, wovon es verkündigend spricht. Man vermißt also genau das, was mein theologischer Lehrer zum Ausdruck brachte: den eigenen Ton. Denn der eigene Ton wird sofort hörbar, wenn der Redende selber in seiner Rede »ist«, wenn er sich selber gibt und sein ganzes Herz hineinlegt.

Natürlich weiß das der Prediger auch, selbst wenn er einer jener Unglücklichen sein sollte, die »neben« ihrer Botschaft leben. Dann wird manchmal (und wieder nicht heuchlerisch, sondern in der ehrlichen Meinung, daß es so sein müsse) der Herzton durch die rhetorische Tricktaste eingeblendet, dann tritt man das Energiepedal, um Brustton hineinzubekommen. Denn das Evangelium will, so weiß er es ja theologisch, den *ganzen* Menschen. Also muß auch phonetische Fülle produziert und muß der Urlaut des Herzens zu Gehör gebracht werden.

Wenn das auch keine *vordergründige* Heuchelei ist, so ist es doch eine mehr unbewußte Unehrlichkeit im Letzten. Denn auch Jesus versteht unter Heuchelei keine bewußte Verstellung; in diesem Sinne hat er die Pharisäer niemals karikiert! Sondern er *versteht unter Heuchelei einen objektiven Selbstwiderspruch in der eigenen Existenz*, einen Widerspruch, über den sich der also Verwickelte selber gar nicht klar zu sein braucht. Dieses Widersprüchliche kann etwa dann vorliegen, wenn jemand den Kult des Gottesdienstes andächtig vollzieht, gleichzeitig aber die Gebote desselben Gottes dadurch sabotiert, daß er hartherzig gegen seinen Nächsten ist (Matthäus-Evangelium 5,23). Der Widerspruch besteht also darin, daß wir einerseits der Erlösung zugeordnet sind, andererseits aber unerlöste Bereiche in uns haben, die vom erneuernden Hauch des Geistes noch unberührt sind.

Um es in einem Bilde zu sagen: Das Herz kann für Gott schlagen; es kann auch von seiner Gnade ergriffen und es kann in alledem ein *frommes* Herz sein; aber es hat das Blut noch nicht bis in die äußersten Extremitäten des Körpers gepumpt. Es gibt noch klamme Glieder, die der erneuerte Blutkreislauf nicht erreicht hat. Daß etwa mein Geschlechts- oder mein Geschäftsleben *auch* etwas mit Gott zu tun habe (daß Gott sich also keineswegs auf meine religiöse Provinz beschränkt und mich selber über die anderen Ich-Sektoren frei gebieten oder sie nach ihrer sachlichen Eigengesetzlichkeit verwalten läßt): das ist mir einfach noch nicht klargeworden.

Heuchelei als Bewußtseinsspaltung

Ich habe das einmal an einem drastischen Beispiel erlebt: Ein wohlhabender Kirchenvorstand, seines Zeichens Unternehmer, hatte mich zum Tee in sein schönes und überaus kultiviertes Haus gebeten. Ich drückte mein Bedauern darüber aus, daß die Bomben auch dieses Schatzkästlein des Geschmacks nicht verschont, sondern nur ein kümmerliches (wenn auch sehr gepflegtes) Fragment übriggelassen hätten. Da antwortete der also Angesprochene: »Sprechen Sie nicht von Bedauern. Auch bei diesem Verlust habe ich die Gnade Gottes erfahren.« Unwillkürlich durchfuhr es mich: Wie fromm ist dieser Mann, wie demütig — und wie kleingläubig und sentimental hast du ihn eben angesprochen! Da fuhr er fort: »Gott hat mir nämlich gerade so wenig Raum gelassen, daß ich nach dem Kriege keine Flüchtlinge aufnehmen mußte.« Ich will jetzt nicht davon sprechen, welchen Schock dieses Wechselbad der Äußerungen auf mich ausübte, sondern mich auf die Feststellung der theologischen Pointe beschränken: Der Mann war wirklich fromm, er betete, und auch die sozialen Bemühungen für seine Angestellten waren ihm Herzenssache. Daß aber auch die Wohnraumfrage etwas mit Gott und dem Nächsten zu tun hatte, war ihm offensichtlich nicht klargeworden. Er hatte übersehen, daß dieser Fragenkomplex ebenso wie alle anderen Lebensbereiche eine Beziehung zu der Botschaft hatte, die er in seinem Herzen bejahte. Sein geistliches Gehäuse stand abgetrennt und unverbunden neben seinem sonstigen Leben. Das Kapitel »Wohnraum« und »persönlicher Komfort« schien nicht zu diesem Thema zu gehören. Es mobilisierte andere Leidenschaften als die für Gott. Das fromme Herz hatte das Blut noch nicht bis in diese Glieder gepumpt. Die Extremitäten blieben klamm.

Vielleicht ist diese Anekdote exemplarisch für die Situation des Protestantismus überhaupt: Luther hatte eine neue Botschaft für dieses »Herz« gebracht. Er hatte es wissen lassen, daß es sich nicht mehr mit Skrupeln über seine Schlechtigkeit belasten dürfe, sondern daß Gott sich seiner erbarmen und ihm nahe sein wolle, obwohl es randvoll mit argen Gedanken, Motiven und Trieben sei. Auf diese Botschaft vom neuen Rang des Herzens vor Gott hat sich die theologische Bemühung der protestantischen Kirchen weithin beschränkt. Aber sie hat nicht bedacht (oder zu wenig bedacht), daß das Herz den gesamten Blutkreislauf steuert und daß es auch die Extremitäten versorgen muß. Brauchte es nicht sehr lange (spätestens bis der Nationalsozialismus die Herrschaft über die sämtlichen Glieder des Körpers total und rabiat für sich beanspruchte), bis man dahinter kam: Auch die Existenz des Menschen als Staatsbürger, als Angehöriger eines Volkes, als soziales und ökonomisches Wesen müsse von diesem so neu verstandenen Herzen mit Blut versorgt werden?

Gerade das Luthertum ist lange Zeit nicht bis zu dieser Erkenntnis vorgestoßen, sondern hat jene Bereiche sich selber überlassen. Es tat das in einer sehr mißverstehenden Interpretation der Lehre von den zwei Reichen, das heißt von dem Gegenüber des »Reiches zur Rechten«, des Gottesreiches, und des »Reiches zur Linken«, des Weltreiches. Es verhielt sich so, als ob diese Lehre besagen solle: Gott interessiert sich nur für den geistlichen und religiösen Sektor — also für das Reich zur Rechten —, während im Reiche zur Linken, im Weltreich, nur die Eigengesetzlichkeit der betreffenden Sachgebiete zu herrschen hat; dort müsse das Prinzip l'art pour l'art gelten und das weitere Gesetz, daß politische Dinge nur politisch, wirtschaftliche nur wirtschaftlich behandelt werden dürften. In diesem Sinne hat selbst die Bekennende Kirche versagt, als der Staat nicht nur die Verkündigung des Wortes

Gottes antastete (und man da von seiten der Kirche eine wackere Opposition begann; denn hier ging es um das unmittelbare Thema des »Herzens«, und hier fühlte man sich zuständig!), sondern als er die Judenfrage auf unvorstellbar grausame Weise löste und die Geisteskranken der »Euthanasie« auslieferte. Sie schwieg, von einigen eindrucksvollen Ausnahmen abgesehen. Denn handelte es sich nicht um eine »politische« Frage, die die Kirche nichts anging? Ging es hier nicht um politische Extremitäten, während einem selber nur die Sorge für das Herz anvertraut war?

So wurde der Zwiespalt, wurde das Nebeneinander von Leben und Lehrgehäuse auch noch theologisch sanktioniert, und die Lehre von den beiden Reichen mußte herhalten, um diese Dichotomie (diese Zweiteilung) der christlichen Existenz zu begründen.[3] Warnende Stimmen, wie etwa die von Dietrich Bonhoeffer, blieben weithin ungehört.

Auch das Neue Testament spricht immer wieder von dieser unheimlichen Dichotomie des frommen Menschen und des Verkündigers, von den Evangelien bis zum Jakobusbrief. Man braucht nur an die Geschichte vom Barmherzigen Samariter zu denken: Priester und Levit (also Verkündiger!) machten einen Bogen um den, der unter die Mörder gefallen war. Sie halfen ihm nicht. Denn sie mußten nach Jericho, wahrscheinlich dienstlich. Und diesen Dienst taten sie natürlich im Namen Gottes! Dabei rechneten sie nicht damit, daß der Nächste mit seiner Not uns nahezu immer unverhofft begegnet, daß er in unsere dienstlichen Dispositionen fast niemals paßt und deshalb improvisierte Umstellungen erfordert. Aber diese beiden Kleriker brachten nicht den Überfallenen und sie Überfallenden, sondern nur ihre dienstlichen Dispositionen in Zusammenhang mit Gott. Und sie ahnten nicht oder wollten nicht ahnen, daß dieser Gott gerade das Umdisponieren, daß er das Spontane von ihnen verlangt hätte.

Vielleicht stand in ihrem Terminkalender: »Abends Vortrag über die Nächstenliebe in Jericho.« Und wer zweifelt daran, daß sie sich sorgfältig, mit Gebet und im Engagement ihres Herzens auf diesen Vortrag präpariert hatten!

Als aber der konkrete Nächste plötzlich vor ihren Füßen lag, machten sie den weiten Bogen. Sie taten das, weil sie der Assoziation aus dem Wege gehen wollten, die sich zwischen ihrem *Vortrag* über die Nächstenliebe und diesem konkreten *Fall* hätte einstellen können. Sie halfen ein bißchen nach, damit die beiden Bereiche (der Vortrag auf der Kanzel und das unmittelbare Leben) voneinander geschieden blieben. Dieser objektive Selbstwiderspruch zwischen dem, was ich lehre, und der Art, wie ich lebe — das ist *Heuchelei im gefüllten Sinne des Wortes*. Und das Dämonische daran ist, daß die Heuchelei Hand in Hand mit subjektiver Ehrlichkeit, ja mit gutmütiger Ahnungslosigkeit gehen kann. Nur nimmt man dann einem solchen Mann nichts mehr ab, man sagt, er sei nicht glaubwürdig (obwohl er doch subjektiv ehrlich ist!). Aber man spürt, daß er in Wirklichkeit *neben* seiner Botschaft wohnt, daß er eine Pluralität von Leidenschaften hat und daß er nicht (im Sinne Kierkegaards) »die Reinheit hat, nur *Eines* zu wollen«.

Wenn also unsere Predigt gegenüber früheren Generationen an Leben verloren hat, ja wenn sie gelegentlich tot sein kann, dann liegt es nicht daran, daß wir rhetorisch schlechter und gedanklich langweiliger wären als die Väter, sondern es liegt an jener Dichotomie unserer Existenz. Es geht um pathologische Zustände unseres geistlichen Lebens, es geht um das Problem der »klammen Glieder«. Man fühlt sich hierbei an das Kanzelgebet Martin Kählers erinnert: »Mache den Gedanken bange, ob das Herz es redlich mein'.«[4]

Das Problem der Glaubwürdigkeit

Zu all diesem könnte es auch eine empirische Gegenprobe geben. Neben der geschilderten Misere der Verkündigungsexistenz wären auch genug *andere* Beispiele anzuführen, bei denen Aufgeschlossenheit und Hörbereitschaft festgestellt werden können. Das glaubwürdig ausgerichtete Wort kommt auch heute so wenig wie eh und je leer zurück, sondern ist mit Seelen befrachtet, die in ihm Erfüllung und Frieden finden. Aber auch eine genauere Analyse dieses *positiven* Gegenbeispiels würde gewisse innere Situationen der potentiellen Hörer erkennbar machen. Wenn ich recht sehe, fragt man im allgemeinen nicht: »Wo lerne ich zu glauben?« Um diese Frage zu stellen, müßte man ja im großen Umriß schon wissen, was der Glaube überhaupt ist und was er für das eigene Leben bedeuten könnte. Vielmehr fragt man: »Wo finde ich glaubwürdige Zeugen?« Ich glaube, daß die protestantische Theologie bisher viel zu ausschließlich über den Glauben und viel zuwenig über das Problem der Glaub*würdigkeit* von Personen nachgedacht hat.

Die Glaubwürdigkeit hat mit dem Verhältnis des Glaubens zur *Person* und also damit zu tun, ob jemand mit dem Glauben Ernst macht. Es geht nicht darum, ob es jemandem damit ernst *»ist«* — wer würde das irgendeinem ernsthaften und ernst zu nehmenden Zeugen zu bestreiten wagen? Sondern es geht darum, ob er mit dem Glauben Ernst *»macht«*.

Wir haben gesehen, worin dieses Ernstmachen besteht: Es geht gar nicht darum, daß er ein »gemalter Heiliger« (Luther) und ein Mensch von moralischer Perfektion sein müßte. Wer das zu sein begehrte oder sich gar einbildete, es zu sein, würde gerade seine Botschaft von der Annahme des Sünders veruntreuen! Sondern es geht darum, ob er in dem Gebäude seiner Lehre und Verkündigung selber existiert. Die Frage nach der Glaubwürdigkeit ist also auf einen existentiellen Tatbestand und nicht auf eine Bewußtseins- und Gemütslage gerichtet; sie fragt nicht »psychologisch«. Darum geht es hier um ein echtes Thema der Theologie und nicht um Seelenschnüffelei oder um die Zuständigkeit eines so fragwürdigen Ressorts wie der Religionspsychologie.

In diesem tieferen Sinne aber ist die Nachfrage nach der Glaubwürdigkeit des Zeugen nicht zu überhören. Ich bilde mir überhaupt ein zu bemerken, daß heute alle wesentlichen und die Tiefe der Existenz anrührenden Fragen über das Medium von *Menschen* ins Bewußtsein treten, von Menschen, in denen sie gleichsam inkarniert sind. Man ist zum Beispiel nicht »*heilsbegierig*«, und die Frage Luthers »Wie kriege ich einen gnädigen Gott?« bekommt man nicht in einem Café und nicht an einem Stammtisch zu hören. Wohl aber ist man »*neugierig*«, wie ein Mensch aussieht (und wie es *in* ihm aussieht), der selber von einer Heilsbotschaft lebt und der im übrigen ein Mensch ist »wie du und ich«, so daß ich mir seine »religiöse Bindung« nicht mit einer ausgefallenen und abwegigen psychischen Konstitution erklären muß. Man will selber gar keinen Adelstitel haben; aber man interessiert sich dafür, wie der Hochadel in seinen Familien und auf seinen Schlössern lebt. Man könnte die Belege für den an sich sehr ernsthaften Tatbestand sogar in den Bereichen der äußersten Trivialität suchen.

Die neugierige Frage, wie und wovon der Zeuge lebt und wie sich seine Botschaft in seiner Existenz auswirkt, ist die (nun allerdings psychologische) Form, in der sich das Problem der Glaubwürdigkeit konkret manifestiert. Und in diesem Sinne werden wir sagen dürfen, daß die Frage nach der Glaubwürdigkeit auf eine der tiefsten Sehnsüchte unserer Zeit deutet. Wir sind von lauter »Funktionären«, Meinungsbeauftragten und Propagandamachern umgeben, und wir wissen nicht, wie sie persönlich und privat denken — weder Politiker noch Wirtschaftsstrategen. Wir stehen ständig unter dem etwas makabren Eindruck, nicht einer wirklichen Überzeugung, sondern einer geschickt praktizierten Methode der Beeinflussung ausgesetzt zu sein. So kann ein Politiker, nachdem er vorher in demagogischem Pseudobrustton geredet hat, nachher bei Bier und Zigarre im kleinen Kreis sagen: »Nun, wenn Sie meine *persönliche* Meinung hören wollen . . .« Und ein hoher Staatsdiener könnte (in versöhnlicher Selbstironie) den Satz in seine Rede einflechten: »Wenn ich nicht Minister wäre, sondern eine eigene Meinung hätte . . .« Kaum jemand weiß noch, wie der andere »wirklich« denkt, weil er ferngesteuert und ein Bauchredner zu sein pflegt, aus dem seine eigene Stimme wie eine fremde tönt.

Es hat in einer Zeit dieser Funktionärsbauchrednerei auch zweifellos keinen Sinn mehr, wenn sich der Prediger eines bestimmten Kanzelpathos und einer angestrengten Feierlichkeit bedienen würde, um damit schon phonetisch anzudeuten, daß er sich auf sakralen Höhen und im Rahmen des letzten Ernstfalles bewege, daß er also wahrlich den Niederungen säkularer Meinungsknechte entnommen sei. Solche pathetischen Zeichen würden wenig helfen, weil sie in jenen Niederungen ja ebenfalls aufgerichtet werden. Die heilige Johanna kann in ihren ekstatischen Augenblicken nicht verzückter gesprochen haben als das gemietete Hausfrauen-Mannequin auf dem Fernsehschirm, wenn es angesichts eines Waschpulvers in die visionären Worte ausbricht: »Das strahlendste Weiß meines Lebens!« Scheint man hier nicht den siebenten Himmel offen zu sehen? Wie sollte die Hingerissenheit einer solchen Schau von einem Zeugen auf der Kanzel noch phonetisch überboten werden können? Auch das feierliche Tremolo ist längst von den Psycho- und Werbestrategen mit Beschlag belegt worden: Orgelklänge sind eine beliebte Geräuschkulisse geworden, mit der die Spezialnerven für Feierlichkeit angerührt werden. Für viele Leute, die eine kirchliche Beerdigung wünschen, am sachlichen Gehalt der Botschaft aber gar nicht interessiert sind, bedeutet die Orgel ja ebenfalls nicht mehr.

Alle diese sakralen oder besser pseudosakralen Töne tauchen längst schon bei Margarinewerbungen und in Sportreportagen auf: »Nach schweren inneren Kämpfen um die Geschmacksrichtung«, so hieß es vor einiger Zeit auf einem Nahrungsmittelkongreß, »hat sich die Hausfrau zu einem neuen, eindeutig deutschen Käsebewußtsein durchgerungen, das auf halbfetter Basis beruht.« Klingt hier nicht das Luther-Wort aus Worms an: »Hier stehe ich, ich kann nicht anders« —? Ist hier das Käsebewußtsein nicht zur Gesinnung erhoben und zum *status confessionis* geworden? Und in einer Sportreportage finden sich die Sätze: »Nach dem sechsten Tor, das ihm der HSV hineingewürgt hat, macht der Pirmasenser Franz-Joseph Zieberg keinen Hehl mehr aus seiner Verzweiflung. Gefährlich ist Matischak, der wunderlich begnadete . . .« Der charismatische Rechtsaußen — soweit sind wir gekommen. Inmitten solcher Konkurrenzen können wir nicht mehr bestehen, wenn wir bloß die Feierlichkeit kultivieren. Es gibt ja längst Fußball-»Gemeinden« und Margarine-»Liturgien«. Inmitten der atmosphärischen Verlogenheit unserer Zeit können wir vom Unbedingten nur so reden, daß wir nüchtern die Sache explizieren, daß wir das in natürlicher Sprache, fast im Konversationston tun. Gerade indem wir nicht anders reden als sonst, machen wir erkennbar, daß die *Inhalte* anders sind, von denen wir reden, daß Gott der »ganz andere« ist . . . —

Diese Zeit der verfremdeten Personalität hat die Sehnsucht nach Glaubwürdigkeit und nach dem »eigenen Ton« ins Ungemessene wachsen lassen. Auch die absonderlichsten Dinge wäre man bereit anzuhören und ernst zu nehmen, wenn sich der tolle Fall ergäbe, daß ein ernstzunehmender Mensch selber daran glaubt und damit Ernst macht. Ja, es kommt vor, daß jemand infolge seiner Glaubwürdigkeit weltberühmt werden kann, *weil* sie eben eine solch ungewöhnliche Ausnahme ist. Viele wissen gar nicht, daß Albert Schweitzer ein großer Künstler und ein schöpferischer Theologe war, oder zumindest wissen nur *wenige*, was es damit auf sich hatte. Aber daß er auf eine beachtliche Karriere auf der Rennbahn der europäischen Kultur verzichtet hat, um in den Busch zu gehen und Eingeborenen unappetitliche Geschwüre aufzuschneiden, das übt eine unerhörte Faszination aus, auch wenn man die Sache selber für ausgefallen und Lambarene für ein fragwürdiges Exempel von Hygiene hält. Aber der Mann muß eben *glaubwürdig* sein, wenn seine Überzeugungen ernst genommen werden sollen. Wie gesagt: Durch dieses pure Faktum der Glaubwürdigkeit kann man weltberühmt werden! So selten ist sie, und so groß ist die Sehnsucht, eine solche Zeugenschaft zu erleben.

Sind wir in unserer christlichen Verkündigung — nicht in der vorletzten, aber in der letzten Dimension — unglaubwürdig geworden, weil wir mit der Predigt nicht mehr »ankommen«, weil sie langweilig und farblos geworden ist? Wenn es so sein sollte, dann säße die Krise dieser Predigt in tiefen geistlichen Tatbeständen, in pathologischen Zuständen unserer christlichen Existenz. Und dann käme sie nicht daher, daß die Kirche heutzutage in unglücklicher Konkurrenz mit all den anderen Anrufen und Angeboten und inmitten einer doch recht weitreichenden Wohlstandsvöllerei stünde. Dann säße sie auch nicht in soziologischen Tatbeständen, wie etwa im Wandel der gesellschaftlichen Struktur, die das Schwergewicht der Existenz aus der persönlichen Umwelt und damit aus der Ortsgemeinde in die Berufswelt verlagert habe.

Dann säße sie endlich *auch* nicht darin, daß die Kirche hinter dem Geist der Zeit zurückgeblieben wäre und den wissenschaftlichen Fortschritt versäumt hätte — wie eine flache Populärliteratur es uns glauben machen will.

Es ist, wie wenn die Kirche ganze Heere von Spähtrupps losgeschickt hätte, um nach den Ursachen der Predigtkrise zu fahnden: Zeitgeistforscher, Avantgardisten jeder Art, Tiefenpsychologen, Soziologen (sogar vor allem), Massenkenner, Seelenschnüffler, clevere Knaben, die wissen, wie man »ankommt«, Werbetechniker und viele andere. Nun soll nicht bestritten werden, daß alle diese das eine oder andere finden, was *auch* nicht in Ordnung ist, und daß hie und da der Staub der Jahrhunderte auffliegt, wo sie auftauchen und zu klopfen beginnen. Aber alle diese honorigen Analytiker scheinen mir einem Arzte zu gleichen, der eine Warze oder vereiterte Mandel entdeckt, aber das wuchernde Karzinom übersieht. Solange wir nicht die »Krankheit zum Tode« überwinden, die in unserer unglaubwürdigen christlichen *Existenz* und nirgendwo sonst sitzt, sind alle sekundären Kuren sinnlos und auf sehr harmlose Symptomtherapien beschränkt.

Die Predigt als geistige Leistung

Freilich dürfen wir, um gerecht zu sein, eines nicht außer acht lassen: daß abgesehen von jener existentiellen Krankheit der Prediger vor einer ungemein schweren Aufgabe steht, die ihn fast erdrücken kann. Ich stehe nicht an, die Behauptung aufzustellen, daß die Predigt, rein handwerklich gesehen, zu den größten geistigen Leistungen gehört, die einem Menschen zugemutet werden können. In einer Vorlesung muß ich den Stoff beherrschen und ihn gliedernd ordnen. Große pädagogische Überlegungen brauche ich dabei nicht anzustellen. Ich spreche ja zu ordentlich Vorgebildeten, und meine Hörerschaft ist von einigermaßen homogener Struktur. Außerdem kann ich mir Zeit nehmen. Was ich heute nicht schaffe, kann ich im nächsten Kolleg bringen und dabei auf dem früher Gesagten aufbauen. Ich kann auch einmal, anders als bei einem Buch, »ins unreine« reden. Ich kann ein Gedankenexperiment durchspielen und eine Rakete hochschießen. Geht mein Versuch am Ziel vorbei, so kann ich in der nächsten Stunde Kurskorrekturen vornehmen oder mich auch widerrufen. Ich spreche ja zu denselben Leuten. Also macht es nichts.

Wie anders aber ist es bei der Predigt, und welche komplexe Fülle von Arbeitsgängen will hier bewältigt und zur Einheit gezwungen sein! Ich bitte gerade den Outsider, das einmal zu bedenken (weil man in der Regel keine Ahnung davon hat):

Ich habe einen uralten Text vor mir, der in meine Gegenwart sprechen soll. Um nicht dem unseriösen Trick zu verfallen, nur durch äußere Anklänge in diesem Text den Eindruck der Gegenwartsnähe zu erzeugen (im Bombenkrieg brauchte man nur Partien der Offenbarung Johannis vorzulesen, um den Schauer einer scheinbar vertrauten Nähe auszulösen), dann muß ich erst wissen, was der Text zu seiner Zeit bedeutet und was Jesaja im Augenblick des Redens gemeint hat. Ich muß viele historische und philologische Arbeitsgänge absolvieren, wenn es reell zugehen soll. Ich muß auch die Problemfelder durchschreiten, die durch die historisch-kritische Schriftforschung aufgetaucht sind. Denn die Leute, die hier führend waren und sind, haben dem Prediger, von Ausnahmen abgesehen, seine Aufgabe ja nicht erschweren, sondern erleichtern wollen. Soweit sie theologisch und nicht nur historisch interessiert waren, ging es ihnen doch darum, ehrliche Aneignung und ehrliche Gleichzeitigkeit mit dem Text zu ermöglichen. »Ehrlich« heißt hierbei, daß sie von der Überzeugung ausgingen, die Bibel dürfe nicht einfach rezitiert, sondern sie müsse interpretiert werden, das heißt, die zeitgeschichtlich bedingte Aussage sei so intensiv abzuhorchen und in ihren Verkündigungsgehalten festzustellen, daß sie transparent werde für eine Botschaft, die mich jetzt und hier durch den Text erreicht. »Ehrlich« heißt auch, daß sie weiter von der Überzeugung ausgingen, jene verkündigenden Aussagen des Textes seien in Zeitbedingtheiten eingelassen, die wir nicht *mit*zuglauben, sondern die wir als bloße *Medien* der Aussage zu erkennen und also zu relativieren hätten. So ist etwa die Schöpfungsgeschichte selbstverständlich in das Aussagemedium eines vorkopernikanischen Weltbildes eingelassen. Um aber an Gott den Schöpfer zu glauben, bedarf es nicht des perversen Zwanges, das veraltete weltbildliche Medium der Schöpfungsbotschaft *mit* zu übernehmen.

Die historisch-kritische Schriftforschung liefert also Material für ehrliche Aneignung und Vergegenwärtigung. Aber dieses Material will eben durchgeackert sein. Und es nötigt dazu, bei jedem neuen Text und also jeder neuen Predigt sich der Aufgabe einer Aktualisierung ebenfalls aufs neue zu stellen.

Doch es kann ja auf der Kanzel nicht zu einem Vortrag über Bibelprobleme kommen und erst recht nicht dabei bleiben. Ich muß vielmehr heutigen Menschen die *Botschaft* dieser Texte sagen. Und also muß ich jene Menschen kennen; ich muß wissen, wann sie Fragen stellen, an die ich anknüpfen kann, und wann sie *keine* Fragen haben, so daß ich erst die zuständigen Fragen wekken muß. Ich muß wissen, ob sie *sicher* sind, damit ich sie erschüttern, oder ob sie *geängstet* sind, damit ich sie trösten kann. Da sitzen einige Hochbetagte aus dem Altersheim. Sie sind nicht mit intellektuellen Problemen zu fassen, die mich persönlich vielleicht aufs äußerste bedrängen. Sie haben Angst vor der Einsamkeit, vor dem Sterben, und sie pflegen einige gemütvolle Erinnerungen. Wohin muß ich bei *ihnen* mit diesem Text zielen? Da sind junge Leute, die das Leben noch vor sich haben. Einige haben schon die Frage nach dem Sinn des Lebens gestellt. Andere sind durch Fernsehen und durch Illustrierte von einem wahren Bildersalat erfüllt. Ein »Gedanke« käme ihnen nie nahe, allenfalls eine kleine Geschichte. Und alle diese Jungen zusammen haben Angst, etwas zu versäumen, etwas auszulassen, was das Leben bietet. Denn sie wissen auf eine höchst unreflektierte Art, daß die Jugend vergeht und schließlich auch das Leben, daß also die Zeitstrecke unumkehrbar ist.

Sie fürchten sich überdies vor der Unabsehbarkeit der Zukunft oder gar davor, daß es gar keine Zukunft mehr für sie gibt. (»No future« spritzen sie an die Wände!) Sie sehen die Erde nach einem Atomschlag als Staubschleier durch das Universum wehen; dann wird kein Vogelgesang, aber auch kein Choral mehr zu hören sein. Sie wissen nicht, wohin uns die Biologie mit ihrer Gen-Manipulation, wohin uns die Bevölkerungsexplosion und der Hunger der Dritten Welt noch führen. Auch das persönliche Geschick scheint in Frage gestellt, wenn sie an Massenarbeitslosigkeit und den zunehmenden Ersatz des Menschen durch die Maschine denken.

Welchen Trost habe ich ihnen da anzubieten? Wie soll ich ihnen Vertrauen abgewinnen für den Satz, daß Gott »dennoch« im Regiment sitzt, was muß ich tun, um ihnen diesen Satz aufzuschließen? Und schließlich (nur als Beispiel!): Wie soll ich ihnen von Tod und Ewigkeit reden? Der Appell an die Angst vor dem letzten Stündlein zieht bei ihnen gewiß nicht. Denn niemand rechnet damit, daß er morgen überfahren wird oder an einer Blinddarmentzündung stirbt. Aber vielleicht könnte ich ihnen vom Tode so reden, daß ich ihnen sage: Ihr rechnet alle mit ihm, auch wenn ihr euch vorstellt, daß er euch erst mit vierundachtzig Jahren am Wickel haben wird. (Wird nicht die Lebenserwartung nach den glaubwürdigen Feststellungen der Statistiker immer höher?) Ihr rechnet ganz einfach *deshalb* mit dem Tod, weil ihr jene Angst habt, etwas zu versäumen, und weil ihr dauernd an den Stationen eures jungen Lebens Zielbänder durchrennt, hinter die ihr dann nicht mehr zurück könnt — bis das letzte Zielband kommt . . .

So bin ich als Prediger in einen unendlichen Dialog mit denen verwickelt, an die ich meine Botschaft auszurichten habe. Jedes Gespräch, das ich führe, wird im Grunde zu einer Meditation und zur Stoffsammlung für die Predigt. Selbst ein Theaterstück kann ich nicht mehr unbefangen und ohne Bezug auf meine Kanzel hören. Ist nicht die Aussage der Dichter eine ständige Kundgabe dessen, wo dieser Mensch steht, dem ich meine Botschaft schuldig bin? Ist sie nicht das »Bruchstück einer großen Konfession«? Das Leben in all seinen täglichen Bezügen wird mir so zu einem Thesaurus, den ich dauernd durchwühle, weil lauter relevante Stoffe für meine Botschaft in ihm zu finden sind.

Dann geht die Aufgabe der Predigt noch weiter:

Nun aber muß ich den Kontakt zwischen diesem allem und meinem Text herstellen. Denn ich bin nun einmal davon durchdrungen und überzeugt, daß in diesen Texten letzte Aufschlüsse über unser Menschengeschick stecken, Wahrheiten also, die ich mir selber nicht sagen kann. Ich muß von diesen Inhalten jetzt so reden, daß der Intellekt zu denken und mitzumachen beginnt, daß der Wille mobilisiert, das Gewissen aufgestört und das Gefühl engagiert wird. Denn meine Botschaft ist doch eine Nachricht, die nicht nur alle Menschen, sondern die auch den Menschen in seiner *Ganzheit* angeht: die Gemütsmenschen und die Verstandesmenschen und die Willensmenschen und das sehr viel größere Kontingent der Mischtypen von allen dreien. Muß also nicht schon die Zielrichtung meiner Predigt so sein, daß sie alle diese Dimensionen anspricht? Und wird der Hafenarbeiter nicht vielleicht leer ausgehen, wenn ich bei meiner Predigt nur die Reeder oder die Studienräte im Auge habe? Und wird der Landgerichtspräsident nicht sagen: »Mich hat er heute nicht berücksichtigt!«, wenn ich nur an den Stadtstreicher denke, der zufällig von der Reeperbahn hereingeschneit ist?

Aber wie sinnlos (weil viel zu herkulisch) wäre die Bemühung, mit Hilfe strategischer Überlegungen alle diese disparaten Ziele zugleich zu erreichen! Gibt es nicht eine Schicht im Menschen, die bei allen gleich ist: jene Schicht, in der er verzweifelt und einsam ist und am Sinn des Daseins verzagt, wo er aber auch seine Kinder liebt und seine Lieblingswünsche kultiviert und Erfüllung seiner Träume erhofft? Gibt es nicht auch die Dimension des Identischen und Homogenen? (Ich habe gelegentlich dieselbe Predigt in Hamburg, Tokio, Melbourne und Chicago gehalten, um eine Probe auf dieses Exempel zu versuchen.) Wie könnte ich diese gemeinsame und allgemein-menschliche Schicht aber anders finden als durch Liebe, die verstehen läßt?

Ist mir diese zum Predigen unabdingbare Liebe aber immer verfügbar? Ich habe doch *auch* meine Wutanfälle über das Kofferradio in Nachbars Garten, ich habe *auch* meine Depressionen und meine Neidgefühle, und oft ist mein Herz so überfüllt davon, daß für Liebe und für liebendes Verstehen anderer kaum noch Raum in der Herberge des inneren Menschen ist. Dann aber nützen mir jene methodischen Zielübungen, mit deren Hilfe ich Gewissen, Gefühl, Willen und Bildungsniveau meiner Hörer zu erreichen suche, rein gar nichts. Denn ohne Liebe wird alles, was ich noch so ausgeklügelt sage, zu tönendem Erz und zu klingenden Schellen.

Ich kann dann wohl ein geschickter Manipulator und Rhetor

sein. Aber irgend etwas im Ton meiner Stimme straft mich Lügen. Irgendwie wird es herauskommen, daß ich »unglaubwürdig« bin (da ist es wieder!) und daß ich als ein Mann ohne Liebe nicht im Gehäuse dessen wohne, was ich sage.

Denn der Prediger verrät sich selber ja dauernd. Einem Apotheker merkt man es nicht unbedingt an, ob er liebt oder haßt, ob er mit innerem Schwung »seine Pillen dreht«, oder ob er sich in Neid und Sorge verzehrt. Das Verkaufsgespräch läuft routinemäßig weiter. Aber beim Prediger kommt es heraus, ob er mit sich fertig geworden ist oder nicht. Und die Gedanken, die in seinem Herzen hadern, werden zu Stimmen, die von den Dächern herab reden. Was der Apotheker denkt, unterwühlt nicht seine Worte, mit denen er diesen oder jenen Hustensaft empfiehlt; der Prediger aber kann durch den Zustand seiner Seele die Worte widerlegen, die ihm aufgetragen sind, so wohlgesetzt und gut disponiert er sie auch von sich gibt.

Darum gehört zur Präparation der Predigt auch ein permanentes Exerzitium innerer Ordnung. Es gehört vor allem dazu die Einübung der Liebe und damit eine Arbeit (jawohl: eine »Arbeit«), die den ganzen Menschen in sich einbezieht. Er muß wirklich einen Ehekrach, eine Vertrauenskrise bei seinen Kindern und das problematische Verhältnis zu einem Amtsbruder bereinigen, und er muß das liebende Verstehen existentiell vollziehen lernen, um sich nicht zu widerlegen und glaubwürdig zu bleiben, ja um überhaupt seine Hörer elementar erreichen zu können.[5]

Welche Strapaze an Gebet und inneren Exerzitien ist das alles — unter welchen Verheißungen steht es aber auch! Daß es leicht sei, wird niemand behaupten.

Und dann soll es schließlich noch um eine geordnete Rede gehen. Sie muß gedanklich klar und ordentlich disponiert sein. Sie muß

Steigerungen und Ruhepunkte haben. Und wenn sie einen besonders »hohen« Gedanken bringt, dann muß er so in den Gesamtduktus eingebettet sein, daß der einfache Hörer nicht den Faden verliert. Das alles muß in einer bestimmten Zahl von Minuten absolviert sein. Dabei muß es wirklich ein Ganzes bilden, denn vielleicht ist heute jemand da, der nie wieder kommt und dem ich eine Eiserne Ration mitgeben muß.

Welcher Mensch kann alles dies leisten und wer von denen, die vor dieser ungeheuerlichen Aufgabe stehen, sollte nicht verzagen!? (Wer aber von denen, die unter der Kanzel sitzen oder die das als Kirchensteuerzahler nur aus der Ferne verfolgen, denkt überhaupt daran?) Dieses Wagnis kann nur jemand auf sich nehmen, der davon überzeugt ist, daß er nicht die Verantwortung für das Gelingen tragen muß und daß ein anderer für ihn eintritt. Er weiß, daß nicht er, sondern nur der Geist Gottes selber die Herzen zu finden und zu öffnen vermag. Und nur in dem Maße, wie er dessen versichert ist, wird er getröstet und gestärkt das hohe Gerüst ersteigen. Selbst dieser Glaube an das Wunder des Geistes will aber eingeübt sein. Er kann nur durch die Exerzitien des Gebetes und durch das eigene Hören auf die gepredigten Texte mächtig werden. Auch das fordert dann wieder den »ganzen Mann«.

Der theologische »Fachidiot«

Wie hilflos ist aber dieser »ganze Mann«, wenn er nur ein Solist ist! Und ob nicht die immer wieder erkennbare Ohnmacht der heutigen Predigt daher rührt, daß sie zu einer Äußerung von Solisten geworden ist, für die jene nötigen geistigen und geistlichen Vorbedingungen der Predigt unerschwinglich bleiben müssen?

Ich habe persönlich immer wieder erfahren, daß es kaum je zu so wesentlichen, eindringenden und trotzdem thematisch weit gestreuten Gesprächen kommt, als wenn man miteinander einen Text bespricht, der einer Predigt zugrunde liegen soll. Schon die gemeinsame interpretatorische Aufgabe ist reizvoll, und die Frage nach dem »Wie« des Sagens führt durch weite und sehr abwechslungsreiche Landschaften der Menschlichkeit.

Freilich sollte es dabei nicht nur um Gespräche der Fachleute untereinander gehen, sondern um eine Beratung mit denen, die zugleich die Hörer sind, also mit »Laien«. Sie haben dabei eine ähnliche Funktion, wie sie innerhalb des Rechtslebens Schöffen und Geschworene haben, die den Berufsrichtern beigegeben sind: Sie bilden mit ihren Fragestellungen und Kriterien ein fruchtbares Korrektiv gegenüber einer Betrachtungsweise, die durch das Professionelle zwar sachgerecht sein mag, aber auch verengt ist. Insofern ist der theologische und geistliche Austausch mit Laien ein Gesundbrunnen für alle Problemstellungen. Indem sich die »normalen Weltmenschen« als lebendige Anknüpfungspunkte zur Verfügung stellen, ersparen sie ein häufig steriles Theoretisieren über die Frage: Wo steht der andere? Bei welchen Fragestellungen soll ich ihn abholen? Das erübrigt sich, wenn dieser andere mit seinen Fragen lebendig gegenwärtig ist.

Nicht nur der Predigt, sondern auch dem wissenschaftlichen Werk eines Theologen merkt man an, ob er seine Fragestellungen von »Laien« empfangen hat und mit ihnen einen fachlichen (nicht nur einen allgemeinen Bildungs- oder einen mitmenschlichen Umgangs-) Austausch pflegt. Ich glaube, daß weite Bereiche unserer heutigen Theologie *deshalb* so unfruchtbar sind und daß es *deshalb* so viele dürftige Denker in einer zur Ernte reifen Zeit gibt, weil die Theologen sich immer nur gegenseitig mit Problemen und Lösungen versorgen. Dann kann die Weiterarbeit bloß in Verfeinerungen des schon Gegebenen bestehen, in einer Ziselierung schon polierter Flächen. Und der Nächste kann sich nur dadurch hervortun, daß er über eine *noch* sublimer reagierende Mikrometerschraube verfügt, die das bereits eingestellte Bild in einem *noch* genaueren Teilausschnitt zeigt. Es geht so bloß um gesteigerte Feineinstellungen und kaum noch um neue Ideen.

Ihm drängt sich immer wieder das Bild von einem Dom auf, sagte Heinz Zahrnt einmal in ironischer Plastizität, an dessen Spitze zwei Männer auf einem Gerüst stehen und sich heftig darüber streiten, ob der letzte Schnörkel nach rechts oder nach links hinübergezogen werden soll, und die bereit scheinen, sich darüber gegenseitig in die Tiefe zu stürzen. Unten auf der Straße aber stehen die Menschen und schauen hinauf und verstehen gar nicht, was die beiden miteinander haben. Und da sie's nicht verstehen, wenden sie sich kopfschüttelnd ab.

Diese esoterische Scholastik der Fachleute — sie erhöht sich noch, wenn die Glieder einer theologischen Schule unter sich sind — liegt weit ab von dem, was einen lebendigen Normalchristen oder einen religiös interessierten Neuheiden bewegt. Der »gesunde Menschenverstand« steht diesen Künsten einer überzüchteten Begriffsvirtuosität denkbar ferne. Und weil er sich hilflos fühlt, vermeidet er auch jede Berührung — es sei denn, daß man das deutliche Gefühl des Unheimlichen schon als eine (freilich negative) Form des Kontaktes verstehen will.

Wenn es einen Komparativ oder gar einen Superlativ von »steril« gäbe, würde ich meinen, daß er dort erreicht wird, wo sich diese innerfachliche Bemühung auf ein relativ winziges Stoffgebiet konzentriert und dann dazu führt, daß jeder Buchstabe gewendet wird und man vor lauter Buchstaben-Bäumen den Wald der Botschaft kaum noch sieht. Dieser Pferdekur wird das »kleine Büchle«[6] (A. Schlatter) des Neuen Testaments immer wieder unterworfen. Sehr viele Neutestamentler erscheinen mir wie ein Riesenballett, das auf einer Untertasse tanzt, und auch da noch immer die gleichen Figuren. Man kann sich vorstellen, was dabei kaputt geht.

Ein großer Altphilologe erzählte mir vor einiger Zeit, daß er die Antrittsvorlesung eines ebenso berühmten Neutestamentlers angehört habe. Sie ging sicherlich nicht über das Wörtchen »de« bei Paulus, aber es muß doch ein ähnliches Mikroproblem gewesen sein.[7] Der Altphilologe wußte sich nicht zu lassen vor Staunen darüber, daß der gelehrte Mann seine schweißtreibende Anstrengung auf ein derartiges Detail konzentriert habe, und er meinte: Wohin sollte unsereins kommen, wenn er Homer und Äschylos und Xenophon mit solchen Punktbohrungen traktieren wollte; die Herren hätten wohl zu wenig Stoff!

Die letztere Diagnose dürfte freilich falsch gewesen sein. Das Punktbohren lag nicht an der vermeintlichen Minimalität des Stoffes, sondern an den verengten Fragestellungen. Es lag daran, daß sich die Fachleute der betreffenden Schule in diesem und jenem Problem festgebissen hatten und nichts anderes mehr sahen. Vielleicht wäre dem Mann zu helfen gewesen, wenn er die Fragen eines hellwachen, wenn auch laienhaften Bibelchristen gehört hätte. Denn die fruchtbarsten theologischen Fragestellungen kommen immer von außerhalb der Theologie. Nur hier ergibt sich Polarität, die Funken erzeugt.

Die Theologen pflegen aber den Glauben an die Jungfrauengeburt zu weit zu treiben, wenn sie vielfach der Illusion zu huldigen scheinen, daß auch *Probleme* auf parthenogenetische Weise, das heißt im Monolog der Fachclique, erzeugt würden. Dieser scholastische Tümpel ohne Zu- und Abfluß muß brackig werden.

Hier möchte ich eine »Locke den Manen« des großen Schleiermacher weihen (um ein Wort dieses Meisters, das er gegenüber Spinoza gebrauchte, abzuwandeln): Gewiß, wir setzen uns mit ihm auseinander, wir bekämpfen ihn in vielem (nicht in allem). Doch niemand bestreitet, daß kein Theologe seit der Reformation ihm an Niveau, systematischer Kraft und Fülle der Nachwirkung das Wasser reichen kann. Warum? Weil er nicht einfach alte Fäden weiterspann und das leere Stroh noch einmal drosch, sondern weil er seine Fragestellungen im lebendigen Dialog mit seiner Zeit empfing und weil ihm aus dieser Polarität Ideen zuwuchsen, die in vielerlei Varianten auch noch unsere Probleme geblieben sind.

Zwei Welten: Kanzel und Katheder
Verkündigung und Lehre

Wir drohen eine Pastorenkirche zu werden, das heißt eine Kirche ohne Laien (auch wenn sie hie und da die Gotteshäuser noch so reichlich füllen mögen). Wir drohen ferner eine Theologie ohne Kirche, eine Kirche ohne Theologie zu werden, weil beide aneinander vorbeireden: Die akademischen Theologen denken vielfach nicht daran, daß sie Predigern (und zwar solchen, die *Laien* zu predigen haben) ihr Rüstzeug geben müssen. Die Laien ihrerseits stehen den theologischen Labor-Interna fassungslos gegenüber und verfolgen sie mit Mißtrauen. Die Kirchenleitungen fühlen sich von der Theologie im Stich gelassen und wursteln in rebus theologicis auf eigene, meist pragmatische Weise. Darüber rümpfen dann die Fachleute wieder die Nase und erregen sich über diesen pragmatischen Dilettantismus kirchlicher Bürokraten, die *terribles simplificateurs* seien und unbequemen Fragestellungen, wie etwa der existentialen Bibelinterpretation oder sozial-strukturellen Weiterungen des christlichen Liebesgedankens aus dem Wege gingen, um ja keinen Sand in den Routinelauf des Apparates kommen zu lassen.

So spinnt jeder an seinem eigenen Faden, und es entsteht eine innerkirchliche Variante der pluralistischen Gesellschaft. Aber während diese Struktur des Sozialen in der »Welt« einigermaßen klappt — dort ist man ja tolerant, und die Probleme gehen nicht so an die Nieren —, führt sie in der Kirche zu einem sterilen Nebeneinander der Gruppen oder zum Widereinander mißtrauischer Überzeugungsträger.

Derweil wird der Leib Christi weiter und weiter zerrissen. Man jammert darüber, und nicht ganz ohne Recht, daß die *Konfessionen* eine solche Zerreißung des Leibes Christi bedeuteten. Aber viel schlimmer ist doch der ausweglose Dualismus zwischen Kanzel und Katheder. Bei den Konfessionen beginnt man immerhin herüber- und hinüberzurufen, und zunehmend beginnen sich Brüder und Schwestern zu erkennen und manchmal zu umarmen. Über die Kluft zwischen Kanzel und Katheder aber scheint kaum eine Brücke zu führen. Und auch über den Abgrund zwischen Klerus und Laien führen trotz aller Laienbewegungen, Kirchentage und Evangelischen Akademien nur erbärmlich kleine Stege. Hier fließt das meiste Blut aus jenem geschundenen Leib. Ich denke dabei dankbar an die Tage zurück, als wir unsere Hamburger Theologische Fakultät gründeten und es uns selbstverständlich war, daß wir nicht nur auf unsere Katheder, sondern auch auf die Kanzel traten. Damals haben wir uns geschworen, diese Zeichen aufzurichten, um in unserer kleinen Ecke jenen Abgrund überwinden zu helfen. Nicht jedem von uns lag das Predigen, und gelegentlich wurde es etwas professoral. Aber das machte nichts: Wir klettern eben auf die Mauern Jerusalems und rufen es in die Lande, wo wir die Wunden bluten und die Abgründe gähnen sehen und wo wir die Hilfe erwarten. Unwillkürlich hat sich der Kreis meiner Betrachtungen ausgeweitet. Es ging mir zunächst nur darum, die Empfehlung auszusprechen, daß die Prediger ihren Text mit Laien besprechen möchten, um aus der Polarität mit ihnen zündende Antriebe zu erfahren. Aber wir haben gesehen, daß diese Teilfrage in einen größeren Problemzusammenhang gehört: nämlich in das Verhältnis der Theologie zu den Laien überhaupt. Man könnte auch mit den Reformatoren sagen: in den Fragenkreis des allgemeinen Priestertums. Wer viel davon spricht (und wir reden in der Tat viel darüber), kann es de facto doch sträflich verleugnen (und wir verleugnen es in der Tat).

Alle weit gespannten Analysen über geistige und geistliche Zustände nützen aber nichts, wenn nicht ein kleiner Umkreis von Realisierbarem gezeigt wird, der unmittelbar angegangen werden kann. Und zu diesem Kreis scheint mir das *Predigtgespräch mit den Laien* zu gehören. Hier dürfte die Kraftquelle für eine Erneuerung liegen. Und zwar einer Erneuerung keineswegs nur für die Predigt selber, die so dem Monolog und dem Solistentum entrissen werden könnte. Sondern ebenso eine Kraftquelle für die Gemeinde selber. Denn sie ist in der Gefahr geistlichen Todes keineswegs nur dann, wenn sie tote und langweilige Predigten anhören muß und so geistlich unterernährt bleibt, sondern vor allem deshalb, weil sie selbst bei lebendigen Predigten weithin dazu genötigt ist, die Rolle eines bloßen »Publikums« zu spielen, das sich in voller Passivität homiletisch berieseln läßt.

Ich habe an den amerikanischen »Sonntagsschulen« gesehen, wie man aus der vermaledeiten Rolle des »Publikums« heraus- und in den Dialog hineinkommen kann. Damit will ich die amerikanische Sonntagsschule und die von ihr befruchtete Predigt keineswegs idealisieren. Auch dieses alles hat seinen Haken, und wir haben noch darüber zu sprechen. Aber wo gäbe es denn unter Menschen und in diesem noch nicht vollendeten Äon *keine* Haken! Der deutsche Prediger fängt oft im Himmel an und kommt nicht herunter auf unsere lebendige Erde. Der amerikanische Prediger fängt, gerade weil er inmitten lebendiger Kontakte steht, beim prallen Erdenleben mit seinen sozialen und psychologischen Problemen an und erreicht dann den Himmel manchmal nicht mehr. Aber sei dem, wie ihm sei: Dort ist Leben, vielleicht manchmal auch »Betrieb«; doch die Todesform der Langeweile und den Fluch des Richtigen, der bloßen Lehrkorrektheit, gibt es dort selten.

Wir sollten also einmal mit dem Laiengespräch beginnen. Das ist die kurze Summe dessen, was ich hier als therapeutische Möglichkeit vorschlage.

Der Prediger sollte auch bei großen Meistern in die Schule gehen und sehen, wie sie es geistlich geschafft und technisch bewältigt haben. Aus diesem Grunde habe ich die deutschen Prediger mit Spurgeon bekannt zu machen gesucht, weil ich ihn für einen Meister dieser Art halte und weil er sich außerdem über das Wie und Was in Form von Erfahrungsmitteilungen und Programmsätzen geäußert hat.[8]

Solidarität und Souveränität gegenüber dem Hörer

Noch eine kleine Sicherung muß ich freilich hier anbringen. Ich sagte, daß jede Predigt aus einem Dialog mit den Hörern entstehen müsse und daß das Vorbereitungsgespräch mit Laien diesen Dialog zeichenhaft darstellen oder besser: ihn präfigurieren solle. Das darf aber nicht heißen, daß der Prediger sich von den Bedürfnissen seiner jeweiligen Hörer abhängig macht. Diese Hörer sind im Durchschnitt ja — soziologisch gesehen — eine recht einseitige

Selektion, die nur selten den Proportionen der Gesamtgesellschaft entspricht. (Um diese Proportionen zu ermessen, muß man etwa die Besucherzusammensetzung eines Kinos bei bestimmten Filmen studieren.) Meist sind es — von rühmlichen Ausnahmen abgesehen — Ältere, vielfach Kleinbürger und Kinder, kurz: Menschen, die weithin »ungeschichtlich« leben und nicht dort wohnen, wo aktive Naturen und Lebensalter beheimatet sind und die Dinge sich hart im Raume stoßen.

Darüber, warum das so ist, werden wir noch sprechen. Um wenigstens eines schon hier zu sagen: Diese Zusammensetzung der Durchschnittsgemeinde darf meines Erachtens nicht mit der allgemeinen Säkularisation erklärt werden, sondern sie hängt mit der Predigtgestalt selber zusammen, die ebenfalls oft »ungeschichtlich« ist und dann — wie wir später sagen werden — »doketischen« Charakter trägt. Von seinen so zusammengesetzten Hörern darf sich der Prediger auf keinen Fall abhängig machen, obwohl das sehr nahe liegt. Soll er denn nicht, wie wir selber gesagt haben, im Dialog mit ihnen leben, und schuldet er seine Botschaft nicht gerade denen, die nun einmal da sind? Nein, so ist es nicht. Gott hat seinen Sohn gesandt, weil er die »Welt« liebte (und nicht bloß einen kümmerlichen und einseitigen Ausschnitt aus der Welt!). Er will, daß »alle« zur Erkenntnis der Wahrheit kommen (und nicht bloß seine frommen Parteigänger oder besinnliche alte Leute, so sehr er auch *sie* geliebt hat und zum Kreise der »alle« hinzurechnet). Der Prediger muß ebenso die ansprechen, die *nicht* da sind, auch wenn er dieses »Muß« nicht gerade so praktizieren soll, daß er vor den Insassen eines Altersheims über den gottlosen Fasching und die tanzverrückte Jugend schilt.

Macht er sich von den gegebenen Zuhörern abhängig, so wird er in einen Teufelszirkel eingesaugt: Alte Damen lieben Gemüt und Gefühl und keine Probleme; sie können herzlich wenig damit anfangen, wenn man ihnen sagt, was das Evangelium an Befreiung für die großen Konflikte und für Verstrickungen der Leidenschaft bedeuten kann. Wenn ich aber um meiner gegebenen Hörer willen diese Themen verschweige, dann singe ich mich vielleicht mit meinen homiletischen Schlummerliedchen in das Herz dieser alten Damen, die anderen aber bleiben nun erst recht weg. Weil die alten Damen da sind (ich bitte, das nur symbolisch und nicht als Spitze gegen die respektablen Mütter und Großmütter zu verstehen!), spreche ich nur für alte Damen; und darum kommen auch in Zukunft nur alte Damen und die anderen schrecken zurück. Welcher Junge traut sich schon in einen Kreis von grauen Häuptern? Und wer ergriffe nicht die Flucht, wenn auch das, was er zu hören bekommt, nur an graue Häupter adressiert ist? Der Prediger darf diesem Teufelszirkel nicht verfallen. Er muß für die reden, die nicht da sind, so als *ob* sie da wären. Dann werden sie auch kommen. Das ist ein in der Empirie vielfach bestätigtes Rezept. Aber auch wenn es nicht so wäre — dann müßte er es trotzdem tun, einfach deshalb, weil seine Predigt keine andere Adresse haben kann als die des Evangeliums selber. Das Evangelium aber ist an die *Welt* gerichtet. Dieser Satz bildet auch den Kern des Programms einer »nicht-religiösen«, einer »weltlichen« Interpretation der christlichen Botschaft, so wie es etwa ein Mann wie Dietrich Bonhoeffer[9] aufgestellt hat (obwohl manches an dieser Begrifflichkeit unklar geblieben und so zum beliebten Spielball aller möglichen neumodischen und oft abartigen Theologien geworden ist).

Die Verwesung der Predigtsprache

Doch wir müssen bei unserer Untersuchung der Predigtkrise noch tiefer graben und stoßen dabei auf das Problem der Predigtsprache. Wir haben schon gesehen, wie unglaubwürdig und hohl sie ist, wenn sie das konventionelle Vokabular einfach unverarbeitet weiterträgt. Sie geht dann in ihrer generellen Zeitlosigkeit nicht unter die Haut. Sie geht mich nichts an und erscheint dann unter psychologischem Aspekt als Narkotikum der Langeweile. Was hier vor sich geht, kann man nur verstehen, wenn zwei — meinetwegen »sprachphilosophische« — Überlegungen durchschritten werden.

Die *erste* Überlegung kann sehr allgemein sein. Auch der Prediger bedient sich des gegebenen Inventars an Worten, so wie es unsere Sprache enthält. Es gibt ja kein religiöses Spezialvokabular. Das Zungenreden (Glossolalie), in dem die Verzückung — wie in manchen Negerkonventikeln — sich in unartikulierten Lauten entlädt und das auch im Neuen Testament eine sehr kritisch distanzierte Erwähnung findet,[10] steht hier nicht zur Debatte. Alle Worte, die wir vorfinden, bringen bestimmte geistige Gehalte schon *mit*. Deshalb machen sie eine Art ideologischer Umschulung durch, wenn sie in den Dienst der Verkündigung gestellt werden. Man kann das am Neuen Testament selber beobachten, zum Beispiel an der Art, wie es den stoischen Logosbegriff übernimmt und dann im Prolog des Johannes-Evangeliums verwendet. Hier hat der Logosbegriff zuvor seinen stoischen Bedeutungsgehalt ausschütten müssen. Der Begriff mußte gleichsam Buße tun und wurde getauft, ehe er kerygmatisch verwendbar wurde. Auch der Begriff »Gerechtigkeit«, wie ihn etwa Paulus benutzt, ist gegenüber dem entsprechenden Begriff bei Plato tiefgreifend gewandelt. Natürlich haben die Begriffe auch schon in ihrer Herkunft und Urbedeutung eine ganz bestimmte Nähe zu dem, was die Zeugen später mit ihnen sagen werden. Sonst würden sie ja nicht gerade diese, sondern eben andere Begriffe wählen! Nur *diese* Begriffe eigneten sich als Material, in das die neuen Bedeutungsgehalte eingeprägt werden konnten.

Nun zeigt sich jedoch, daß die alten Götter, die im Tempel jener Worte eingemauert wurden (damit jene Tempel Bausteine für die neuen Botschaften hergeben konnten), ihr Gefängnis sprengen und aufs neue »virulent« werden. Auch das kann man wieder am Logosbegriff beobachten: Kaum war er im Johannes-Evangelium gezähmt und neu geprägt worden, feiert sein stoischer Ausgangssinn bei den Apologeten des 2. Jahrhunderts fröhliche Auferstehung. In der stoischen Philosophie hatte »Logos« die Bedeutung von »Weltvernunft«. Insofern war er das Ziel aller Philosophen. Aber die Philosophen konnten ihm nur nachjagen, weil diese Weltvernunft sozusagen individuelle Stützpunkte im Geist der einzelnen Philosophen besaß. Nur weil ihr Auge sonnenhaft war, konnten sie die Sonne des Logos erblicken. Ihre individuelle Vernunft war ein Ableger, sozusagen ein verstreutes Absprengsel (lógos spermatikós) der Weltvernunft. Und nun versuchten die Apologeten der Kirche, auch *Christus* im Sinne dieses alten Logosbegriffs umzudeuten. Sie deuteten also nicht den Logos um, sondern Christus; der Logos war für sie normativer Maßstab. Das machten sie so, daß sie sagten: »Christus ist die Weltvernunft.« Er ist also die Erfüllung von all dem, was eure Philosophen nur fragmentarisch erreichen. Ihr braucht somit, wenn ihr Christen werdet, nicht *anders* zu sein als bisher. Der Glaube braucht für euch kein intellektuelles Ärgernis zu sein. Er führt euch vielmehr in die Fülle dessen, was eurer eigenen intellektuellen Initiative nur bruchstückhaft zur Verfügung steht.

Hier waren also die alten Gehalte wieder auferstanden; und sie saugten nun das Kerygma in sich hinein und funktionierten es um, bis es de facto kaum noch zu erkennen war. Der Kampf zwischen Christus und den Göttern dauert folglich an. Nach den Götterdämmerungen scheint jeweils ein neuer Göttertag zu kommen.

Die Kirche muß deshalb aufpassen, wenn sie spricht und sich »der Worte bedient«. Sie muß also *immer* aufpassen, denn sie spricht ja *immer*. Und sie spricht stets so, daß sie sich der gegebenen Sprache bedient, daß sie die Worte gleichsam tauft. Dann aber muß sie damit rechnen, daß die Worte wieder abfallen werden und daß sich ihre einstigen Bedeutungen neu verlebendigen. Es ist wie beim trojanischen Pferd. Dieses hölzerne Monstrum wird von harmlosen Leuten in das Heilige Troja hineingezogen, und plötzlich öffnet sich die Klappe am hölzernen Bauch und feindliche Heerführer, die sich darin versteckt hatten — Agamemnon und Menelaos — steigen heraus und rollen die trojanische Front von innen her auf. Auch am hölzernen Pferd der Sprache, das in das Heilige Ilion der Kirche gezogen wird, befindet sich eine solche Klappe. Und plötzlich klettern die Stoiker, klettern Platon, Hegel und Heidegger, vielleicht auch marxistisch eingefärbte Sozialideologen, heraus.

Diese Partisanenszene des Geistes hat sich in der Geschichte des Christentums immer wieder abgespielt. Das war zum Beispiel in dem Vorgang der Fall, den Adolf von Harnack als die »Hellenisierung des Christentums« bezeichnet hat. Die griechischen Begriffe der Psyche, des Leibes, des Fleisches und des Geistes hatten im Neuen Testament zwar eine ganz neue Bedeutung gewonnen; sie waren eben getauft worden. Aber das griechische Vokabular sorgte dafür, daß nach einiger Zeit der alte griechische Sinn wieder erwachte und daß jene Begriffe dann im Sinne der *ursprünglichen* Anthropologie, der sie ja entstammten, interpretiert wurde.

Da der Hellenismus ziemlich leibfeindlich war, wurde dann das Christentum, das diesen so vorbelasteten Begriff des Leibes verwendete, leib- und geschlechtsfeindlich. Und der alte Seelenbegriff sorgte dafür, daß auch die Lehre von der Unsterblichkeit der Seele plötzlich inmitten der christlichen Gefilde wieder Raum gewann, obwohl er ursprünglich von der Botschaft der Auferstehung überwunden worden war.

Jeder von uns weiß, wie mühselig wir uns mit diesen immer neu lebendig werdenden Relikten von einst, gerade mit der pseudochristlichen Leibfeindschaft, auch heute noch herumschlagen. Wir müssen also aufpassen, daß unsere getauften Begriffe nicht von ihrem ungetauften Stadium her verstanden werden und daß man so etwas völlig *anderes* heraushört, als was sie meinen. Dabei bin ich so optimistisch, die Hoffnung zu hegen, daß der Prediger selber (von gewissen Ausnahmen abgesehen, die es immer geben wird!) *kein* heimlicher Hellenist, Idealist oder Existentialist oder Marxist ist, daß er also die christlichen Begriffe in ihrem Kontrast zu der heidnischen Ausgangsbedeutung oder zu der neuheidnischen Regeneration oder Degeneration sehr wohl *kennt*.

Ja, unsere Vorsicht muß sogar noch weiter gehen. Wir dürfen nämlich keinesfalls meinen, daß nun die spezifisch christlichen Begriffe (wie etwa die der Sünde oder der Gnade) oder daß selbst das Wort »Christus« derartigen Gefahrenzonen entrückt seien. Denn auch diese Begriffe sind nicht in Reinkultur erhalten, sondern sind befrachtet mit einer Geschichte, die an ihnen herummanipuliert hat.

Haben wir nicht Zeiten der Aufklärung oder einer ethischen Uminterpretation des Christentums durchmessen, die für eine völlige *Moralisierung* des Sündenbegriffs gesorgt haben? Welcher normale Mensch hört denn, wenn er das Wort Sünde vernimmt, noch das heraus, was das Neue Testament damit meinte? Wer hört noch die Aussage aus diesem Wort heraus, daß hier der Mensch in seinem Widerspruch zu Gott gemeint ist, der Mensch in seinem Willen zur Selbstherrlichkeit, zum Anthropozentrischen, der Mensch in seiner ungläubigen Leidenschaft zur Sicherung, in seiner Verlorenheit an den Augenblick und das Vorfindliche? Und doch *müßte* man das alles heraushören, schon um zu begreifen, daß der Sünder gleichzeitig ein Vertreter moralischer Perfektion sein kann und mitnichten kriminell, asozial oder auch nur unseriös zu sein braucht. Waren die Pharisäer nicht ethisch sehr respektable Leute? Und doch waren sie für Jesus drastischere Repräsentanten der Sünde als Zöllner und Prostituierte. Und das Wort »Christus« selber? Was würde wohl herauskommen, wenn man den Stellenwert dieses Wortes in der psychischen Infrastruktur des heutigen Normalmenschen untersuchen würde? Würde er hier nicht als Vorstellung von einem Magier, vielleicht auch als das Modellbild eines edlen Menschen, eines homo humanissimus gleichsam, auftauchen?

Man muß schon sagen, was man mit diesen Begriffen *meint*, und man darf sie nicht als vermeintlich fertig geprägte Münzen unter das Volk werfen. Sonst greift man allzu leichtfertig nach ihnen in der Meinung, Vertrautes in Händen zu halten, während das Metall zu glühen und zu brennen begänne, wenn man nur eine Ahnung hätte, was diese Münzen wirklich bedeuten.

Diese Aufgabe der Interpretation und die Tatsache der Bedeutungslosigkeit *nicht* interpretierter Worte ist mir einmal bei einem kleinen Gedankenspiel klargeworden, das ich während des Dritten Reiches arrangierte. Ich stellte mir vor, daß im Berliner Sportpalast eine Kundgebung der Deutschen Glaubensbewegung mit entsprechend antichristlicher Hetze stattfände. Als die Haßtiraden ihren Gipfel erreichten, hielt es ein im Publikum sitzender Christ nicht mehr aus. Er fühlte sich zum Bekennen provoziert und rief so lauthals wie möglich in den Saal: »*Christus* ist der Messias.« Auf den Bankreihen vor ihm, so stellte ich mir vor, drehten sich einige Leute verwundert nach dem Zwischenrufer um, um dann über den vermeintlichen Sektierer hinwegzugehen und ihren Blick wieder dem Rednerpult zuzuwenden.

Doch da war noch ein anderer, der etwas deutlicher wurde. Er rief nämlich: »Christus ist der einzige Herr und Führer, und ohne ihn müßten Hitler und alle Apostel dieses falschen Glaubens zur Hölle fahren.« Da aber begannen die Puppen zu tanzen. Dieser Mann wurde sicherlich in der Luft zerfetzt. Denn dieser Zwischenruf war weiß Gott »angekommen«. Den hatte man verstanden. Und entsprechend waren die Reaktionen. Dabei hatte er gar nichts anderes getan, als was der Mann mit dem Messias-Zwischenruf *auch* gemacht hatte. Er hatte ebenfalls Christus als den Messias bekannt. Nur hatte er den Begriff auf die gegenwärtige Situation hin interpretiert. Dadurch war er lebendige Verkündigung geworden, während der nicht interpretierte Begriff im Leeren verhallte.

Immer wieder erschüttert es mich in Ostergottesdiensten, mit welcher Selbstverständlichkeit die Nachricht aufgenommen wird, daß Christus auferstanden sei. Wer wirklich begriffen hätte, was das heißt, den würde es von den Sitzen lupfen. Und ich habe wenigstens gelegentlich auch die große Erschütterung bemerkt, die sich einstellte, wenn eine vollmächtige Predigt die Osterbotschaft wirklich begreifen ließ. Wenn sie uns aufgeht, dann sind wir plötzlich von Leben umzingelt, wo wir vorher die Hypotheken unserer Vergangenheit im Rücken und eine von Sorgen umstellte Zukunft vor uns hatten. Dann sieht das Leben plötzlich anders aus, und man wird dann auch anders *leben*. Es wird sich eine Umwertung aller Werte vollziehen: Wir werden lächelnd dem ins Angesicht sehen, was uns bisher die Nerven verlieren ließ; und wir werden Dinge fürchten lernen, die wir bisher begehrten oder für harmlos hielten. Aber wenn an Ostern nur das christliche Normalvokabular zum Abrollen gebracht wird, denkt die Gemeinde nur: »Ja — das Übliche. Wir kennen es längst. Gut, daß es noch mal gesagt wird. Wir brauchen *einmal* im Jahr diese Wiederholung von Konfirmandenstoffen.« Und wenn dann noch eine lange Liturgie dabei ist, die die zeitgebundene Predigt nicht durch das Statuarisch-Überzeitliche *ergänzt,* sondern nur als weiteres Durchwalken konventioneller Stoffe erlebt wird, dann ist der Kreislauf des Selbstverständlichen und ist die Langeweile im höheren Chor komplett.

Wir müssen die Dinge offenbar in unserer Sprache interpretieren, damit sie verstanden werden können. Ich habe einmal mit Studenten den Versuch gemacht, daß sie Predigten anzufertigen hatten, in denen die konventionellen Begriffe wie Gott, Sünde, Gnade usw. nicht vorkamen. Sie mußten umschrieben werden. Ich halte diese Übung für gut, auch wenn sie nur vorübergehende Trainingsbedeutung haben kann. Denn wir sollen uns jene Worte auf der Kanzel ja nicht abgewöhnen; wir sollen nur eine Entziehungskur angesichts ihres leichtfertigen Gebrauchs machen. Wir sollen die Versuchung besiegen lernen, die alten Worte wie ein Glasperlenspiel in immer neuen Variationen zusammenzusetzen, weil die Seelen dabei unterernährt bleiben.

Konventionelles und modernistisches Gehabe

Dabei leuchtet noch eine weitere wichtige Erkenntnis auf: Man soll ja nicht meinen (wie es konventionelle Prediger gerne tun), daß jemand, der sich auf der Kanzel eines modernen Umgangstones befleißigt, damit nur Zugeständnisse an die »moderne Welt«

mache (wenn ich das schon höre!), daß er sich opportunistisch angleiche, um sich als Liebkind bei den bösen Weltmenschen einzuschmeicheln und seiner Botschaft den Stachel des Ärgernisses zu nehmen. Natürlich gibt es auch diesen Typus des Kultur-Abbés, der den Zitaterich hat, der die Predigt von Böll- und Musil-Worten widerhallen läßt und dauernd seine Bildungsbeflissenheit herauskehrt.

Zwischen beiden Typen des modern Redenden und Interpretierenden einerseits und dem modernistischen Salon-Abbé andererseits verläuft eine sehr sublime, aber deutliche Markierungslinie. Niemand hat so geistvoll diese Grenze angesprochen wie Martin Kähler: »Paulus hat wohl gesagt, daß er den Juden ein Jude und den Griechen ein Grieche sein wolle (daß er sich also in der Tat angleichen möchte). Er hat es aber abgelehnt, den Juden ein Wundertäter und den Griechen ein Kulturchrist zu sein.«[11] Kähler wollte damit zu verstehen geben, daß es eine Angleichung aus Liebe gebe, um den anderen in seiner Sprache zu erreichen, und daß daneben eine Angleichung aus Opportunismus bestehen könne, die dem anderen nach dem Munde redet und ihm nur das sagt, was er zu hören wünscht: Der Jude aber hatte nun einmal die Leidenschaft für Mirakel und horrende Zwischenfälle aus dem Jenseits, während es den griechischen Intellekt nach Weisheit und Geistreichem juckte. Hier nachzugeben und sich hier zu akkommodieren bedeutet in der Tat Verrat an der Würde meines Auftrages als Prediger. Und die so entstehende Beliebtheit des Zeugen verherrlicht den bezeugten Herrn nicht, sondern kreuzigt ihn und verherrlicht nur den rhetorischen Opportunisten. Aber wie ist es mit jener anderen Angleichung, die etwa der Zeuge im Sportpalast vollzog, wenn er die Leute mit den vertrauten Worten und Vorstellungsgehalten attackierte? Hier wird man doch sagen müssen: Je moderner jemand spricht, desto mehr wird er gehört. Und je mehr er gehört wird, desto massiver wird das Ja *und* das Nein zu seiner Botschaft gesprochen werden; desto heftiger wird die Provokation, desto nachdrücklicher wird es zu Entscheidungen und Scheidungen kommen. Jeder, der den Versuch zu einer solchen Art des Redens gemacht hat, dürfte diese Reaktionen am eigenen Leibe erfahren haben. Wenn das Wort aufs neue Fleisch wird, das heißt, wenn es aufs neue in unsere Zeit tritt und also die Gewandung der Gegenwart trägt, dann kommen auch die alten Gesetze der Wortverkündigung aufs neue ins Spiel und dann zeigt sich, daß dieses Wort die Geister scheidet und im übrigen auch Felsen zerschmeißt. Dann wird aufs neue kund, daß »der Knecht nicht über seinen Herrn ist« und daß es wiederum wie eh und je neben der Nachfolge zu Haß und Verfolgung, zu übler Nachrede und Verleumdung kommt. Wer wagt es, den in *dieser* Weise Interpretierenden und »Modernen« der Untreue zu zeihen? Untreu ist vielmehr der, der scheinbar getreulich das Konventionelle und Vertraute unverdaut weitergibt. Er ist untreu *erstens,* weil er faul ist. Denn die Mühe um Interpretation und Vergegenwärtigung, um »Übersetzung« erfordert eine Berserkerarbeit, und es geht niemals ab ohne vielfaches Scheitern und ohne atemberaubende Wagnisse. Denn wer es wagt, das Wort in unsere Stunde zu tragen, hat sich aller Etappen der Traditionssicherheit entschlagen. Wer nur simpel wiederholt, geht ja keine Risiken ein und hat es leicht, orthodox und bei der Stange zu bleiben. Wer aber in die Stunde spricht und übersetzt, wird immer wieder auch nahe an die Grenze der Häresie kommen. Aber er steht unter der Verheißung (ich glaube wirklich, daß sie besteht): *Nur wer Häresien wagt, kann die Wahrheit gewinnen.* Und jener Mann ist untreu *zweitens,* weil er seinen Hörern Steine gibt statt Brot, *ehrwürdige* Steine gewiß — aber in dieser Form kann man das Dargereichte nicht schlucken. Und außerdem geht er so den sichersten Weg, um keine Unannehmlichkeiten aufkommen zu lassen. Niemand wird sich aufregen und also auch nicht *gegen* ihn erregen. Wer ungeschoren bleiben will, dem ist kein sichererer Weg anzuraten als der der konventionellen Predigt. Langeweile lähmt, aber sie macht nicht bösartig. Und schließlich schlafen auch die Dämonen ein. Wer aber schläft, sündigt nicht. Auch beim Kirchenschlaf sündigt man nicht, das heißt, man begehrt nicht auf, man schreit nicht »Au«, man sagt nicht »Kreuzige ihn, sein Blut komme über mich und meine Kinder«, ich will mit diesem nichts zu tun haben. Wenn es lauwarm von den Kanzeln träufelt, wird niemand geschockt. Aber der, von dem dabei die Rede ist, würde durch diese Temperatur zu einer Spei-Reaktion angeregt.

Wer diese ungenierte Etappe als Prediger wünscht, wird auch anfällig sein für einen sehr falschen Trost, wenn die Kirchenbänke sich leeren (außer in Gegenden, die gegenüber dem Stumpfsinn hart im Nehmen sind und bei denen das Trägheitsgesetz des gewohnten Kirchgangs alle anderen Antriebe überwiegt). Der falsche Trost, den der also Alleingelassene sucht, bedient sich gerne des Arguments, daß es eben das *Ärgernis* der Botschaft sei, das sich in dieser Vertreibung aus dem Tempel auswirke, daß man also sehr treu verkündigt haben müsse, um so viel leere Bänke vor sich zu haben. Dabei hatte man das Ärgernis doch gerade umgangen. Kein Mensch hatte sich ja aufgeregt und protestiert. Nur die Langeweile hat die Bänke leergefegt. Es ist unglaublich, welcher Pharisäismus und welche Selbstsicherheit gegenüber solchen Situationen entstehen können. Ich würde es nicht für möglich halten, wenn ich es nicht selber erlebt hätte.

Muß ich noch besonders betonen, daß damit nicht die These vertreten werden soll, als seien leere Kirchenbänke unbedingt und *nur* ein Symptom dieser Langeweile und dieses Pharisäismus?

Würde ich das sagen wollen, dann versündigte ich mich an den vielen treuen Zeugen, die *auch* vor leeren Bänken predigen: sei es, daß der Prediger eine reelle Entscheidung gegen seine reelle Botschaft provoziert hat, sei es, daß er auf einem dürren steinigen Boden arbeitet, auf dem trotz selbstloser und sachgerechter Arbeit einfach nichts sprießen will.

Ich kann nur in Ehrfurcht und brüderlicher Verbundenheit an die denken, die das aushalten und die nicht weichen. Und ich kann nur in selbstkritischer Scham sagen, daß ich nicht wüßte, ob ich das ertrüge, ob ich zu diesem Maß an Treue, an Dennoch-Glauben und an Selbstlosigkeit des Zeugendienstes imstande wäre. Die Welt ist ihrer nicht wert, möchte man sagen. Und es ist ein Trost höherer Art zu wissen, daß es in einer Welt, die vom Erfolg und von der *publicity* lebt, solche Zeugen im Verborgenen und ohne Ehrgeiz gibt, die als Nüchterne inmitten einer berauschten Welt immer weiter verkündigen und nicht müde werden, mit wunden Füßen über steinige Äcker zu gehen und nach Ritzen auszuschauen, in die sie ihre Saatkörner streuen können. Die bloße Tatsache, daß es sie gibt, ist schon ein Trost. Sie dienen einem Herrn, der nicht nach dem Erfolg fragt, sondern nach der Frucht. Vielleicht ist einem einzigen Hörer in seiner letzten Stunde das geleitende Wort eingefallen, das dieser Prediger vor Jahren sprach. Mit diesem Wort wird er vor Gottes Thron treten, und es wird als eine Frucht anerkannt werden, die kein menschliches Auge sah oder gar dafür gehalten hat. In der Ewigkeit aber sehen die Diagnosen anders aus.

»Geschwätzigkeit, obwohl das Wort verstummt ist«

Ich hatte noch eine zweite Überlegung angekündigt, die sich auf das Problem der Predigtsprache bezieht. Sie läßt uns Tatbestände zur Kenntnis nehmen, die nicht speziell die Predigtsituation betreffen. Sie haben vielmehr mit Problemen zu tun, die unsere Sprachsituation überhaupt belasten — in der Dichtung, in der Philosophie und auch im Journalismus. Es mag ein etwas fragwürdiger Trost sein, daß die Predigt *auch* das geistige Schicksal ihrer Zeit teilt und nicht nur einer *speziellen* Degeneration unterworfen ist. Fragwürdig ist dieser Trost freilich deshalb, weil die Verkündigung des ewigen Wortes nicht einfach allgemeinen Trends unterworfen sein, sondern selber einen Trend bestimmen sollte. Sie sollte ein Salz enthalten, das nicht einfach *mit* »verdummt«, wenn das Erdreich der Sprache »dumm« zu werden droht, sondern es sollte diese Spracherde salzend vor Fäulnis bewahren. Diese Bewahrung sollte sich einfach dadurch ereignen, daß es unter die Worte der Dichter und Denker und unter die Worte an den Tankstellen, in den Labors und in den Zeitungsspalten gemischt wird und hier die Maßstäbe der Wahrheit setzt. Aber das scheint eben die Verkündigung jenes ewigen Wortes *nicht* zu tun. Und das ist unsere Schuld. Unser Wort in der Predigt teilt nur das Ohnmachtsgeschick aller anderen Worte.

(Ich unterbreche einen Augenblick, denn soeben kehre ich von einer Predigt zurück, deren atemberaubende Banalität mich völlig aus dem Gleis geworfen hat. Soviel Worte und nichts gesagt! Ich sah, wie ein neben mir sitzender Jurist dieselben Qualen litt wie ich. Lauter leeres Stroh, lauter Klischees, die dem Mann auf der Kanzel eben einzufallen schienen. Und im Wissen darum, daß es frommes Blabla war — denn dumm ist der Mann durchaus nicht —, ließ er es zu rhetorischen Ausbrüchen kommen, um die Langeweile durch Scheindramatisierungen zu vertreiben. Hätte man durch eine dicke Glaswand die Gesten gesehen oder an einem Registrierapparat die phonetischen Differenzierungen zwischen laut und leise beobachten können, würde man gemeint haben, ein Demosthenes expektoriere sich hier und bringe die Fülle seines oratorischen Potentials zur Entfaltung. Dabei war es ein aufgeblähtes Nichts, das um so mehr weh tat, weil es eben so aufgebläht war, weil der Mann sogar *reden* kann — und weil er doch nur eine knappe Stunde dafür gearbeitet haben mochte.

Ich mußte unwillkürlich daran denken, mit welcher Präzision selbst ein kleiner Rastelli auf der Bühne eines Provinzvarietés redliche und durchtrainierte Arbeit leistet und wie man es ihm verübelte, wenn ihm die geringste Schludrigkeit unterliefe. Aber mit dem Worte Gottes kann man schludrig umgehen, mit Bällen offenbar nicht. Wie entsetzlich ist der Eindruck der Nachlässigkeit gerade in *diesem* Raum! Wie sehr muß dieser Mann bei aller sonstigen Redlichkeit das Wort verachten, daß er so schlampig [es gibt wirklich kein anderes Wort] mit ihm umgeht. Denn wie man hört, kann er sonst gut organisieren, und seine bürokratischen Dinge scheinen gut geordnet zu sein. Wenn er doch der Heiligen Schrift einen Bruchteil der Sorge angedeihen ließe, die er seinen Leitzordnern zuwendet!

Gewiß ist dieser Grad von hohler Geschwätzigkeit ungewöhnlich, obwohl ich Spuren des Schlampigen nur allzuoft bemerke. Hier ist alles Salz der Sprache dumm geworden. Hier ist keine Verheißung mehr, sondern hier ist Verleugnung. Die banalen Nichtigkeiten, die er brachte, und die dogmatisch-konventionellen Klischees, mit deren Hilfe er es tat, *verkündigen* ja nicht mehr. Ich hatte den Geruch des Todes fast physisch in der Nase. Das ist sterbende Kirche. Besonders quälend war es, daß die geistliche Verwesung nicht von einem alten, müden Mann ausging, sondern daß das gute Klima jener Gegend frische und vitale Farben in dieses Gesicht gemalt hatte, dessen Mund nur erstorbene Worte und Sätze ausstieß. Hier erklomm die Sprachkrankheit der Zeit den Kulminationspunkt der Fieberkurve. Ich mußte dieses Erlebnis einblenden, weil mich die erlebte Illustration der eben behandelten Gedanken so bedrängt — und weil sie ja zur Sache gehört — leider!)

Worin besteht nun das Ohnmachtsgeschick unserer Sprache? Ausgerechnet die Dichter, die es ja wissen müssen und denen das Wort auf ihre Weise ebenso anvertraut ist wie dem Prediger, haben davon gesprochen und ihren Status als Patienten bekannt. Ich mache nur wenige Andeutungen darüber:

Einmal denke ich an den berühmten »Brief des Lord Chandos«, mit dem sich Hugo von Hofmannsthal von der Jugendepoche seiner Dichtung verabschiedet.[12] Er sieht sich einem großen Verstummen überantwortet, weil die Worte das, was er sagen möchte, nicht mehr tragen: Die »abstrakten Worte, deren sich doch die Zunge naturgemäß bedienen muß, um irgendwelches Urteil an den Tag zu geben, zerfielen mir im Munde wie modrige Pilze ... Es zerfiel mir alles in Teile, die Teile wieder in Teile, und nichts mehr ließ sich mit einem Begriff umspannen. Die einzelnen Worte schwammen um mich; sie gerannen zu Augen, die mich anstarrten und in die ich wieder hineinstarren muß: Wirbel sind sie, in die hinabzusehen mich schwindelt, die sich unaufhaltsam drehen und durch die hindurch man ins Leere kommt.«[13]

Das zum Verstummen Bringende ist hier eine Erfahrung, die Hofmannsthal erlitten hat: daß nämlich die Sprache *unwahr* geworden ist. Gewiß ist sie einmal wahr *gewesen*. Im Munde Früherer hat sie einmal die Wirklichkeit erfaßt und in den Griff bekommen. Aber es ist, als wäre sie dabei verbraucht worden. Es ist, als hätten sich die Vokabeln, nachdem sie ihren Dienst getan haben, entleert. Die Sprache hat einmal ein bestimmtes Verhältnis zur Wirklichkeit adäquat ausgedrückt. Indem aber wir, deren Verhältnis zur Wirklichkeit verändert ist, die gleichen Vokabeln anwenden, werden sie unwahr. Sie hören auf, ein Mittel zur Erfassung der Wirklichkeit zu sein und »haben sich vor die Dinge gestellt. Das Hörensagen hat die Welt verschluckt«, so hatte Hofmannsthal schon einige Jahre zuvor geschrieben. Und auch noch dies: »Es hieße einen Dichter über alle Deutschen der letzten Jahrzehnte stellen, wenn man von ihm sagen könnte: Er hat die Adjektive, die nicht totgeboren sind, und seine Rhythmen gehen nirgends gegen seinen Willen«,[14] er habe also nichts Anempfundenes, das im Ausgesprochenwerden schon tot ist, und er habe den eigenen Ton, der »alles ist«.

Auch Novalis beobachtete ähnlich das Verenden der Sprache: »Der Sinn der Welt ist verlorengegangen. Wir sind beim Buchstaben (das heißt hier, bei dem erstorbenen Sprachelement) stehengeblieben. Wir haben das Erscheinende über der Erscheinung (man könnte auch hinzufügen: über dem nur noch Tönenden) verloren.«[15]

In unserer Generation hat Gottfried Benn davon gesprochen: Der Lyriker (leider spricht er nicht vom Prediger!) sei ein Anachoret, dessen »monologische Kunst ... sich abhebt von der geradezu ontologischen Leere, die über allen Unterhaltungen liegt und die die Frage nahelegt, ob die Sprache überhaupt noch einen dialogischen Charakter in einem metaphysischen Sinne hat. Stellt sie überhaupt noch Verbindung her, bringt sie Überwindung ... oder ist sie nur noch Material für Geschäftsbesprechungen und im übrigen Sinnbild eines tragischen Verfalls?«[16]

Nach dem Ersten Weltkrieg hatte schon Hemingway darauf hingewiesen, daß angesichts der Furchtbarkeit des Geschehens alle bisherigen Wörter ihre Geltung verloren hätten und daß wir mit dem Anspruch auf Wahrheit nur noch Eigennamen und Straßennamen aussprechen könnten. Nach dem Zweiten Weltkrieg aber, dessen Grauen noch tiefer in die Wortlosigkeit hinabstößt, sagt Hermann Broch vom Versagen des Wortes:

Wir starren sie an, sie starren uns an:
die Augen, die ihren, die unsern,
vermögen noch zu blicken
und sich vorzulügen,
daß sie die Menschengestalt sehen.
Wehe, wenn einer spricht.[17]

Darum suchen diejenigen, die von dieser Abgegriffenheit und von der Lüge der Sprache bedrängt sind, Verfremdungseffekte, um ihr das Eingängige des Lügnerischen, die Verlogenheit des Schein-Vertrauten zu nehmen und sie wieder den Effekt des Schocks ausüben zu lassen. Nur die befremdete Verwunderung über das, was gesagt wird und an Wirklichkeit zur Erscheinung kommt, wird zum Echtheitssiegel der Sprache. Es kann sich dabei um die »angenehme Art zu befremden« handeln, wie Novalis sie möchte, oder um klanglich und sinnhaft beziehungsreiche Fremdworte, die Gottfried Benn mitten in einem Gedicht auftauchen läßt, oder um die raffinierte Grobheit, mit der Bertolt Brecht die »faule Mystik« des pathetischen Sprachplüschs zerstieben läßt. Der Verfremdungseffekt, mit dessen Hilfe die erstorbene Sprache wieder sprachfähig gemacht werden soll, ist sozusagen die Antwort darauf, daß die Sprache sich vorher von der Wirklichkeit entfremdet hatte. Gelingt es einem Dichter (oder einem Prediger), die so versunkene Wirklichkeit wieder ans Licht zu heben, so wirkt sie in der Tat befremdend, neu, unerwartet und schockierend. Die Verfremdung der Sprache könnte also ein legitimes Mittel sein, um diesen Effekt zu erreichen.

Offenbar spüren auch viele Prediger das, was die Dichter und Spracherfahrenen enthüllen. Sie merken, wie das gängige Vokabular der Kirchensprache lügt oder — psychologisch ausgedrückt — daß die Worte Sünde und Gnade nicht mehr »ziehen«, es sei denn, daß sie durch das Medium eines lebendigen Menschen hindurchgegangen sind und daß dieses Medium sie dann verwandelt und wieder zum Bekenntnis werden läßt.

Natürlich sind jene Worte an sich keine Lüge; sie sind objektiv wahr. Aber wird objektive Wahrheit nicht, auf existentielle Tatbestände angewandt, zur Lüge? Hat Kierkegaard nicht recht, wenn er sagt, daß die Wahrheit des »existierenden Denkers« im *Verhältnis* zu dem liegt, was er sagt und nicht in der objektiven Richtigkeit des Gesagten?[18] Und deutet der johanneische Christus nicht auf das gleiche, wenn er von Leuten spricht, die in der Wahrheit »sind«, und nicht von Leuten, die das vermeintlich Wahre nur »sagen«? Nein, wir dürfen nicht jene *Worte* der Lüge zeihen, sondern nur *uns,* die wir diese Worte in all ihrer Abgegriffenheit zur Lüge *werden* lassen. Sie sind Träger einer versunkenen Wahrheit. Wer *sie* nicht aus ihnen ans Licht hebt, wird zum Lügner, weil er sich als Besitzer der Wahrheit gebärdet und doch nicht weiß, warum und wieso er sie in seinen Händen hält und mit diesen Händen weiterreicht.

Wie gesagt, auch der Prediger kann das alles spüren, und darum ist auch im kirchlichen Leben der Griff nach dem Verfremdungseffekt zu beobachten: der verzweifelte Griff nach ärgerlichen, groben oder hypermodernen Worten oder auch der Einbruch des Jazz und des Negro-Spirituals in den Gottesdienst. Auch er ist ja als jene provozierende Verfremdung gemeint: Der feierliche

Orgelton und der konventionelle Choral drohen gelegentlich jene »faule Mystik« zu erzeugen, von der Bertolt Brecht sprach. Sie lullen ein in scheinbar Vertrautes, in dem das, was einmal verkündigend und erregend durch dieses Medium in die Welt einbrach, längst versunken und zum üblichen »Frommen« domestiziert ist. Die scharfgeschliffenen Speere einer einst treffenden Verkündigung sind mit Wattebäuschen umwickelt und lassen den Aufprall kaum noch spüren. Aber vielleicht erkennt man die ursprüngliche Schärfe wieder, wenn die Botschaften uns verfremdet und in nicht vertrauter Gestalt begegnen.

Der klerikale Werbeslogan

Gerade die jungen und lebendigen Gemeinden geben deutlich dieses Bedürfnis nach Provokation kund. Wir sollten die Unruhe der Ehrlichen und das feinnervige Gewissen ehren, die sich darin melden. Aber wir sollten uns auch darüber klar sein, daß jeder Gottesdienst verflucht ist, der das Heil nur in neuen Mitteln des Sagens und Tönens sieht. Denn er könnte ein Ausdruck für den Glauben an gewisse *Methoden* des Heils sein, mit deren Hilfe man sich Gottes meint bemächtigen und das Wunder des Heiligen Geistes überflüssig machen zu können. Das wäre dann eine neue Variante des Gesetzesdienstes und ein Attentat wider das, was uns die Reformation über die Rechtfertigung allein aus dem Glauben gelehrt hat. Denn hier würden Werke und Methoden zu Mitteln der Seligkeit.

Darum kommt alles darauf an, die Geister zu scheiden. Es gibt einen ehrlich beunruhigten Geist, der die schockierende Erkenntnis gewonnen hat, daß im Evangelium letzte und befreiende Wahrheit ist, daß aber die konventionellen Mittel des Sagens und

Tönens diese Wahrheit nicht mehr entbinden, sondern sie in der Dunkelhaft hermetisch verschlossener Wort-Zellen festhalten. Und dieser so von der Wahrheit getroffene, von ihrer scharfen Lanze verletzte Geist sucht nun nach neuen Mitteln der Aussage. Diese Art Geist müßten wir willkommen heißen.

Es gibt aber auch eine andere Seite von Geist. Ich meine den auf *Werbung* erpichten, den expansionslüsternen Geist, der darunter leidet, daß der Apparat der Kirche im Leerlauf rollt, daß er nicht mehr »greift«. Er ist der homo-faber-Geist, der neue Mechanismen ersinnen möchte, die den Vorgang der Aussaat rationalisieren und wirkungsvoll gestalten. Auch er kann bei seinen sehr pragmatischen Überlegungen auf die Idee des Verfremdungseffektes kommen. Der Psycho-Stratege weiß ja ebenfalls, daß man mit seiner Hilfe Widerhaken in die Seele treiben und dafür sorgen kann, daß das Übliche nicht einfach wirkungslos an der Haut herunterfließt. So sinnt er auf neue Effekte und auf Methoden, die solche Effekte erzeugen.

Vor diesen Geistern muß man warnen. Sie sind Betriebmacher, die nur auf attraktive Neuigkeiten aus sind und den Leerlauf nicht beenden, sondern ihn nur auf eine höhere Tourenzahl bringen. Es gibt genug von ihnen. Meist fallen ihnen nur flüchtige Laufkunden zu, die von der Schaufensterdekoration mit Hilfe von Neuigkeiten und Modernitäten angezogen werden, sich aber bald wieder abwenden, wenn sie dahinter gekommen sind, daß der Mann keine Reserven mehr unter dem Ladentisch hat, sondern sich mit seinen Schaufenstern verausgabte.

Vornehmlich die Jugend hat ein fein entwickeltes Gespür dafür, ob man nur »beeinflußt« werden soll oder ob hier jemand etwas gesehen hat, das ihn traf und überwältigte und von dem er nun ohne Rücksicht auf Verluste zeugen muß. Sie spürt, ob hier synthetische Fabrikate von Neuem vorliegen oder ob jemand mit ei-

genem Ton von etwas spricht, das ihm neu und original aufgegangen ist.

Darum ist es albern (und in geistiger Hinsicht eine barbarische
Vergröberung), wenn man in der Kirche summarisch fragt: Sollen wir uns einer unkonventionellen Sprache befleißigen, dürfen
wir den Ton der Straße oder der säkularen Bildung auf die Kanzel
lassen, dürfen wir Neutönern die Orgelbank einräumen und
Rock-Bands unsere Gottesdienste freigeben? Es gilt, die Geister
zu prüfen und festzustellen, wes Geistes Kind diese Vertreter des
Neuen sind, ob sie Getroffene sind, die mit neuen Mitteln das bezeugen, von *dem* sie getroffen wurden, oder ob es sich nur um
clevere Knaben handelt, die unter ihren Einfällen leiden, um liturgische Playboys, die mal einen neuen Dreh versuchen wollen.
Die Unterscheidung zwischen neu und alt ist viel zu grob. Es
geht um den Geist, der aus beidem spricht.

Die Fachsprache der theologischen »Profis«

Ich kann nicht genug betonen, daß ich das gewohnte theologische Vokabular nicht abschaffen und mich nicht als Bilderstürmer der christlichen Fachsprache gerieren möchte. Der Hinweis
auf den Verwesungsgeruch der abgegriffenen Sprache bezieht
sich nur auf das unbearbeitete, einfach weitergereichte Vokabular, dem man nicht ansieht, daß es durch das Medium eines lebendigen Zeugen hindurchgegangen und darum randvoll mit Assoziationen zum gelebten Leben ist.

Man könnte es auch so sagen: Jene dogmatischen Worte und Begriffe sind unentbehrlich, weil in ihnen das geistliche Wissen einer langen Glaubensgeschichte aufgespeichert ist. Als solche Be-
hältnisse aber sind sie nur in den theologischen Laboratorien ver-

wendbar. Sie sind nur für den internen Dienstgebrauch bestimmt. In diesem Rahmen haben sie den Sinn von Abbreviaturen, die sich leicht handhaben lassen. Sie sind stenographische Verständigungsmittel.

Gerade darum aber werden sie falsch, wenn sie unverändert im Munde des Zeugen auftauchen. Sie werden nicht nur deshalb falsch, weil sie aus den besagten Gründen vom Normalverbraucher gar nicht verstanden werden können oder weil er sie in den falschen, zum Beispiel in den *moralischen* Hals kriegt. Sondern sie werden auch deshalb unwahr, weil sie im Munde des Zeugen so wirken müssen, als habe er die in ihnen gespeicherten Wahrheiten persönlich durchgemacht. Denn der Zeuge bekennt ja nicht nur seine *Botschaft,* sondern er bekennt auch seine *Begegnung* mit der Botschaft. Er spricht also auch von sich selber, einfach dadurch, daß er als Bezeugender ja für die bezeugte Wahrheit steht, daß er sich für sie verbürgt. Das aber kann er doch nur, wenn er zu verstehen gibt: Ich habe diese Wahrheit durchgemacht.

Man glaube doch ja nicht, daß dies heißen müßte, ein Seelengemälde über sich selber vor den Hörern zu entrollen. Gewiß, es gibt solche unappetitlichen Selbstenthüller und geistlichen Autobiographen. Aber die sind doch Entartungen, die uns nicht vergessen lassen dürfen, daß jede legitime Zeugenschaft genötigt ist, auch den Zeugen selber vorzustellen, eben als Bürgen vorzustellen. Nur darum wird ja, wie wir zeigten, die Frage nach der *Glaubwürdigkeit* des Zeugen so bedeutsam. Darum wird sie genauso wichtig wie die Frage nach der Glaubwürdigkeit des Zeugnisses selber.

Wenn die Dinge aber so liegen, dann gewinnt die theologische Vokabulatur eine erhöhte Fragwürdigkeit, sobald sie aus dem internen Dienstgebrauch des Labors herausgenommen und unverändert in den Mund des Zeugen verlegt wird. Im Labor nämlich kann man mit den Begriffen jonglieren. Man kann sie miteinander vergleichen, so wie sie jeweils bei Irenäus, Augustin, Luther und Schleiermacher gemeint sind. Man braucht bei diesem Jonglieren (um es absichtlich etwas burschikos zu sagen) nicht dauernd zu verraten, in welchem Verhältnis man selber zu den Wahrheiten steht, die in jenen Abbreviaturen beschlossen liegen. Im internen theologischen Labor ist man ein wenig von den Wahrheiten distanziert, genauso wie ein Mediziner, der eine Blutsenkung, ein EKG oder eine Röntgenuntersuchung macht, sein »ärztliches« Engagement für Augenblicke aufgibt und nicht in jedem Moment daran denkt, daß es hier um die Schicksale von lebendigen Menschen geht und daß er sich eigentlich *existentiell* zu dem verhalten müßte, was im Labor zur Erscheinung kommt. Aber so legitim dieser Laborgebrauch der theologischen Begriffe ist, so unheimlich wird alles, wenn das nun unverarbeitet auf der Kanzel auftaucht. Denn gerade weil der Zeuge sich immer selber mit bekennt, sieht es nun, wo die traditionellen Begriffe munter und lehrmäßig korrekt aneinandergereiht werden, so aus, als stehe der Zeuge in einem gleich nahen existentiellen Verhältnis zu ihnen allen, als habe er sie alle durchgemacht. Das aber ist eine Lüge, das ist *falsches* Zeugnis. Kann denn ein Mensch alle Wahrheiten des Apostolicum in jeder Stunde als »seine« Wahrheiten bekennen? Mein Gott: Wer kann denn in jedem Augenblick sagen: »Ich glaube an den Heiligen Geist«? Sind diese Wahrheiten nicht viel zu steil, um jeden Augenblick abrufbereit zu sein und munter bezeugt zu werden?

Zeugen und predigen wir aber nicht *über* unsere Verhältnisse, wenn wir dieses alles, weil es nun einmal in den Katechismen fertig verpackt und vollständig beieinander vorliegt, so unters Volk werfen und den Eindruck entstehen lassen: Der Pastor hat das alles präsent, in ihm ist alles da, er ist ein Magazin aller Wahrheiten, die unser einziger Trost im Leben und im Sterben sind? Ist das nicht die existentielle Lüge? Könnte es hier nicht ungedeckte Wechsel geben? Und wird so nicht zwangsläufig der Eindruck entstehen: Der Pastor als Profi muß eben so reden, das gehört zu seiner »Branche«?

Was heißt: »Die ganze, unverkürzte Wahrheit«?

Ein Kunststudent brachte einmal die Situation des Hörers zum Ausdruck, die sich angesichts dieser existentiellen Lüge ergibt. Er sagte: »Warum blendet ihr uns immer mit euren vielen Wahrheiten wie mit einer Tausendwattlampe? Wir sind Maulwürfe, die eben aus dem Erdreich gekrochen sind, und wir können nur das Licht einer kleinen Kerze, einer ganz kleinen Wahrheit vertragen. Ihr aber überfallt uns mit dem vollen Scheinwerferlicht von Wahrheiten, die in Jahrhunderten gewachsen sind. Ihr setzt uns alles auf einmal vor. Bitte nur eine einzige Kerze, eine einzige Kerze!« Der junge Mann war ehrlich genug, sich vor der Möglichkeit zu ängstigen, daß er zuviel auf einmal glauben müsse. Denn das hätte er nicht verkraften können. Und darum wäre es Lüge gewesen, wenn er sich eingeredet hätte, dies alles seien nun *seine* Wahrheiten, das seien nun Wahrheiten, die er glaube. Macht aber der Manipulator mit christlichen Vokabeln, der da auf der Kanzel steht, nicht den gleichen Fehler der Unwahrheit? Alles, was er sagt, mag ja »richtig« sein. Aber als Zeugnis ist es unwahr. Es ist viel schlimmer und ein Greuel vor Gott, wenn man zu viel glaubt (oder zu glauben meint) als zu wenig. Nur zweimal hat Jesus von einem großen Glauben gesprochen und ihn seinem Gegenüber respektvoll zuerkannt. Aber beide Male haben die Leute quantitativ sehr wenig geglaubt. Allerdings war das, was sie dann wirklich glaubten, auch echt und durchgemacht.

Wohin kommen wir aber, wenn wir das ernst nehmen? Heißt das nicht dann, daß wir nur noch Bruchstücke der christlichen Wahrheiten predigen dürften, daß wir also nur noch von dem zu reden hätten, was uns selber im eigenen Vollzug unserer Existenz und möglicherweise sogar nur im Augenblick des Sagens gewiß geworden ist?

Diese Konsequenz wäre zu absurd, um nicht zu verraten, daß wir uns auf einem falschen Weg befänden. Der Pfarrer kann nicht sagen: Zu Ostern habe ich noch kein Verhältnis; darum mache ich mit meiner Karfreitagspredigt vorläufig Schluß. Oder: Mit Weihnachten kann ich nichts anfangen, ich kann allenfalls die Adventsbotschaft vom wartenden Menschen bezeugen. Nein, er ist dem Ganzen der Wahrheit verpflichtet; auch die *christliche* Wahrheit ist unteilbar.

Es müssen aber Differenzierungen bei ihm spürbar werden, die sichtbar machen, ob er von einer Wahrheit spricht, die er durchgemacht hat oder die noch über ihm steht. Darum muß er auch seine Hilflosigkeit bekennen können, die etwa Luther nicht müde geworden ist, gegenüber dunklen Stellen der Heiligen Schrift offenzulegen. Er hat dann diese Stellen nicht etwa unterschlagen oder aus dem Kanon gewiesen, sondern er hat in solchen Fällen geraten, seinen Hut zu ziehen und vorüberzugehen — aber eben seine Reverenz zu erweisen! Dieser verehrende Gruß weist darauf hin, daß die Wahrheit Gottes immer größer ist als unser Glaube und daß das geistliche Wissen der Kirche größer ist als unsere persönliche spirituelle Erfahrung. Auch wenn ich von dem zeuge, an dem ich noch in Ehrfurcht vorübergehen muß oder das bisher noch an *mir* vorübergegangen ist und noch nicht zu mir gesprochen hat, kann ich ein wirkliches Zeugnis ablegen. Aber es hat dann einen anderen Klang. Ich muß dazu sagen: »Die Wahrheit, von der ich heute zu reden habe, steht noch wie ein Alpengipfel über mir; ich kann nur ganz von ferne und aus großer Tiefe von ihr reden. In zehn Jahren hoffe ich ihr weiter entgegengewachsen zu sein.« Die Lüge beginnt nur, wenn alles gleich und gleichmäßig sicher klingt. Nicht nur der Zeuge muß einen eigenen Ton haben; auch jedes seiner Zeugnisse muß einen eigenen Ton haben. Es ist — trägt es den Echtheitsstempel — immer reich instrumentiert.

Ich hörte einmal von einem Prediger, der das sehr drastisch praktiziert hat. Er hatte die Mutter von drei kleinen Kindern zu beerdigen. Sie war überfahren worden. Die Sinnlosigkeit dieses Geschehens, der Jammer des jungen Ehemannes und der unmündigen Kinder überwältigten ihn so, daß er bekennen mußte: »Ich weiß um die Worte der Heiligen Schrift, die für solche Stunden des Elends und der Anfechtung bestimmt sind. Aber ich kann sie jetzt nicht sagen. Ich bin selbst viel zu hilflos und vom Schmerz überwältigt. Auch die frommen Worte bleiben mir im Halse stecken. Ich werde sie euch später sagen. Ich kann nur noch eins: Wir wollen miteinander das Vaterunser beten.«

Dieser junge Prediger war aufrichtig geblieben. Er hatte differenziert zwischen Wahrheiten, die ihm zu Gebote standen, und anderen, die ihm in dieser Stunde unerschwinglich waren. Er hatte sich in seiner Verzweiflung auf die innerste Widerstandslinie seines Glaubens zurückgezogen, auf das Gebet des Herrn. Aber siehe da (man muß es schon so sagen): Der Heilige Geist trat an seine Stelle und zeugte stellvertretend für den, der das Wort nicht fand. Und das Wunder ereignete sich, daß alle getröstet von dannen gingen. Sie hatten das absolut Echte gehört, und in dem, was gesagt wurde, war kein falscher Ton. Der Prediger hatte ja, indem er die Trostworte verschwieg (»Meine Gedanken sind nicht eure Gedanken . . .«), nicht die Sache verleugnet, die ihm aufgetragen war, und er hatte sich nicht von dem Herrn losgesagt, der ihm jenen Auftrag erteilte. Sondern er hatte dieses alles bekannt, indem er sich in den letzten Winkel seines Glaubens, in das Vaterunser, verkroch.

Darum sollen wir lieber zuwenig als zuviel sagen. Auch in geistlicher Hinsicht dürfen wir den Mund nicht zu voll nehmen. Wir müssen vor allem differenzierend zu erkennen geben, auf welche Wahrheiten wir noch *warten*. Dann dürfen wir sie erst als *erwartete* Wahrheiten ebenfalls bekennen und rühmen. Damit verkünden wir, daß die Wahrheit der Heiligen Schrift und der Kirche größer ist als unser Glaube. So bezeugen wir, daß wir nicht an unseren eigenen *Glauben* glauben (weil er viel zu kümmerlich und weil er eben noch ein *wartender* Glaube ist). Weh dem aber, der so tut, als »schaue« er schon, als sei ihm alles gleichmäßig nah und als blicke er ohne Blinzeln in die Tausendwattlampe der ganzen Wahrheit.

Eine Differenzierung zwischen dem, was mir nahe, und dem, was mir fern steht, ist aber nicht nur aus Gründen der sachlichen Ehrlichkeit, sondern auch um methodischer Gesichtspunkte willen wichtig. In diesem Falle dient sie der geistigen Ordnung und der Verständlichkeit. Kein Mensch kann alles auf einmal sagen, ohne sich der Gefahr auszusetzen, nichts zu sagen. Darum muß die Predigt als geistiger Organismus einen Schwerpunkt und jedesmal ein anderes, sich aus dem Text ergebendes organisierendes Zentrum haben. Genau wie jedes sonstige Porträt, so verlangt auch das Porträt des Evangeliums die Kunst des Weglassens, zumindest aber die Unterscheidung zwischen ausgezogenen und punktierten Linien, zwischen Näher- und Fernersein. Ausgerechnet der massive Erweckungsprediger Alois Henhöfer (geb. 1789), dem man gewiß keine Verkürzung des Evangeliums nachsagen kann, hat seine Predigten in dem badischen Dörfchen Spöck so kommentiert: Er wolle keine Hasenpredigten halten, sondern Hirschpredigten. »Ein Jäger, der den Hirsch schießen will, läßt die Hasen laufen, weil er sonst den Hirsch vertreibt.«[19] Wir müssen also bei der Jagd und beim Predigen wissen, worauf es jeweils ankommt. Darauf muß man sich dann konzentrieren. Deshalb kann man nicht in jeder Predigt alles sagen. Die konventionellen dogmatischen Vokabeln enthalten aber »alles«. Darum sind sie so gefährlich.

Das sogenannte unverkürzte Evangelium in allen Ehren! Wir wollen gewiß keine Reduktion — womöglich noch auf die moralischen oder sozialen Wahrheiten. Aber was heißt denn unverkürzt? Sollte das bedeuten, daß man jeweils auch alles aussprechen müßte? Ist denn in jeder neutestamentlichen Perikope alles entfaltet? Hat nicht jeder Dialog Jesu ebenfalls seine Schwerpunkte?

In Wirklichkeit ist es doch so: Wenn ich eines *ganz* sage (zum Beispiel die Botschaft von der Sündenvergebung), so habe ich damit alles andere implizit *mit* ausgesprochen: die Botschaft vom Kreuzestod Christi und von der Auferstehung, ja selbst die Glaubenssätze über Schöpfung und Eschatologie. Gelobt sei der Mut zum Impliziten! Denn die christlichen Wahrheiten gleichen Mikrokosmen, in denen sich das Ganze des Weltsystems abbildet. Ich sage deshalb die Wahrheit nicht in Form einer quantitativ vollständigen Entfaltung *aller* Wahrheiten. Sondern ich sage sie so, daß ich einen ihrer Mikrokosmen herausgreife und ihn durchdringe. Das ist nicht nur der Sache angemessen, sondern auch der Fassungskraft der Seelen. Das »Eine« können sie aufnehmen und in sich bewegen oder — wie die Psychologen das heutzutage gern ausdrücken — sie können es »internalisieren«.

Kleine Typologie von Predigern und Theologen

Wer alles sagen will, sagt nicht nur nichts, sondern er steht auch in Gefahr, von einem falschen Verständnis der Rechtfertigung auszugehen. Rechnet er nicht damit, daß er alles selber schaffen und verkündigen müsse? Sucht er sein Gewissen, das ihn zu treuer Zeugenschaft zwingt, nicht dadurch zu beruhigen, daß er genau nachzuweisen vermag, er habe wirklich »alles« gesagt und nichts verschwiegen? Flicht er deshalb nicht schnell noch einen Nebensatz ein, um auch da noch eine Wahrheit unterzubringen und sie also *auch* noch gesagt zu haben (obwohl sie doch kein Mensch in diesem Winkel finden oder gar in ihrem Gewicht ermessen könnte)? Wer jedesmal das ganze Schema von Trinität und Schöpfung, Erlösung und Eschatologie in seiner Predigt unterbringen will, kann nicht anders als blaß und verblasen wirken.

Ich denke dabei an das Gespräch zweier ziemlich bekannter Professoren der Theologie, dessen Zeuge ich wurde. Sie klagten darüber, daß die meisten Predigten nicht »plastisch« genug, daß sie farblos und flächenhaft wirkten. Am besten referiere ich das Gespräch kurz:

Professor X (zu seinem Kollegen Y): Bei Ihnen ist das freilich nicht so. Sie haben die Gabe zum Lebendigen und Anekdotischen, bei Ihnen ist Licht und Schatten und Plastik. Ich dagegen bin ein ziemlich miserabler Prediger. Meine Studenten klagen darüber, daß ich wie ein Stockfisch auf der Kanzel stünde und ohne Artikulation, ohne Heben und Senken der Stimme gleichmäßig und mit gleicher Betonung von Satz zu Satz eilte. Man schliefe dabei leicht ein. Ich kann einfach nicht so plastisch reden. Ob es daran liegt, daß ich Mathematik studiert habe und von daher etwas abstrakt geblieben bin?

Professor Y: Ich glaube nicht, daß das primär mit der rhetorischen Begabung oder Ihrer mathematischen Vergangenheit zusammenhängt. Vielmehr meine ich, daß das Unplastische tief mit dem Wesen Ihrer Theologie zusammenhängen könnte.

Professor X (erstaunt und etwas befremdet): Wieso das denn?

Professor Y: Neulich fragten Sie mich: »Wie lehren Sie über die Engel?« Sie waren entsetzt, als ich Ihnen antwortete: »Überhaupt nicht! Ich habe mich bisher darum gedrückt, weil ich noch keine Beziehung zu dieser Wahrheit habe; vielleicht wird sie mir später noch einmal zuteil — ich hoffe es sogar.«

Professor X: In der Tat, ich war etwas erstaunt. Als Professor der Theologie muß man doch darüber etwas sagen können. Aber ich verstehe nicht, wieso das mit der Plastik der Predigt zu tun haben soll!

Professor Y: Sehr viel! Sehen Sie: Sie repräsentieren einen theologischen Denktypus, der sehr am formalen Zusammenhang des dogmatischen Systems interessiert ist. Es *hat* ja diesen Zusammenhang, und ich gestehe, daß es einem einen hohen intellektuellen Spaß bereiten kann zu sehen, wie der eine dogmatische Lehrsatz in den anderen greift und wie die Schöpfungslehre mit dem Jüngsten Gericht logisch verbunden ist. Wer Freude an architektonischen Symmetrien hat, kann etwa das System der Orthodoxie mit einem wirklichen »amor theologiae intellectualis« genießen.

Professor X: Ja — und? Ist es nicht unsere Aufgabe als theologische Lehrer, diese systematische Architektur sichtbar zu machen? Tun Sie das etwa nicht?

Professor Y: Doch, natürlich, und sogar mit Leidenschaft. Aber vielleicht mache ich es etwas anders als Sie.

Professor X: Das ist klar. Wir haben gewiß nicht die gleiche Theologie. Wir sind ja auch durch ganz andere Schulen geprägt und konzentrieren uns in unserer Arbeit auf ziemlich verschiedene Schwerpunkte.

Professor Y: Selbstverständlich! Aber das meinte ich gar nicht, wenn ich sagte, daß ich mich anders als Sie zur Architektur des theologischen Systems verhielte.

Professor X: Sondern? Wie denn?

Professor Y: Unsere alte Freundschaft erlaubt mir ja, es offen zu sagen. Sie kommen mir vor wie ein General, der die Front aller theologischen Wahrheiten abschreitet. Er schaut jeder ins Gesicht (und vielleicht fühlt sich die jeweilige theologische Wahrheit, in deren Augen Sie sich versenken, bis auf den Grund ihrer Seele durchschaut). Aber Sie sind, indem Sie so die Front abschreiten, jeder Wahrheit gleich nahe. Der General darf ja nicht im Zickzack an der Linie entlanggehen und einmal einen und dann zwei Meter von ihr entfernt sein. Dadurch kommen das Flächige und die gleichmäßige Betonung (bis ins Phonetische hin!) in Ihre Theologie und erst recht in Ihre Predigt.

Professor X: Und Sie meinen, das sei bei Ihnen anders?

Professor Y: Doch, das meine ich schon, ohne daß ich zu behaupten wage, daß das ein Vorzug sei. Sie haben den Unterschied ja bei der Frage der Engel gesehen. Für Sie steht diese Wahrheit über die Engel neben anderen Wahrheiten (zum Beispiel der über den Kreuzestod Christi) in der Front, die Sie abschreiten. Und Sie sind allen diesen Wahrheiten, wie gesagt, gleichmäßig nahe. Ich dagegen unterscheide zwischen dem, was mir aufgegangen und nahegekommen ist, und anderen Bereichen der Wahrheit, die mir noch ferne sind und sozusagen über mir hängen. Diese Nähen und Fernen gebe ich in der Vorlesung und noch viel mehr auf der Kanzel zu erkennen.

Professor X: Und was hat das mit der Plastik der Sprache zu tun?

Professor Y: Ist das nicht ziemlich klar? Plastik ist eine Frage der

Perspektive. Perspektive bedeutet, daß das, was mir erscheint und was ich abbildend wiedergebe, auf den Standort des Beobachters bezogen ist, daß er sich in seinem Verhältnis zu den Dingen immer *mit*bekennt. Und hier scheint mir wirklich ein doppelter Unterschied zwischen uns zu bestehen: Sie haben in ihrer Theologie keine »Tiefen-Perspektive«, sondern tragen alles gleichsam auf einer zweidimensionalen Fläche ein. Dadurch kommt es erstens nicht zu einer Unterscheidung zwischen näher und ferner, zwischen primär und sekundär; es gibt auch keine Schwerpunkte; und zweitens offenbaren Sie nicht Ihr eigenes Verhältnis zu den Dingen, das heißt, Sie treten nicht als perspektivisches Zentrum in Erscheinung. So kann es nicht gerade zur Plastik kommen.

Professor X: Das ist eine Argumentation, die mich etwas verblüfft. Sie meinen also, daß plastisches Predigen gar nicht mit der geistigen Konstitution und mit einer bestimmten Begabung der Phantasie zusammenhänge, sondern daß es sozusagen durch die Denkstruktur und durch das *Verhältnis* zur Wahrheit bedingt sei?

Professor Y: Ich glaube nicht, daß man das so genau auseinanderdividieren kann. Sicher ist ja auch unsere geistige Konstitution mit an der Bildung unserer Theologie beteiligt. Wir dürfen uns doch nicht einbilden, daß die Verschiedenheit der Theologien *nur* in einem verschiedenen Verhältnis zur Wahrheitsfrage gründe. Meinen Sie, daß Luther und Calvin (etwa in ihrer Lehre von Gesetz und Evangelium) *nur* aus theologischen Gründen zu anderen Wahrheitsentscheidungen gekommen seien? Schauen Sie sich doch den Pykniker Luther und diesen asthenisch-leptosomen Calvin an! Es wäre doch gelacht, wenn das nicht ebenfalls Einfluß auf ihre Theologie gehabt hätte. Sogar das Klima könnte hier nicht ohne Einfluß sein. Können Sie sich einen Calvinismus auf Sizilien oder in Marokko vorstellen? Unter praller Sonne gedeihen offenbar *ontologische* Denkschemata am besten. Aber bitte fassen Sie das nicht so auf, als wollte ich damit einem Relativismus frönen, der die Theologie von konstitutionellen und womöglich von chthonisch-tellurischen Gesichtspunkten abhängig sehen wollte.

Professor X: Nein, diese Konsequenz will ich Ihnen nicht unterstellen. Hier sind wir vielmehr ganz einig. Auch ich bin der Meinung, daß in der Theologie nicht alles nur aus Theologie besteht, sondern daß wir die aus ganz anderen Bereichen hereindringenden und mitbildenden Faktoren *mit* bedenken müssen, um eine Theologie zu verstehen. Es gibt auch außertheologische Motive in der Theologie. Das ist gerade das Menschliche an ihr. Und darum können wir auch nie eine Theologie einfach »übernehmen«, weil wir dann nicht nur die Theologie selber, sondern auch den Menschen mit übernähmen, der sie gedacht hat.

Professor Y: Wie schön, daß wir da einig sind. Übrigens: Die Erwähnung von Luther und Calvin bringt mich auf die Idee, daß man mit Hilfe der beiden unser Problem der Plastik eigentlich ganz nett illustrieren könnte.

Professor X: Ich ahne, worauf Sie hinauswollen.

Professor Y: Sie sind — entschuldigen Sie! — in konstitutioneller Hinsicht ein Calvinist und ich ein Lutheraner.

Professor X: Hilfe!

Professor Y: Nun: Luther unterschied das Nahe und das Ferne in seinem Denken. Das Rechtfertigungsproblem stand ihm ganz nahe, die Eschatologie schon sehr viel ferner. Und selbst unter den biblischen Büchern gab es solche, die sich ihm erschlossen, und solche, die er nicht verstand und die er nicht mochte. Im Buche Esther »judaizt« es ihm zuviel, der Jakobusbrief war ihm eine »stroherne« Epistel, die Offenbarung Johannis nicht christozentrisch genug. Aber bitte: Den Römerbrief hat er mit Haut und Haaren verschlungen. Calvin jedoch schreitet die Front der biblischen Bücher und der dogmatischen Lehrsätze ab (genau wie Sie!) und ist allem gleichmäßig nahe. Dadurch ist Luther plastisch und Calvin sehr viel blasser (was nichts gegen die Tiefe seines Denkens sagt).

Professor X: Selbst wenn das nur ein Gedankenspiel wäre, so ist es doch interessant. Und jedenfalls muß man darüber nachdenken. Und ich wage nicht abzustreiten, daß es sich lohnt, über die Frage nachzudenken, welches *Verhältnis* jemand zu den einzelnen Wahrheiten hat. Es ist für unsereinen ja immer fruchtbar, wenn man einen Weg erspäht, um seine Eigenarten, seine Fehler und Tugenden auf Kanzel und Katheder nicht im vordergründig Psychologischen oder Konstitutionellen begründet zu sehen, sondern wenn man zu dem Verdacht geführt wird, ob sie nicht tief in der »theologischen Existenz« selber wurzeln und also mit der Art zusammenhängen, wie wir Theologie treiben und uns zur Wahrheit verhalten.

Soweit das Gespräch, das ich aus dem Gedächtnis wiedergebe und nur ein wenig abgerundet habe.

Warum wirken die Kundgebungen des Ökumenischen Rates und warum wirken viele synodale Kundgebungen so blaß? Warum kommen sie so schwer an? Weil sie *zuviel* bringen wollen, weil sie allzu *abgesichert* zu reden wünschen; darum mangelt es ihnen an Mut zu Schwerpunkten. Je mehr Redaktionsköche in einem solchen Brei rühren, desto mehr geht jede Beziehung der Wahrheit zu einer konkreten Existenz verloren und desto größer ist dann der Verlust an Perspektive und also an Plastik. Man muß aber, um plastisch zu sein, den Mut zur Schwerpunktbildung und also zur Unvollständigkeit haben. Man muß die Hasen heute laufen lassen — nicht weil sie weniger wichtig wären als die Hirsche, aber weil wir *heute* eben nach Hirschen jagen.

Wie gesagt: Es kann Unglaube sein, wenn wir uns damit rechtfertigen möchten, alles gesagt zu haben, und wenn wir darauf vertrauen, durch diese knechtisch-gesetzliche Treue unsere Schuldigkeit gegenüber der Wahrheit abgeleistet zu haben. So überladen wir die Predigt mit Menschenwerk. Denn auch Vollständigkeit ist Menschenwerk. Ganz abgesehen aber von dieser falschen Rechtfertigungslehre samt ihren verheerenden Lähmungserscheinungen bei den Hörern, gilt es, auch dies zu bedenken:

Der Prediger darf doch darauf vertrauen, daß er nicht nur *heute* auf der Kanzel steht, sondern daß er weiterpredigen wird und daß also die Schwerpunkte sich mehr und mehr vervollständigen. Außerdem ist er ja nur *eine* Stimme in der Symphonie christlicher Verkündigung. Er soll sich deshalb nicht einbilden, mit seiner armen Stimme das ganze Konzert zu sein — und es gar noch heute und in dieser Stunde zu sein.

Die Kirche Jesu Christi wird bis zum Jüngsten Tage weiterpredigen, und die Pforten der Hölle sollen sie nicht überwältigen. Darum brauchen wir nicht die ganze Ewigkeit in eine einzige Predigt zu packen.

Nur der Teufel hat keine Zeit (Offenbarung 12,12); und nur der Glaubenslose ist davon bedrückt, daß sie in seinen Händen und nicht in den Händen Gottes liege (Psalm 31,16). Wer in jeder Predigt alles sagen will, wird auch sonst ein Betriebmacher sein, der die kirchliche Veranstaltungsreihe zu hektischen Tourenzahlen emportreibt. Auch hier meint er, die Ewigkeit hänge davon ab, wie er die Zeit ausfüllt. Da lobe ich mir Luther, der in kindlichem Gottvertrauen zu pausieren wußte und sagen konnte: Während ich mein Töpflein Wittenbergisch Bier trinke, läuft das Evangelium. (Es läuft von alleine, auch wenn ich nicht auf der Kanzel stehe. Es ist nämlich noch ein anderer auf dem Plan.)

Kurzer Blick in das Predigtlabor

Ich weiß, was die theologischen Fachleute mir einwenden werden, wenn ich so sehr den Schwerpunktgedanken bei der Predigt betone. Sie werden sagen: Sie führen die Leute von der reellen Interpretation des Textes weg und verführen sie zur Themapredigt. Auch diejenigen, die auf Anhieb nicht verstehen, worauf diese Fachdiskussion anspielt, mögen sich für die betreffenden Probleme interessieren, denn sie haben ihre Reize für jeden, der Sinn für methodische Fragen hat.

Es geht — kurz gesagt — um folgendes:

Seitdem Karl Barth mit seiner Theologie der Predigt neue Impulse gegeben hat, dreht sich ein Streit um die beiden Schlagworte »Textpredigt« und »Themapredigt«.[20] Unter einer Textpredigt versteht man eine meditative Betrachtung, in der man an dem Text entlanggeht, seinem Gedankengang folgt, jedes seiner Worte ernst nimmt und betrachtet und ihn so tunlichst in seiner Gesamtheit ausschöpft. Speziell die Barth-Schule hat sich theoretisch und praktisch dieser Predigtmethode verschrieben, und zwar nicht ohne gute Gründe. Denn sie hatte Anlaß genug, die in Schwang gekommene Themapredigt, wie sie das 19. Jahrhundert liebte und wie sie die liberale Theologie zur Magna Charta der Predigtlehre gemacht hatte, zu verabscheuen und als eine Veruntreuung der heiligen Texte zu empfinden. Je bibelfremder man wurde, und je mehr man um die Gunst des Zeitgeistes buhlte, desto mehr wurde die Predigt zu einem Vortrag über irgendein Thema, meinetwegen über: »Der Mensch und die Kultur«, »Das ethische Problem der Bergpredigt« oder »Das Wesen der Liebe«. (Noch heute kann man in den USA solche Themen auf den Anschlagtafeln unitarischer Kirchen lesen.)

Natürlich gebot die alte Sitte, daß der Prediger auch einen Bibeltext auf der Kanzel verlas und ihn sogar die formelle Grundlage der Predigt bilden ließ. Text und Thema waren aber oft schwer in Einklang zu bringen; das eine sagte mehr oder weniger als das andere, und beider Intentionen wichen oft genug voneinander ab. Da aber das Herz des Predigers an seinem Thema hing, über das er einen tönenden Schulaufsatz anfertigen wollte, wurde der Text zum bloßen Motto oder gar zum Refrain degradiert. Man zitierte ihn immer wieder als Illustration oder als Unterstreichung und Bestätigung; aber man konnte es dabei unmöglich sehr genau nehmen mit seinem Sinn, das heißt aber: mit seiner eigentlichen Botschaft. Er war so etwas wie die Kinomusik in heutigen Filmen: Diese bildet eine Geräuschkulisse, die keinerlei selbstzweckliche Bedeutung hat. Sie ist deshalb um so besser, je weniger sie auf sich aufmerksam macht und je mehr sie sich mit einem leisen Appell an das Unbewußte begnügt.

Demgegenüber hatte kurz vor 1800 der allem Zeitgeistkult abholde Gottfried Menken gesagt: »Ich halte dafür, dem Satan sei ein Hauptstreich gegen das Reich Gottes gelungen, als es ihm gelang, die alte biblisch-analytische Methode (das heißt die Textpredigt) zu verdrängen und die synthetische (das heißt die Themapredigt) einzuführen. Da, als man anfing, das Wort Gottes als ein Spruchkästlein zu gebrauchen, den Text nichts als ein *Motto* sein ließ; anstatt dem Volke ein Wort Gottes auszulegen, über ein allgemeines, in den Lüften schwebendes ›Thema‹ redete, da war's um allen Nutzen der Predigt getan.«[21]

Sicher ist hier eine echte Alternative formuliert, der wir an sich nichts mehr hinzuzufügen brauchten — es sei denn die Frage, was wir nun praktisch mit ihr anfangen sollen und ob ich nicht mit meiner Schwerpunktthese tatsächlich in eine unangenehme Nähe zur Themapredigt geraten sei.

Ich meine nicht, daß diese Nähe bestünde. Denn es kommt ja

darauf an, *was* man als Thema formuliert: ob es eine thematische Größe ist, die man irgendwo »aus dem Leben gegriffen hat«, an die ich nun meinen Text nur noch aufhänge und für die ich ihn als Motto mißbrauche, *oder* aber ob ich das Thema dem Text selber entnehme und mit seiner Hilfe eben den Schwerpunkt dieses Textes formuliere. Das sind offenbar zwei sehr verschiedene Rassen von Themen, die man kaum miteinander vergleichen kann. Und für die Rasse des Schwerpunkt- und Textthemas möchte ich mich nun entscheiden, und zwar aus drei verschiedenen Gründen:

Erstens bleibe ich so *im* Text und lasse ihn Selbstzweck sein. Ich entdecke in ihm einen Höhepunkt und ein Gefälle, ein Zentrum und eine Peripherie und durchleuchte ihn von seinem tragenden Gedanken her.

Zweitens verhilft diese Art der Themenbestimmung nicht nur der Predigt zur Textgemäßheit, sondern auch dem Prediger zur geistigen Ordnung. Wenn er nur im Stil der Homilie an den einzelnen Worten entlangwandert und seine Glossen anbringt, entfällt seinen Händen allzu leicht das einigende Band. Bei bescheidenen Geistern, die nicht über ein hohes Maß disponierender Energie und geistiger Ordnung verfügen, entsteht dann manchmal ein chaotischer Gedankenbrei. Und schließlich weiß man nicht mehr, wo vorn und wo hinten ist. Wer geistige Klarheit schätzt, leidet beim Hören Höllenqualen und stöhnt manchmal: »Da hat er wieder eine Kurve zu schnell genommen oder geschnitten! — Wie er nun plötzlich gerade *dort* angekommen ist! Engel werden ihn wohl dahin getragen haben! Einen Weg kann *ich* jedenfalls nicht entdecken!« — »Hier hätte er doch einen Augenblick verweilen müssen und nicht mit einem Nebensatz darüber hinweggehen dürfen. Ob er wohl die Bremse mit dem Gashebel verwechselt hat?«

Große Meister können auch diese schwierige Methode souverän

handhaben. Und ich meine, daß Karl Barth selber (im Unterschied zu manchen seiner kleinformatigen Schüler) gezeigt hat, was ein Könner auch aus dieser anspruchsvollen Methode machen kann. Die Bemühung um das Textthema aber erleichtert es, geistige Ordnung zu gewinnen und zu einer Disposition zu gelangen, die das Ganze des Predigtwerks durchsichtig macht. Anfänger jedenfalls können es leichter handhaben.

Drittens: Auch für die Hörer ist diese Methode hilfreicher. Man behält das Geordnete besser, und man tut sich leichter, wenn man es wiedergeben soll. Ich habe noch die Einteilung einer Silvesterpredigt im Ohr, die der Prediger-Patriarch meiner alten Heimatgemeinde sich ausgedacht hatte:

»Wir blicken

zum ersten: dankbar rückwärts;

zum zweiten: fröhlich vorwärts;

zum dritten: gläubig aufwärts.«

Das konnte ich meiner Großmama weitererzählen, wenn sie mich danach fragte. Natürlich war es wirklich etwas altmodisch; und die wörtliche Wiederholung dieses Schemas möchte ich niemandem anraten. Es war auch dem Klischee einer Silvester-Routinepredigt allzu nahe. Aber mit einigem Humor kann man doch erkennen, was ich damit meine.

Erst recht aber ist das Thema hilfreich für Hörer, die von einer bestimmten Lebensfrage bewegt sind und die vielleicht von sich aus — jedenfalls *zunächst* — gar keine Sehnsucht haben, irgendeine Bibelauslegung anzuhören.

Gerade von den Randsiedlern der Kirche oder von Fernstehenden wird das ja gelten. Sie könnten aufhorchen, wenn sie etwa das Thema »Der Sinn des Lebens« angekündigt finden, und sind vielleicht sehr erstaunt, wenn sie sub specie dieses Themas eine Predigt über den reichen Jüngling hören und erkennen müssen, welche unerwarteten Probleme man in der Bibel behandelt finden kann. Mit alledem haben wir einen kurzen Blick in das homiletische Labor, sprich: in die Studierstube des Predigers, getan und an seinen Überlegungen über die Frage teilgenommen: »Wie sage ich's meinem Kinde?«

Was man hier falsch machen kann, sind aber doch nur homiletische Puppensünden und kleine Kriselchen. Das Fundamentalproblem, von dem wir ausgingen und das die Ehrlichkeit der geistlichen Existenz und ihres sprachlichen Ausdrucks zum Gegenstand hatte, führte ja in viel erschreckendere und dunklere Tiefen. Und auf diese Fundamentalkrise möchte ich nun von einer anderen Seite her *noch* einmal zu sprechen kommen.

Die falsche Adressierung an »den« Menschen

Die eigentliche Predigtkrise, unter der wir leiden und die uns mit der Sorge erfüllt, ob wir den Tod im Topf haben könnten, ist nicht formaler Art und geht nicht auf formale Fehler zurück. Ihre geistliche Wurzel haben wir schon angedeutet, als wir die Frage stellten, ob der Prediger selber im Gehäuse seiner Verkündigung wohne, ob er ein »glaubwürdiger« Zeuge sei.

Nun möchte ich noch etwas über die *theologische* Wurzel jener Krise sagen. Denn die hat sie! Alle großen Predigtkrisen haben eh und je in einer falschen Theologie gegründet. Wie aber kann ich ein so generelles Urteil fällen wie das, unsere *Theologie* sei falsch?

Was *ist* denn überhaupt »unsere Theologie«? Stehen wir nicht vor einer großen Variationsbreite gegenwärtiger Theologien, die alle durch mehr oder weniger berühmte Namen charakterisiert sind? Und *ich* wage in so pauschaler und offenbar unbillig generalisierender Weise zu sagen: »unsere Theologie« sei falsch (ausgenommen wahrscheinlich die eigene!)?

Ich würde wohl besser und genauer sagen: Etwas sei *an* fast allen unseren Theologien falsch. Was denn?

Mit einem Schlagwort, das den Fachleuten aus der Dogmengeschichte vertraut ist, möchte ich sagen: Unsere Theologien leiden unter einer modernen Variante des *Doketismus.* Das muß ich natürlich erklären.[22]

Ursprünglich — in der alten Kirchengeschichte — bezeichnete man mit dem Begriff des Doketismus eine ketzerische Variante der Christologie. Dieses Häretische bestand darin, daß man Christus nur eine Scheinleiblichkeit zugestand und ihn also nicht allzu tief »ins Fleisch zu ziehen« wünschte. Er war in seinem Wesen der »Gottessohn«. Und mit den dazugehörigen gottheitlichen Prädikaten schien es schlecht vereinbar zu sein — ja, es schien geradezu einen Widerspruchsnonsens zu ergeben —, wenn man ihm gleichzeitig die Signaturen menschlicher Existenz, also Begrenztheit, Endlichkeit, Schuldhaftigkeit und Leidensfähigkeit, zugesprochen hätte. Selbst die Kategorie der Geschöpflichkeit schien gegenüber Christus unangemessen zu sein. Er war nicht wie die anderen Kreaturen »geschaffen«, sondern »vom Vater geboren« (auch wenn diese Differenzierung durchaus nicht mit dem Verdikt des Doketismus belastet zu werden braucht). Die Fachleute wissen, auf welche dogmengeschichtlichen Auseinandersetzungen ich damit anspiele.

Es genügt hier, festzustellen, daß der Doketismus die *Menschlichkeit* Christi leugnete (jedenfalls die *volle* Menschlichkeit, die unter dem Druck der Geschichte steht), um seinen gottheitlichen Rang und damit seine Erlöserfähigkeit nicht zu gefährden. Das Ergebnis war die Vorstellung eines mehr oder weniger gespenstischen Himmelswesens, das einer solidarischen mitmenschlichen Existenz ermangelte. Die neuzeitliche liberale Theologie inszeniert dazu ein merkwürdiges Gegenspiel, indem sie die alte Häresie gleichsam umkehrt und in Christus nur eine letzte Aufgipfelung der Humanität, einen homo religiosissimus gleichsam, sieht, dem gottheitliche Prädikate allenfalls in *symbolischer* Weise zuzubilligen sind.

Dieser altkirchliche Doketismus taucht heutzutage in modifizierter Weise, aber ebenso verhängnisvoll von neuem auf, nur an einer anderen Stelle. Er ist sozusagen von der Christologie in die Anthropologie hinübergerutscht. Nunmehr redet man vom *Menschen* in einer abstrakt-generellen, gleichsam scheinleiblichen Weise.

Gerhard Ebeling hat gelegentlich mit Recht darauf aufmerksam gemacht,[23] daß der Begriff »Wirklichkeit« — »welche Ironie!« — etwas vom Abstraktesten sei, was man sich denken könne. Der manchmal auf Kanzeln pathetisch gesprochene Satz »Gott ist keine Idee, sondern eine Wirklichkeit« ist also ein geistiger Betrug, weil man Gott zu einer Abstraktion in Potenz macht, indem man das Gegenteil zu behaupten scheint.

Genau das gleiche gilt von der Art, wie man von »dem« Menschen spricht, den es als diesen nominalistischen Sammelbegriff ja gar nicht gibt. Auf der Kanzel sowohl wie auf dem theologischen Katheder ist aber dieser Sammelbegriff gang und gäbe. Darum fühlt sich der konkrete Mensch, der unter Kanzel und Katheder sitzt, auch gar nicht getroffen, wenn von diesem Scheinwesen die Rede ist. Die ihm zudiktierte Aufgabe, sich als individuellen Fall unter diesem Oberbegriff »Mensch« einzuordnen, ist für ihn unerschwinglich.

Wie sieht nun dieses doketische Mißverständnis des Menschen genauer aus?

Es besteht darin, daß man den Menschen aus der ihn durchdringenden und in sich hineinschlingenden Dimension der *Geschichte* herausnimmt, daß man ihn von seiner »Welt« isoliert. Man braucht nur einen Abschnitt aus Rudolf K. Bultmanns Aufsatz »Das Verständnis von Welt und Mensch im Neuen Testament und im Griechentum« zu lesen, um zu verstehen, was ich meine: »Das Neue Testament sieht die ungeheure Macht dieser Sphäre, der ›Welt‹; es sieht, daß die ›Welt‹ mit ihren Lüsten und Sorgen den Menschen abzieht von der echten Sorge um sich selbst, von der Frage nach Gott, nach dem Jenseitigen, der dieser Welt ihre Grenze setzt. Es sieht, daß sich die von der Welt gefangenen Menschen um Dinge sorgen und mühen, die dem Vergehen unterworfen sind; und so sieht es die ›Welt‹ im Vergehen, vom Tode gezeichnet. Wohl ist der Mensch also umfangen von der Welt, eingebettet in sie — aber nicht zu seinem Heil, sondern zu seinem Verderben.«[24]

Kein Zweifel, daß das alles *auch* im Neuen Testament steht, aber offensichtlich ist es doch nur die *eine* Seite der Medaille. Wird nicht auch die Freiheit des Menschen in dieser seiner Welt bezeugt? Ist die Welt ihm nicht als der Ort erschlossen, an dem Gott ihm zu begegnen wünscht, in seinen Werken sowohl wie im Nächsten? Ist sie nicht der Raum seiner Gaben und Aufgaben — ein Raum, der dadurch erschlossen ist für ihn, daß er aus ihr herausgerufen und wieder in sie zurückgeschickt wird? Ist die Welt nicht die Sphäre, die Gott geliebt hat und um deretwillen er »seinen eingeborenen Sohn gab«? Darf man also die Welt wirklich nur als die Macht verstehen, die den Menschen fesselt?

Wenn man sie *doch* so versteht, ist es freilich kein Wunder, daß nun das Eigentliche des Menschen nur noch gesehen werden kann, wenn man ihn von dieser Fremdmacht »Welt« isoliert, daß er also nur dann rein in Erscheinung treten kann, wenn man dieses Heteronome von ihm abstreift. Dann aber wird er zu einem weltlosen Gespenst und zu einem scheinleiblichen Abstraktum. Denn »dieser Äon« ist kein bloßes Anhängsel seines Wesens, das man ohne Gefahr des Substanzverlusts subtrahieren könnte, sondern diese Welt gehört zu seinem Wesen *hinzu*. Die Struktur dieser Welt mit ihren Verdrängungsgesetzen, ihren eigengesetzlichen Trends und ihrer unbarmherzigen Härte ist nur ein makrokosmisches Abbild seines Herzens. Und umgekehrt: Das menschliche Herz ist nur der mikrokosmische Ausdruck dieser seiner Welt. »Das große Babylon ist nur ein Scherz, / Will es im Ernst so groß und maßlos sein / Wie unser babylonisch Herz« (Francis Thompson).[25]

»Der Mensch« ist der Mensch *in* seiner Welt und nicht der Mensch *abgesehen* von seiner Welt. Und wenn die Welt nach Bultmann denn schon die Kette sein sollte, die ihn fesselt, dann wäre diese Kette eben die Signatur seiner Existenz zwischen Sündenfall und Jüngstem Gericht, und dann wäre dieses Wesen seiner Existenz eben nicht ohne dieses Existenz-Attribut der Kette darzustellen. Aber ich gebe zu: Wenn man die Welt in dieser Weise *nur* als Kette interpretiert, ist die Versuchung allzu groß, den Menschen »an sich«, und das heißt dann: *ohne* Kette darzustellen. »Der Mensch« — das ist dann dieser Mensch in seinem kettenlosen An-sich. Darum erkennt sich der hörende Mensch, der von seiner Welt umfangen und bedrängt und nun wirklich an sie gekettet ist, in jenem fremden und so merkwürdig denaturierten Doppelgänger auch nicht wieder.

Dieser Doketismus im humanen Bereich ist sicher auf dem Weg über den *Existentialismus* in die Theologie hineingeströmt. Gerade der Name Bultmann legt diese Assoziation nahe. Hier tritt »die Außenwelt . . . dem Menschen von vornherein als feindlich und seine freie Bewegung einschränkend entgegen«.[26] Die Welt erscheint als etwas, wodurch das menschliche Dasein wesensmäßig eingeschränkt ist, das ihn — wie Jean Paul Sartre es vielsagend ausdrückt — »fixiert«. Im Grunde schrumpft bei Martin Heidegger »die Welt auf die beiden Seinswesen des Zuhandenen und Vorhandenen zusammen, auf den Bereich des technisch Nutzbaren und der von da aus als defizienter Modus (!) begriffenen Welt der nackten, sinnentleerten Wirklichkeit. Es fehlen Bereiche einer von eigenem Sinn erfüllten Wirklichkeit, vom organischen Leben des Tiers und der Pflanze bis zum Bereich der menschlichen Kultur im wertvollen Sinn.«

In einer entsprechenden Weise wird für Karl Jaspers die Weltorientierung der *äußeren* Daseinsfürsorge zugeordnet. »Vor dem unbedingten Glanz eigentlicher Existenz versinkt alle Welt zum sinnentleerten Hintergrund.«[27]

Der Trend auf diesen »unbedingten Glanz eigentlicher Existenz« ist es wohl, der den Doketismus in die Anthropologie hereinläßt. Er sorgt dafür, daß man von »dem« Menschen spricht und daß man damit den von seiner Welt abgehobenen, von ihrer Fixierung befreiten und den vermeintlich »eigentlichen« Menschen meint.

Es kann kaum überschätzt werden, in welchem Maße diese Konzeption (die natürlich nicht auf den Existentialismus beschränkt ist, sondern zeitlich und räumlich sehr viel weiter ausgreift) unsere Theologie und unsere Predigt verdorben hat. Was man als ihre Abstraktheit, ihre Blässe und Verblasenheit zu bezeichnen pflegt, hat *hier* seine theologische Wurzel. Und die von ihr hochgetriebenen Gewächse sind dadurch nicht weniger wirksam und unkrauthaft wuchernd, daß man die Wurzel weithin gar nicht als solche entdeckt hat. Man meint vielmehr in aller Arglosigkeit: Indem man vom Menschen rede, sei man menschennah, und indem man von der Wirklichkeit spreche, sei man wirklichkeitsnah. Wie merkwürdig (aber ist es wirklich so ganz merkwürdig?), daß sich kaum jemand getroffen fühlt und daß die Weltkinder offenbar von ganz anderen Schuhen gedrückt werden!

Der Mensch, den es gar nicht gibt

Ich versuche, ein Beispiel zu finden, um zu zeigen, wie sich dieser Doketismus in der Predigt auswirkt. Ganz allgemein läßt sich vermuten, daß eine so strukturierte Predigt ausgesprochen *individualistisch* sein wird. Denn sie hebt ja auf den Menschen »an sich«, auf den von der Welt isolierten Menschen ab. Das zeigt sich etwa, wenn wir uns die Art und Weise vorstellen, in der ein so geprägter Prediger das Gebot der Nächsten- und Feindesliebe behandelt:

Dieser Prediger wird vermutlich ganz einfach von »zwei Menschen« reden, die sich als Nächste oder Feinde gegenüberstehen. Hier fängt schon das Fragen an: Gibt es denn überhaupt diese »zwei Menschen«? Haben sie nicht ein bestimmtes Geschlecht, gehören sie nicht bestimmten Lebensaltern, bestimmten Berufen, bestimmten gesellschaftlichen und geographischen Situationen an? Ist es nicht wirklich bedeutsam, ob sie sich als Vermieter und Untermieter, ob sie sich als wirtschaftliche Konkurrenten oder als vom Eros Bestimmte einander gegenüberstehen? Was soll mit zwei »Nächsten« werden, die sich als Eheleute auf dem Gebiet des Eros auseinandergelebt haben?

Heißt das Gebot »Liebe deinen Nächsten«, daß man über die speziellen Formen des Trennenden (und also des Widerspiels zur Liebe) einfach hinwegsehen kann, daß etwa die Agape den Eros ersetzen und an seine Stelle treten könnte? Wenn aber die Eros-Verbindung funktioniert — wie ist es dann? Ist dann die christliche Agape eine Größe, die auf einer ganz *anderen* Ebene gelebt wird, oder nimmt sie den Eros in sich hinein? Und wie sieht diese Verbindung dann aus?[28]

Fragen über Fragen! Offenbar handelt es sich also bei dem Gebot der Nächstenliebe nicht einfach um »zwei Menschen«, die sich lieben sollen, sondern um zwei Menschen, »in Situation«, in einer *bestimmten* Situation, denen diese Aufforderung gilt und deren Situation durch das Liebesgebot *mit*berührt und *mit*gemeint ist. Wenn sie erst zur Liebe »aufgefordert« werden müssen, dann steckt darin doch die Diagnose, daß diese beiden Menschen eben nicht von *selbst* auf jene Liebe drängen, sondern daß sich etwas zwischen sie zu drängen und die geforderte Liebe zu verhindern droht.

Aber was ist das? Ist es wirklich nur die sogenannte Eigenliebe, die den anderen übersieht oder verdrängt? Was heißt denn Eigenliebe? Ich fürchte, das ist wieder so ein individualistischer Ausdruck, der das, was mich von meinem Nächsten trennt, ins Doketische und Unwirkliche verdampft. Denn auch meine Eigenliebe ist ja keine bloß innerpsychische Emotion, sondern sie hängt stets mit meinem In-der-Welt-Sein, also mit meiner Situation zusammen. Es gibt eine *erotische* Eigenliebe, die auf ihre Kosten (das heißt zur Befriedigung) kommen möchte. Es gibt eine *ökonomische* Eigenliebe, die sich mit ihrer Leistung behaupten möchte. Es gibt eine *politische* Eigenliebe, die auf kollektive Selbstbehauptung drängt und die man seit Macchiavelli als sacro egoismo und damit als legitime Eigenliebe zu bezeichnen pflegt. Wenn es aber so ist und wenn also die Eigenliebe nicht nur von meinem bösen Herzen produziert wird, sondern wenn sie mit bestimmten Strukturen meines In-der-Welt-Seins zusammenhängt, dann kann ich doch offenbar nicht einfach über sie hinweggehen oder sie als das schlechthin zu Beseitigende bezeichnen! Auf keinen Fall aber kann ich dann in doketischer Weise von »der« Eigenliebe sprechen und so *wieder* einen abstrakten Sammelbegriff aus ihr machen. Dann muß ich vielmehr zwischen den verschiedenen Gestalten der Eigenliebe differenzieren. Auch dafür versuche ich eine Illustration zu finden.[29]

Vielleicht gelingt es mir, in jenem individualistisch-doketischen Sinne das Gebot der Nächstenliebe lebendig und fesselnd auszulegen. Die Doketen können ja durchaus Phantasie besitzen und attraktive Redner sein! So kann der Prediger etwa höchst lebendig davon sprechen, daß ich einem einsamen Alten in meiner Nachbarschaft manchmal vorlesen soll; daß ich einem bedrückten Kollegen ein gutes Wort gebe; daß ich meiner Bank einen Dauerauftrag für hungernde indische Kinder erteile. Oh, der doketische Prediger kann viele Farben auf seiner Palette haben, und niemand braucht dabei einzuschlafen! Und ich bestreite keineswegs, daß es leuchtende und echte Farben sind.

Dennoch kommt nachher ein junger Kaufmann zu ihm in die Sakristei, der dem Prediger etwa folgendes kritisch entgegenhält: »Alles, was Sie gesagt haben, war schön und gut. Aber leider kam ich mit meiner Situation nicht darin vor.« Auf die erstaunte Frage des Predigers: »Wieso denn nicht?«, antwortete er: »Die Geschichte mit dem Vorlesen und dem guten Wort an einen bedrückten Kollegen brauchten Sie mir eigentlich gar nicht vorzusetzen. Ich bin nämlich von Natur so gutmütig und so philanthropisch, daß ich so was von selber mache. Wer ein gutes Herz hat, *kann* ja gar nicht anders. So was tun auch einige meiner Bekannten, die gar keine Christen sind. Wenn ich aber bewußt als *Christ* leben möchte, bin ich von ganz anderen Fragen umgetrieben. Meine persönliche sieht zum Beispiel *so* aus:

Ich bin ein Geschäftsmann, der im Konkurrenzkampf steht. Und der ist weiß Gott hart. Mein Hauptkonkurrent ist mir geographisch recht nahe. Er wohnt in derselben Straße. Ich kenne ihn und seine Familie persönlich gut. Ich muß mich also in mannigfacher Weise zu ihm ›verhalten‹. Und hier setzt meine Frage ein: *Wie* soll ich nun diesen meinen Konkurrenten lieben? Ich bin ein besserer Geschäftsmann als er und einfach in allem geschickter. Ich bin auch kapitalkräftiger und darum manövrierfähiger. Ich habe eine ›Nase‹ für konjunkturelle Entwicklungen auf dem Markt. Meine Überlegenheit ist so groß, daß in dem Maße, wie mein Geschäft floriert, das seine zurückgeht. Was heißt nun für mich konkret, daß ich ihn lieben soll?

Selbstverständlich kann es nicht heißen, daß ich ihm nur gewisse wohlwollend sentimentale Empfindungen zuwenden soll und daß ich mich bloß in seine Lage versetze (obwohl das natürlich auch gefordert ist). Aber was heißt es außerdem noch? Bedeutet ›lieben‹ hier, daß ich teurer verkaufen, schlechtere Waren anbieten und mein Produktionsvolumen künstlich drosseln soll, um auch ihm eine Chance zu geben? Darf ich also den Konkurrenzkampf nicht mehr nach seinen eigenen Gesetzen ausfechten, muß ich ihn vielmehr philanthropisch und insofern sachfremd aufweichen und reduzieren? Darf ich als Christ nur mit *halbem* Dampf fahren? Muß ich bereit sein, auch ökonomisch möglicherweise unter den Schlitten zu geraten — um der Liebe willen? Aber wenn ich auf diese Weise aufhöre, konkurrenzfähig zu sein, und vielleicht meinen Laden zumachen muß: Was wird dann aus meinen Angestellten, denen ich doch *auch* als Nächster verpflichtet bin?

Sehen Sie, *hier* liegt mein Problem. Liebe bedeutet, wie es in der Predigt hieß, ›Für den anderen da sein‹. Dem stimme ich zu. Aber in welcher *Weise* kann ich denn für ihn da sein? Ich bin ja nicht nur ein Ich als individuelle Person (mit einem harten oder einem weichen Herzen), sondern ich bin der Kaufmann X, ich stehe in einer ganz bestimmten wirtschaftlichen und konjunkturellen Situation. Gehört das alles noch zu meinem Ich *hinzu*? Oder sind die Gesetze der Wirtschaft Mächte, für die ich nicht verantwortlich bin, die einfach von außen her Gewalt über mich ausüben, die also in spezifischer Weise *Nicht*-Ich sind und einen *héteros nómos* bedeuten? (Wir lassen den Kaufmann ruhig einmal so reden, als ob er zwei Semester Theologie oder Soziologie studiert hätte!) ›Bin‹ ich das alles noch oder bin ich es nicht, was da *mit* mir und *durch* mich hindurch wirkt?

Hier unterscheide ich mich vielleicht von dem Mann im Neuen Testament, der den Herrn fragte: ›Wer *ist* denn mein Nächster?‹ (Lukas-Evangelium 10,29). Das glaube ich zu wissen, denn ich habe das Gleichnis Jesu vom barmherzigen Samariter gehört und vielleicht auch ein wenig verstanden. Ich aber möchte viel eher fragen: ›Wer bin *ich,* der ich meinem Nächsten ein Nächster sein soll? Bin ich nur das von seinem Beruf und seiner Weltsituation isolierbare Individuum? Oder bin ich auch in meiner Eigenschaft als Nächster eben noch der Kaufmann (oder meinetwegen auch der Parteipolitiker)? Wie aber sieht *dann* meine Nächstenliebe aus, die Gott von mir fordert?«

Wir können die Frage des Predigthörers noch variieren: *Was* läßt mich »geschichtlich« sein und *wodurch* bin ich »in Begegnung«, im »Sein zum Du«? Ich bin es offenbar nur auf dem Weg über die Strukturen der Geschichte, über die Medien transsubjektiver Gegebenheiten. Ich bin immer »in Situation«, wie Jaspers es bezeichnet. In-Situation-sein kann aber nur heißen: Ich stehe zum anderen in beruflicher, wirtschaftlicher, politischer, erotischer und sonstiger Relation.

Dann aber ergibt sich sofort die nächste Frage, wie diese Strukturen theologisch zu interpretieren sind. Ich kann sie entweder verstehen als das, was ich selber *nicht* bin, in das ich mich vielmehr »geworfen« sehe. Man kann diese Abhebung von mir dann etwa so vollziehen, daß man die Weltsituation schöpfungsmäßig *gegeben* sieht. Gott hat die Welt eben so gemacht, wie sie ist. Dann stehe ich gleichsam, wie Kant sagt, den »Anlagen« des Menschen und seiner Welt *gegenüber*. Ich bin dann nicht für sie verantwortlich. Sie sind einfach Schicksal und vorgegeben.

Man kann diese Abhebung von mir aber auch so vollziehen, daß man sagt: Hier liegt eben die gefallene Welt vor, in die ich mich *geworfen* sehe. Auch dann ist sie als überpersönliches Schicksal verstanden und meiner Verantwortung entrückt.

Oder aber ich muß zugeben, daß die so strukturierte Welt eben »meine« Welt ist, daß sie also, wie wir oben sagten, die makrokosmische Spiegelung meines Herzens ist. Dann muß ich zu dieser meiner Welt sagen: Tatwam-asi — das bin ich. Der Konkurrenzkampf und das Verdrängungsprinzip, die mir als überpersönliche Mächte entgegentreten, sind nur der weltstrukturelle Ausdruck für das, was auch die Struktur meines Herzens bestimmt. Dann aber kann ich nicht mehr sagen: *Hier* bin »ich«, der das Gute möchte; und *dort* ist die »böse Welt«, die mich zu fragwürdigen Verhaltensweisen zwingt. Sondern dann muß ich mich selbst als Subjekt dessen verstehen, zu dem mich jene böse Welt zu zwingen scheint. Dann geht es um eine unteilbare Wirklichkeit, und dann läßt sich das Ich nicht mehr doketisch davon abspalten.

Es scheint so, als ob *die Bergpredigt in diesem Sinne entschiede*. Denn sie begnügt sich nicht damit — wie die Kantsche Ethik es tut —, mich auf dem Boden gegebener Anlagen und also im Rahmen schicksalhaft verstandener Situationen zu fordern, sondern sie fordert mich über alle Gegebenheiten *hinweg*, sogar über die Libido (Matthäus-Evangelium 5,28) und über die Sachgesetze dieses Äons (Matthäus-Evangelium 5,38 ff.) hinweg. Sie stellt meine ganze Welt mit mir gemeinsam unter ihre radikalen Forderungen und sieht mich also mit dieser meiner Welt als eine unteilbare Einheit *zusammen*. Das geht so weit, daß man die Bergpredigt geradezu als »weltfremd« bezeichnet hat, weil sie sich einfach über die Weltstruktur hinwegsetzt. Das *tut* sie zwar auch. Aber sie möchte damit nicht weltfremd sein, sondern sie möchte umgekehrt bezeugen, daß diese unsere Welt Reich-Gottes-fremd sei, daß sie eine völlige Gottgemäßheit gar nicht mehr aus sich herausgebe und gleichsam strukturell in den Fall des Menschen hineingezogen sei. *Die Bergpredigt fordert uns noch so, als ob wir uns noch im Urstand befänden; und sie fordert uns schon so, als ob das Reich Gottes schon gekommen sei.* Darum stößt sie allenthalben an: an unserer Subjektivität, jedoch auch an der Weltstruktur.

Dann aber wird *all* unser Tun vergebungsbedürftig, auch das, was wir im Namen der Weltordnung tun. Und der fromme Soldat, der sein Vaterland verteidigt und das sicher nicht ohne den Willen Gottes tut, wird gelegentlich daran denken, daß der Krieg, in dessen Rahmen er gehorsam ist und also dem Willen Gottes zu entsprechen sucht, der Ausdruck einer Weltstruktur ist, die Gott *nicht* so gewollt hat. Und wenn er im Vaterunser die Worte spricht »Vergib uns unsre Schuld«, dann wird er nicht nur an das denken, was er individuell verfehlt hat, sondern dann wird sich diese Bitte auch auf das beziehen, was er im Rahmen jener Weltstruktur nun tun muß.[30]

Wenn es stimmt, daß wir den Menschen so mit »seiner Welt« *zusammen* sehen müssen und ihn keineswegs von ihr isolieren dürfen, dann bedeutet das nicht nur für die theologische Ethik, sondern für den gesamten Bereich der theologischen Anthropologie sehr viel. Dann steckt in ihr zum Beispiel die Aufforderung, die Lehre von der Sünde und den Ordnungen neu zu durchdenken: Die Lehre von der *Sünde* insofern, als Sünde dann nicht nur am Status der Individuen, sondern ebenso am überindividuellen Status der *Welt* haftet und daß die transsubjektiven Aspekte der Erbsündenlehre von hier aus ganz neu in den Blick kommen; die Lehre von den *Ordnungen* insofern, als sie Strukturformen dieses Äons darstellen, die als solche niemals reine Schöpfungsordnungen sein können, sondern zugleich Objektivationen menschlicher Schuld sind. Sie liegen also im Zwielicht.

Auch auf die *Eschatologie* fällt ein neues Licht: Die so strukturierte Welt des Menschen gibt die Realisierung des reinen Gotteswillens nicht aus sich heraus. Darum ist das Reich Gottes kein Zustand, der sich evolutionär aus dieser Welt »ergeben« könnte. Sondern darum ist es die Macht, die uns von der *anderen* Seite der Weltgrenze entgegenkommt. Darum ist sein Anbruch zugleich der Abbruch der Welt. So bitten wir denn auch nicht: »Dein Reich ergebe sich«, sondern: »Dein Reich komme!«

Der soeben zitierte Kaufmann hatte unter dem Druck seiner existentiellen Situation das Problem sehr genau erkannt, wenn er fragte, ob die Eigengesetzlichkeit der Konkurrenz, die offenbar als Strukturform dieses Äons wirksam ist, nun irgendwie *zu* ihm gehöre (so daß er sie und alles, was er in ihrem Rahmen tut, mitverantworten müsse), oder ob sie ein nur transsubjektives Gesetz bedeute, dem er als einem Verhängnis unterworfen sei (so daß es ihm *nicht* angelastet werden könne).[31]

Damit ist das, was ich mit der Einführung des Begriffs »Doketismus« in die Anthropologie meinte, wohl einigermaßen klargeworden. Mit diesem Begriff wird auf den letzten theologischen Grund gedeutet, aus dem die Hörerreaktion stammt: »Ich kam nicht in der Predigt vor.«

Wenn die Predigt also nicht »ankommt«, so braucht das durchaus nicht daran zu liegen, daß sie keine Beispiele brächte, die aus dem Leben gegriffen sind, oder daß sie zu theoretisch sei. Sondern es kann trotz aller ihrer rednerischen und pädagogischen Vorzüge daran liegen, daß der Prediger von einer doketischen Anthropologie aus spricht und daß der Mensch, von dem er redet und den er anspricht, gar nicht vorkommt. Dann fühlen sich gerade *die* Hörer übergangen, die von sehr handfesten Situationsproblemen bedrängt sind. Und nur *die* hören allenfalls zu, die der Weltsituation weitgehend entrückt sind: die alten Leute, die sich aus dem Leben zurückgezogen haben. (Wie gesagt: Weitgehend, nicht ganz! Denn auch das Altersheim zeigt noch die Weltstruktur im Kleinformat, ebenso die Mönchszelle, in die Luther zu seinem Schrecken sich und seine Welt mitgenommen hatte.)

Die verhängnisvolle Altersschichtung in nicht wenigen Gottesdienstgemeinden ist also nicht nur in *der* Weise zu verändern, daß wir Spezialunternehmungen für Leute im jungen und mittleren Lebensalter starten und deren Probleme besprechen. Wenn das geschieht — und warum sollte es nicht geschehen? —, wird gewiß gute Arbeit geleistet. Doch wenn es *nur* so geschieht, bilden sich altersmäßig geschichtete Gesprächskreise, die schön und begrüßenswert sein mögen. Sie wirken sich aber auf den Gottesdienst nicht aus. Und wenn nicht alles trügt, ist es tatsächlich heute weithin so: Die berühmten fünf Prozent der Gottesdienstbesucher, die obendrein noch auf bestimmte Altersklassen begrenzt sind, stellen keinen repräsentativen Querschnitt der Christen dar, geschweige, daß sie die einzigen und letzten Christentumsrelikte in unsern Landen wären. Der Großteil auch der sogenannten lebendigen Christen lebt außerhalb der Gottesdienste — Gott sei's geklagt. Jene statistische Verzerrung ist nur so zu ändern, daß sich die theologischen Grundlagen unserer Predigt ändern: daß wir aufhören, Doketen zu sein.

Leerlauf und Langeweile

Wenn ich in aller Kürze sagen darf, wie es zu diesem verhängnisvollen Weg in den Doketismus gekommen ist, dann sehe ich von allen theologiegeschichtlichen Analysen, die *auch* einiges beitragen können, einmal ab. Ich verzichte also darauf, die existentialistischen Quellen dieser falschen Theologie genauer zu betrachten, und erst recht darauf, nach Kierkegaard und noch weiter zurückzufragen. Sondern ich begnüge mich mit einer sachlichen Feststellung. *Das Verhängnis des Doketismus hat sich uns daraus ergeben, daß wir vom Text hinweg in die Predigt springen, ohne das Feld der Ethik zu überqueren.* Hierbei verstehe ich unter Ethik natürlich nicht einfach Moraltheologie, sondern eine mit christlichen Kategorien vollzogene Interpretation der Wirklichkeit, also des In-der-Welt-seins des Menschen. Dieser Hinweis auf das zu überquerende ethische Zwischenfeld hat übrigens nichts zu tun — darauf komme ich später noch zu sprechen — mit der Degeneration der christlichen Verkündigung zu bloß sozialethischen Programmen und mit der Verwandlung der Theologie in Praktologie. Dieser Entwicklung haften Verwesungsgerüche an. Die Moral (auch die Sozialmoral) als Endstation des Christtums ist der Tod. Deshalb spreche ich bewußt von einer zu durchmessenden *Zwischen*station.

Ob ich hier eine persönliche Bemerkung einflechten darf, die vielleicht verdeutlicht, was ich meine? Nachdem die ersten Bände meiner »Theologischen Ethik« und andererseits eine Anzahl Predigtbände erschienen waren, konnte ich — von allerdings nicht wenigen Ausnahmen abgesehen — folgende Reaktion beobachten: Die Leser des wissenschaftlichen Werkes nahmen in der Regel die Verkündigungsbücher nicht zur Kenntnis und umgekehrt. Wußte man *doch* etwas von der anderen »Sparte«, meinten die freundlich Gesinnten, eine gewisse Vielseitigkeit auf extrem unterschiedlichen Gebieten feststellen zu können.

Ich habe aber nur selten beobachtet, daß jemand den *inneren* Zusammenhang beider Arbeitsregionen bemerkt hätte. Dabei hatte ich die Ethik eigentlich geschrieben, um die theologische Hintergrundarbeit für die neue, mir klargewordene Predigtaufgabe zu leisten. Ich versuchte, den Menschen in seiner Weltwirklichkeit zu interpretieren und damit seine verschiedenen Daseinsbereiche abzutasten: die Welt der Eigengesetzlichkeiten und der Grenzsituationen, die Welt der Politik und der Wirtschaft, der Sexualität und der Kunst. Ich versuchte, Gesetz und Evangelium, Gericht und Gnade in der jeweiligen Lichtbrechung zu erfassen, die sich ergibt, wenn das göttliche Licht auf das Prisma der so vielfältig bestimmten menschlichen Existenz fällt. Nur so meine ich, den Weg aus dem Doketismus heraus finden und auch anderen dann zeigen zu können.

An diese persönliche Bemerkung darf ich, wiederum zur Illustration, noch eine weitere Erinnerung knüpfen: an eine wirklich gehaltene Predigt nämlich, die ich nachschrieb, weil sie mir als das traurige Musterbeispiel doketischer Weltentnommenheit erschien. Der Eindruck dessen wurde noch dadurch gesteigert, daß die Begriffe sich gleichsam aus sich selber fortzeugten und im Leerlauf drehten. Das konnte wohl kaum anders sein, weil hier das Evangelium aus jeder Polarität mit der Wirklichkeit herausgenommen und dadurch einem Leerlauf von Worten überantwortet wurde. Die niedergeschriebenen Notizen über diese Predigt lauten so:

Adventstext: Finsternis bedeckt das Erdreich und Dunkel die Völker (Jesaja 60,2).

»Spüren wir nicht, wie Finsternis über dem Erdreich liegt? Finsternis, wohin wir blicken — im Osten und im Westen, im Norden und im Süden, in der Nähe und in der Ferne . . .? Leben die Völker nicht in Angst und Hoffnungslosigkeit, aber auch die einzelnen? Wer könnte sagen, um ihn wäre es nicht dunkel? . . .« So ging es noch lange weiter. Es wurden sozusagen fortgesetzt dunkle Farben gemixt, aber man sah nicht, welche Gestalten und Figuren damit angedeutet werden sollten. Der Prediger erzeugte so nur konturenloses Dunkel und eine Nacht, in der alle Katzen grau waren. Die Monotonie des melancholischen Begriffsgeklappers zwang den Normalhörer sicherlich zum Abschalten, so daß er nicht einmal in die Lage versetzt war, in sich *selber* jene Assoziationen zum eigenen Leben zu erzeugen, die ihm die Predigt vorenthielt. Allenfalls mag er, ehe ihn der Kirchenschlaf übermannte, noch mit einem letzten Protest gedacht haben: So dunkel sei sein Leben denn doch nicht. Sein Beruf machte ihm vielleicht einige Freude und nachher, wenn er diese Stunde überstanden hätte, würde wieder das fröhliche Lachen seiner Kinder um ihn sein.

Jedenfalls: In diesem negativen Teil ging es nur um ein Breitwalzen der Vokabel »dunkel«. Der positive Teil war eigentlich noch schlimmer — vermutlich deshalb, weil das wirkliche Evangelium von dieser doketischen Verblasenheit besonders drastisch absticht und deshalb zum Gericht wird: »Aber über dem Dunkel geht das Licht auf«, sprach der Prediger weiter, »Evangelium heißt, daß es hell wird. Evangelium heißt, eine Hoffnung haben. Christen sind wartende Leute. Christen sind Menschen, die einer Zukunft entgegengehen. Alle Menschen möchten hoffen. Hier aber ist wirkliche Hoffnung. Ich bezeuge es euch an diesem Advent, daß es diese Hoffnung gibt. Die Kirche würde nicht Kirche sein, wenn sie das kleinste Stück davon preisgäbe. Hier muß ganz unverkürzt (sic!) und massiv geredet werden, hier dürfen wir uns nichts abmarkten lassen, sonst können wir vor den Nihilisten unserer

Zeit nicht bestehen. Die Kirche ist und bleibt eine Kirche der Hoffnung . . .« usw. usw.

Ich verfüge über einen Stempel mit der Inschrift »Warum und wieso?«; den benutzte ich manchmal am Rande studentischer Seminararbeiten. Diesen Stempel hätte ich gerne auch angesichts dieser Predigt benutzt. Sie wurde im Tone großer Entschiedenheit gesprochen, geradezu mit Bekennerpathos: *Wir dürfen uns nichts abmarkten lassen.*« Was es aber nun *war,* das diese unsere Hoffnung erzeugte und sie im Dennoch gegenüber der Weltwirklichkeit bestehen ließ, das wurde überhaupt nicht gesagt. Der Prediger versicherte gleichsam dauernd: Hier stehe ich, ich kann nicht anders. Aber er vergaß zu sagen, worauf er stand und was er nicht anders konnte. Man wurde hilflos zurückgelassen und rettete sich in den Schlaf. Übrigens ist es kein »kleiner Mann«, an dem ich mich durch jene Zitate vergreife, sondern ein ziemlich bekanntes Kirchenlicht in einer westdeutschen Mittelstadt. Es war auch nicht eine einmalige, vielleicht durch Überarbeit bedingte Entgleisung. Als ich ihm bei einer späteren Reise, um meinen Eindruck zu kontrollieren, noch einmal zuhörte, war es genauso. Die Zusammensetzung der Hörerschaft war entsprechend. Das Rentenalter erleichterte das Abschalten durch den Kirchenschlaf. »Wer schläft, sündigt nicht.« Dann mag man vielleicht doch erbaut von dannen gegangen sein.

Ich brauche nicht hinzuzufügen, daß es sich hier um ein extrem negatives Beispiel handelt. Es wäre verhängnisvoll, wenn man generell sagen müßte: So sind »die« heutigen Predigten. Nein, so sind sie wirklich nicht. Für Illustrationen pflegt man Extreme heranzuziehen. Aber in diesem Extrem sind Gefahren erkennbar, die auf uns alle lauern, die wir auf Kanzeln stehen. Darum sollte dieses warnende Signal hier aufgezogen werden.

Es ist albern, wenn man von außenstehenden Kritikern heute

noch den Vorwurf des »*Kanzelpathos*« hört. Das dröhnend pathetische und gesalbte Salbadern hört man nur selten. Es wäre interessant zu erkunden, wie es kommt, daß die Prediger sich das offenbar abgewöhnt haben. Unsere Gefahr sitzt anderswo. Sie steckt in jenem Leerlauf der Worte, die nicht mehr mit dem Räderwerk des wirklich gelebten Lebens in Kontakt stehen und angesichts deren sich die Reaktion ergibt: »Damit kann ich nichts anfangen« oder auch: »Darin komme ich nicht vor.« Nicht einmal ein Protest wird durch sie ausgelöst oder ein Ärgernis. Nur die Langeweile triumphiert. Die Langeweile ist der psychische Effekt dessen, was mit einem theologischen Terminus »Doketismus« heißt.

Man wird leider nicht sagen können, daß die akademische Theologie, wie sie auf nicht wenigen Kathedern gelehrt wird und in vielen Publikationen niedergelegt ist, Abhilfe anböte. Auch hier ist es vielfach (aber gottlob nicht ausnahmslos!) so, daß man von esoterischen Problemen lebt, die im Gespräch der Theologen untereinander auftauchen, daß man — wie wir oben sagten — immer mehr verfeinert, scholastisch ausziseliert, aber kaum neue Ideen beibringt, oder daß man in methodischen Überlegungen steckenbleibt und in der Hermeneutik (Auslegungskunst) aufgeht. Man verfeinert seine Methoden und schleift dauernd Messer, hat aber nichts mehr, was man damit schneidet (Karl Rahner).

Die Flucht in Betrieb oder liturgisches Kunstgewerbe

Wenn die Predigtsituation weithin derart verfahren ist, wie wir es meinen feststellen zu müssen, und wenn schmerzhafte Operationen an der theologischen Wurzel notwendig sind, um sie zu überwinden, ist es menschlich und verständlich, daß man dieser

Schwierigkeit ausweicht und den Weg des geringeren Widerstands wählt. Es gibt nicht wenige solcher Wege, die wohl identisch sind mit dem, was in den Worten Jesu als »breite Straße« bezeichnet wird.

Es gibt den Ausweg in einen hektischen Gemeinde-»Betrieb«, der alle Kräfte beansprucht und die Illusion verschafft, sich im Dienste des Reiches Gottes zu verzehren. Es gibt dabei auch die Tollwut des Reisens: In Japan ist eine interkontinentale Tagung über Kindergottesdienst (als ob das nicht auch durch Broschüren und einige Luftpostbriefe mit Erfahrungsaustausch zu besorgen wäre), in Kanada eine Sitzung irgendeines Weltbundes oder der Ökumene. Viele sind nur passive Teilnehmer an Sitzungen und stimmen lediglich ab; hin und wieder ist eine Resolution zu redigieren, die es allen recht machen muß. Aber man hat die Illusion, der »weltweiten Kirche« zu dienen. Menschlich ist das sogar sehr schön, weil sich immer wieder dieselben vertrauten Gesichter begegnen. Daheim bleibt die harte Aufgabe der Detailarbeit (um des vermeintlich *Größeren* willen!) liegen. Doch wird man nachher viele Vorträge halten: über die letzte Konferenz und was sie von uns fordert; oder auch über die nächste und was wir von ihr erwarten. Dann reist man wieder ab, um den Stoffsack aufs neue zu füllen. Oder man macht sich (heute eine besonders beliebte Masche) nebenberuflich zum Reiseleiter kleinerer Gemeindegruppen, wandelt auf den Spuren des Herrn im »Heiligen Land« oder folgt den Fußstapfen des Apostels Paulus — in der vagen Hoffnung, daß sich dabei allerlei Glaubensgespräche ergeben. Warum sollte man nicht die Jagd nach Vergnügen und geistlicher Frucht miteinander verbinden? Aber: Die Kleinarbeit daheim zu erledigen und erst recht das harte Holz einer Predigtvorbereitung zu bohren, verlernt sich dabei.

Das mag provozierend klingen; das soll es auch! Man darf freilich auch hier nicht einfach generalisieren. Ich kenne Männer, die mit Recht auf dieser Ebene arbeiten und deren Dienst nötig ist. Aber ich sehe auch die vielen Mitläufer, die Hinterbänkler der Sitzungen und den Füllstoff der Konferenzen. Ich spüre die Drückebergerei und die Wahl des Leichteren. Und ich denke nicht nur an die Herden, die ohne Hirten sind und zwischendurch flüchtig und ohne Sorgfalt geweidet werden — es gibt auch Professoren, die ständig ihre Kollegs ausfallen oder durch Assistenten wahrnehmen lassen —, sondern ich denke ebenso daran, wie viele hungernde indische Kinder mit dem vielen Reisegeld gespeist werden könnten.

Man verstehe mich ja recht: Selbstverständlich wende ich mich nicht gegen die ökumenischen Beziehungen der Kirche und nicht gegen die Institutionen, die für deren Pflege notwendig sind. Ich kritisiere nur eine bestimmte Weise des leerlaufenden Betriebs, dem man das Motiv der Flucht und des »geringsten Widerstands« allzu deutlich anmerkt. Als kleiner Junge wollte ich gerne Missionar werden. Erst später merkte ich, daß mich dabei weniger der Wunsch beseelt hatte, Heiden zu bekehren, als Bananen zu essen. Auch erwachsene Leute können sich manchmal über ihre Motive täuschen. Fremde Länder locken, interkonfessionelle Gespräche sind faszinierend und die brüderliche Begegnung mit Glaubensgenossen ist erquickend. Es ist schön, daß einem das alles mit geschenkt wird, wenn man in fremden Ländern ernsthaft zu tun hat. Und kein Gebot Gottes verlangt von uns, daß der Trieb zum Tapetenwechsel und zum Abenteuer von uns niedergekämpft werde, damit nur der chemisch gereinigte Dienstgedanke und eine verkrampfte Selbstlosigkeit übrigbliebe.

Unsere Motive sind sehr komplex; und warum sollten sie es nicht auch sein! Wenn ich wirklich Missionar geworden wäre, hätte ich mich wohl nicht geschämt, daß auch die Lust am Bananenessen bei meiner Berufswahl mitgesprochen hätte. Hätte ich freilich entdecken müssen, daß die Bananenstauden der eigentliche Schatz gewesen wären, an dem mein Herz hing, dann würde mich wohl doch ein ehrliches Erschrecken überkommen haben. Alle christliche Souveränität gegenüber unseren Motivbündeln und alles kindliche Vertrauen zu dem, der unser Herz allein kennt und ein barmherziger Richter sein will, können uns offenbar nicht des Auftrags entheben, unser Herz zu erforschen und die selbstkritische Frage zu stellen, wo die eigentlichen Schwerpunkte unserer Motive liegen. Und wenn sich bei ökumenischen Veranstaltungen hier und da das Motiv der Flucht und die Abneigung gegen die Treue im kleinen als das Eigentliche erweisen, wenn an dieser Stelle der Einbruch eines höchst weltlichen Tourismus in die Kirche erfolgen sollte, dann gilt es, Buße zu tun und umzukehren.

Nicht, als ob wir die Pflege von Kontakten und Begegnungen *lassen* sollten! Der Leib Christi muß sich in seinen vielfachen Gliedern und auch in seiner geographischen Erstreckung immer wieder als Einheit erleben. Die Frage ist nur, ob man dieser Aufgabe nicht auf ganz andere Weise gerecht werden könnte. Eigene Erfahrungen in ziemlich vielen Ländern haben mich zu der Ansicht geführt, man solle Männer und Frauen zu anderen Kirchen und in andere Erdteile schicken, die dort unter ökumenischem Aspekt eine *Aufgabe* leisten: etwa predigen, Vorträge halten, beim Aufbau von Institutionen helfen und vieles andere. Man lernt sich nur im *Dienst* an der gemeinsamen Sache kennen. Und die ökumenische Verbundenheit wird uns dann »nebenbei« zufallen, als ein Abfallprodukt des Eigentlichen sozusagen. Aber man kann sie nicht unmittelbar wollen. Man kann die Aufgeschlossenheit für den anderen nicht zu einem Beruf machen. Dann kommt es nur zu Leerlauf und Selbstbetrug. Dann kommt es zu einem falschen Traum von der »weltweiten Kirche«, die in Wahrheit nur der vorgeschobene Treffpunkt für Funktionäre und das Betätigungsfeld für bürokratische Apparaturen ist.

Der verborgenste Weg des geringeren Widerstands ist vielleicht die Flucht in den *Liturgismus,* der unter uns grassiert. Ich spreche absichtlich nicht von einer Flucht in die Liturgie, sondern von einem Ausweichmanöver auf den »Liturgismus« hin. Damit soll angedeutet sein, daß ich mich nicht gegen die Liturgie selber, sondern gegen eine bestimmte pathologische Hypertrophie wende. Ich polemisiere nicht gegen die Sache der Liturgie, sondern gegen ein bestimmtes Motiv, aus dem heraus man sie treibt. Genauer gesagt: Es geht um *mehrere* Motive, die kritisch gesehen werden müssen.

Einmal ist es, wie gesagt — die Flucht vor der Predigt. Aus der Not, daß einem dies Werk zu schwer ist, macht man die Tugend einer vermeintlichen Überwindung des Subjektivismus. Man pflegt eine Ordnung, die einem vorgegeben ist und die nur nach dem Formular nachvollzogen werden muß. Dabei kommt es oft zu Spielereien höherer Ordnung, zu Verkleidungen in liturgische Gewänder, zu Wanderungen zwischen Altar, Evangelienpult, Epistelpult und Kanzel. Es kommt zu synthetisch gemachten oder vom Katholizismus erborgten Symbolismen. Und was im Katholizismus echt sein mag — weil es in ungebrochenen Traditionen gründet —, wirkt bei uns nicht selten »gemacht«. Ein kleiner Liebhaberkreis dieses Kunstgewerbes mag darin sein Genügen finden, vielleicht sogar ein geistliches.

Wer von außen her in alles dies hereinkommt (und wir sollen sie doch von den Gassen und Märkten hereinnötigen!), wird in der Regel hilflos betroffen sein und kaum einen Zugang gewinnen. Die esoterische Gemeinde mag sich dabei geistlich ernähren; aber sie vergißt die unermeßlichen Scharen, die draußen sind. Die Liebe des Hirten zu den Verirrten wird hier leicht erkalten. Und man mag auch den Sinn für die Proportionen zwischen den säkularisierten, verlassenen Massen und der »Kerngemeinde« verlieren. Wie schrecklich, wenn man meint, durch liturgische Gewänder irgend etwas für das Reich Gottes getan zu haben. Oft mag es so sein (ich habe es an anderer Stelle einmal so ausgedrückt), daß das Wort Gottes aus dem Text in die Textilien ausgewandert ist. Kein Geringerer als Dietrich Bonhoeffer hat mitten in den Schrecken des Dritten Reiches, als das Bekennen und also die Predigt besonders schwer waren, diese Fluchtbewegung zum Liturgismus hin erkannt und zu verstehen gegeben, daß viele hier eine sturmfreie Zone suchen, in der man sie gewähren läßt und wo man sich nicht durch harte Begegnungen mit den Sünden der Zeit und ihrer Anprangerung zu kompromittieren braucht. Auch er lehnt die Arbeit an der Liturgie und ihrer Erneuerung nicht ab, aber er sagt irgendwo (ich kann die Stelle nicht mehr finden) dem Sinn nach: Nur wer öffentlich für die Juden betet, darf auch gregorianisch singen. Damit will er dem potentiellen Verleugner seinen Fluchtweg verlegen.

Das zweite Motiv, gegen das ich mich wende, ist das des Purismus und ist die Gesetzlichkeit, mit denen man hier zu operieren pflegt. Gerade im Luthertum, jedenfalls im deutschen, ist eine Wut des Ordnens ausgebrochen, die Leben, Gottesdienst und Lehre mit Gesetzen förmlich überzieht. Und *wie* gesetzlich, *wie* puristisch ist diese Gesetzlichkeit! Da kommen Liturgiker und Kirchenmusiker, sicher sehr gelehrte und gutwillige Leute, sicher auch Leute mit Geschmack und Musikalität, und weisen nach, welche Schätze wir im Lauf der Jahrhunderte verloren haben, wieviel Aufklärung und »neunzehntes Jahrhundert« unter uns sei, wieviel Gesangbuchlieder modernisiert und verschlimmbessert und wie viele Melodien verhunzt worden seien: So kommen sie mit ihrer Archäologie und stellen das Plusquamperfectum wieder her, während sie das bisherige Präsens zum Teufel jagen.

Die Herrschaft der Puristen und Archäologen

Sie stellen alte Sprachformen in den Liedern wieder her. Was schert es sie, ob jemand sie versteht! Man schaue sich nur die Gebete der lutherischen Agende I an, damit einem das sprachliche Gruseln kommt und der Missionar in einem mit Tiefschlägen bedacht wird. So ist etwa in besagtem gottesdienstlichem Gebetbuch für den Sonntag Misericordias Domini ein Gebet vorgesehen, das mit den Worten beginnt: »Allmächtiger, ewiger Gott, der du von den Toten ausgeführet hast den großen Hirten der Schafe und rufest uns durch sein Wort zu seiner Herde: wir bitten dich . . .« — Welche Vorstellungen über den Geisteszustand einer Gemeinde mögen die Verfasser gehabt haben! Wer kann das beten, und wem bleibt dies geschraubte verbale Ungetüm nicht im Halse stecken?

In der Reformationszeit waren die Bilderstürmer suspekt. Aber die heutigen Liederstürmer scheinen die Schoßkinder der Kirche zu sein. Generationenlang hat man den Leuten das Gesangbuch nicht nur zum Singen, sondern auch zum Beten gegeben, Generationen ist es ans Herz gewachsen. Aber nun werden seine Schatzkammern gestürmt und mit scheinbar »echteren« Schätzen angefüllt. Die Texte werden in ihrer Ursprünglichkeit »wiederhergestellt«, weil die kleine Clique von Liebhabern es so will und als Minorität die anderen tyrannisiert. Dabei wird die Sprache so vorgestrig, daß man Fußnoten (um nicht zu sagen Fußangeln!) anbringen muß, damit man es versteht.

Welche Arbeit ist jetzt ein Kirchengesang: Man muß die Noten genau verfolgen (und natürlich kennen), muß gleichzeitig den Text studieren und außerdem in die Keller der Fußnoten hinabsteigen. Es gibt sogar neuere Kirchenliederdichter, die die gewünschte Patina gleich mitliefern und deren Lieder deshalb ebenfalls mit Fußnoten versehen werden müssen. Und selbstverständlich sind Lieder wie »Harre, meine Seele« und »So nimm denn meine Hände« mit einem Stern bezeichnet, was im Gesangbuch bekanntlich das Gegenteil von dem bedeutet, was ein Stern im Baedeker sagen will: daß nämlich das Lied »für den Gebrauch im Gemeindegottesdienst ungeeignet« ist. Es bekommt kein ordentliches Grab bei den Heiligen, sondern gehört auf den Selbstmörderfriedhof. Was schert es die liturgischen Ästheten, daß Menschen durch diese Lieder getröstet wurden, daß sie mit ihnen gestorben sind und daß sie jene Verse in den schwersten Stunden liebgewonnen haben!

Ich kann mich nicht enthalten, hier eine Anekdote zu berichten: Vor einigen Jahren ging ich mit einer Anzahl meiner Studenten in ein Flüchtlingslager, um ein wenig den Ärmsten der Armen zu helfen. Wir verkündigten dort in der kleinen Lagerkirche und bei Abendandachten auf den Fluren. Wir halfen den Neuankommenden beim Gepäcktragen und beim Papierkrieg mit den Behörden und suchten ihnen in ihrer Verzweiflung beizustehen. Es war eine harte Zeit, die den Studenten und auch mir einiges abforderte. Jeden Tag versammelte ich sie, um ihren Erfahrungsbericht zu hören und sie geistlich und menschlich zu stärken.

An den Abenden kamen wir mit denen zusammen, die am anderen Tag (oft nach wochen-, monate- oder jahrelangem Lageraufenthalt) »ausgeschleust« wurden und draußen im Leben einen neuen Start versuchen sollten. Das war für die Betroffenen sehr bewegend; sie waren von angstvoller Erwartung und auch mit

Hoffnung erfüllt. Nachdem einer von uns zu ihnen gesprochen hatte, durften sie sich ein Lied wünschen, das wir dann miteinander sangen. Und siehe da: Mit einer fahrplanmäßigen Regelmäßigkeit wurde »Harre, meine Seele« oder »So nimm denn meine Hände« gewünscht.

Bei den ersten Malen, als das geschah, war mir etwas mulmig zumute, denn ich stellte mir die Seelenvorgänge in einigen meiner jungen Freunde vor. Ein paar von ihnen waren auf liturgischem Gebiet tatsächlich ein bißchen puristisch. Sie würden ästhetische Höllenqualen leiden, dachte ich mir, wenn sie diese Lieder nicht nur anhören, sondern sogar selber singen müßten. Ich glaubte denn auch bei der ersten Ankündigung einige schmerzverzogene Gesichter zu sehen. Aber dann haben sie doch wacker gesungen, einfach weil ihnen diese Menschen leid taten und weil das gemeinsame, harte Leben mit ihnen sie befähigt hatte, sich in sie hineinzuversetzen.

Dann aber sahen sie die Ergriffenheit der Menschen. Sie bemerkten, was ihnen die Lieder in ihrer schweren Situation bedeuteten. Sie bemerkten sogar Tränen in den Augen und brachten es nicht fertig, sich mit der Diagnose »sentimental« oder »subjektivistisch« darüber hinwegzusetzen. Sie waren auch betroffen davon, mit welcher Andacht gerade die sangen, von denen sie wußten, daß sie gläubige Christen waren. Plötzlich ging eine Veränderung mit meinen lieben liturgischen Ästheten vor: Sie begannen auch ihrerseits diese Lieder liebzugewinnen. Nicht etwa, weil sie plötzlich ihr ästhetisches Urteil über sie geändert hätten! Das hatten sie gar nicht. Sie merkten aber, daß die Kategorie des Ästhetischen hier nicht zuständig oder daß sie nicht imstande war, das Geheimnis dessen, was hier vor sich ging, aufzuhellen.

Diese Lieder waren plötzlich mit dem Glauben und der Hoffnung und der Andacht derer befrachtet, die sie sangen. Darum waren sie auf einmal keine sentimentale Spreu mehr, sondern hatten Gewicht. Es war so, als ob sie gerechtfertigt wären durch den Glauben derer, die durch sie erbaut wurden, als ob sie so etwas wie eine »fremde Gerechtigkeit« (also keine eigene ästhetische Gerechtigkeit) empfangen hätten. Die Studenten sprachen mich in unseren Meditationsstunden auf den merkwürdigen Wandel ihrer Einstellung an und fragten nach dem Grund. Da sprach ich ihnen von der fremden Gerechtigkeit, die wir Menschen ja ebenfalls empfangen und von der schon unser Kindergebet zeugt:

Christi Blut und Gerechtigkeit,
Das ist mein Schmuck und Ehrenkleid.
Damit will ich vor Gott besteh'n,
Wenn ich zum Himmel werd eingehn.

Diese fremde Gerechtigkeit kann auch unseren Liedern zuteil werden. Sie kann selbst den oft fragwürdigen Geldscheinen anhaften, die wir opfern. Und sogar den ästhetischen Schreckgebilden mancher neugotischer Kirchen kann sie zuteil werden. Sind nicht auch diese Kirchen geheimnisvoll verändert, wenn eine betende Gemeinde in ihnen ist? Ist ihre architektonische Blöße dann nicht gleichsam mit jenem Schmuck und Ehrenkleid versehen, von dem das Lied singt? Dürfen wir dann aber das, was durch Glauben und Liebe geheiligt ist, einfach abtun, nur weil wir die Stirn haben, es in seinem ästhetischen An-sich zu werten? Wenn man solche Manipulationen und Beraubungen wenigstens aus dem Motiv erklären könnte, der evangelischen Christenheit ein einheitliches Gesangbuch und eine einheitliche Gottesdienstgestalt zu geben! Auch solche Einheit darf man in ihrem Rang zwar nicht überschätzen; denn auch die Vielfalt hat im Reich

Gottes ihren Platz — und ihre Reize. Aber immerhin: Es ist schön, an jedem Ort, den ich besuche, auch äußerlich die Gemeinsamkeit des Vaterhauses wiederzuerkennen. Und ich gebe gerne zu, daß hier auch einige Opfer von Liebgewordenem und Vertrautem zugemutet werden können.

Aber die Manipulationen der Puristen gehen nicht nur sehr viel weiter, sondern sie sind auch von vielen zusätzlichen Motiven bestimmt, zum Beispiel von der Leidenschaft zum Historischen und zum Denkmalschutz. Selbst dieses Motiv, dessen Fragwürdigkeit freilich nicht zu übersehen ist, könnte man ihnen vielleicht noch zugestehen. Wenn sie dann aber wenigstens *wachsen* lassen könnten, statt zu organisieren und zu dekretieren! Es ist so, als ob sie das, was in der katholischen Kirche in Jahrhunderten wuchs, durch rationalisierende Planung in wenigen Jahren nachholen wollten. Wie aber kann man, wenn die Leidenschaft diesen Dingen gehört, noch den Verirrten nachgehen, und wie sollte man das Gespür für die Wüsten und Dornen nicht verlieren, in denen sie sich verirrt haben? Ist das alles nicht ein gigantisches Experiment, bei dem man die eigentlichen Themen und das eine, was not ist, aus den Augen verloren hat? Könnte dieses Experiment nicht unter das Gericht des Wortes geraten: »Tue weg von mir das Geplärr deiner Lieder; denn ich mag dein Psalterspiel nicht hören!«?

Die Entfremdung des protestantischen Prinzips

Auch ich bin der Meinung, daß in den genannten Liedern keine klassischen Choräle vorliegen. Ich möchte nicht den Anschein erwecken, als plädiere ich für die These, daß es gleichgültig sei, ob die gottesdienstlichen Dinge den strengen Postulaten des Geschmacks und der handwerklichen Sauberkeit genügen. Wer die Forderungen an den Prediger, auch in Formfragen, so radikal erhebt, wird schwerlich bereit sein, für die sonstigen Bereiche des Gottesdienstes Nachlässigkeit einzuräumen. Die Bereitschaft zur Strenge schließt aber doch nicht aus, daß man verschiedene Grade nicht nur der geistlichen, sondern auch der ästhetischen Reife unterscheidet, daß man auch Stationen einer Entwicklung zugesteht und nicht nur die Endstation liturgischer Spätlese kennt. Kann man denn gar nichts mehr wachsen lassen — und dann auch den *Vorstadien* der Reife in Liebe zugewandt sein?

Das Evangelium bedeutet doch, daß der Mensch dort *abgeholt* wird, wo er steht. Die Boten, die zum königlichen Hochzeitsmahl einladen sollen, werden an die Zäune, auf die Gassen und auf die Märkte geschickt. Die Leute brauchen das hochzeitliche Kleid nicht schon zu tragen, damit sie überhaupt eingeladen werden. Sondern sie werden abgeholt, wenn sie vielleicht noch in Lumpen gehüllt sind. Gott taucht an ihrer Seite auf, und Christus ißt mit den Sündern. Würde es sich wohl genieren, auch mit den ästhetischen »Sündern« zu essen? Würde es ihn graulen, wenn er die Songs der Heilsarmee, die »Reichslieder« und einige sentimentale Weisen des 19. Jahrhunderts hört? Sollte er nur der Gregorianik in den Domen zugeneigt sein? Nichts gegen die Gregorianik, nichts gegen das liturgische Kleid, aber alles dagegen, daß dieses Kleid zu früh übergestülpt wird. Auf den Gassen und ehe das Protokoll des Hochzeitsmahls sein Regiment führt, wirkt es fremd, und auf den Gassen erkennen sich die Leute in dieser Maskerade nicht wieder. Wer auf der Hamburger Reeperbahn Mission treibt, kann nicht »Ein feste Burg« singen lassen. Die Christenheit aber ist zu reich und zu begnadet, als daß sie nicht auch für die Vorhallen das Passende in ihrem Fundus hätte.

Wenn ich recht sehe, wirkt sich im Überspringen der Reifestationen ein protestantisches Prinzip negativ aus. Die Reformation trat an im Namen einer dreifachen Unbedingtheit: *Allein* aus Glauben, *allein* aus Gnaden, *allein* aufgrund der Heiligen Schrift werde der Mensch gerechtfertigt. Hier zeigt sich nun das, was wir früher bei der Sprache aufwiesen: Im Zuge der Säkularisation wird die geltend gemachte Unbedingtheit formalisiert und zu einem allgemeinen Prinzip, ja geradezu zu einem Stilgesetz des Denkens erhoben. Protestantisch sein heißt dann »unbedingt« sein und nur noch im Stile des Entweder—Oder denken.

Ich weiß nicht sicher, ob es so ist, aber mir will es manchmal so scheinen, als ob sich dieses formalisierte Gesetz der Unbedingtheit auch in den Dingen der Liturgie heutzutage auszuwirken beginne: Es äußert sich dann in dem geschilderten Purismus, der unbedingt die in der Liturgiegeschichte erkennbar werdende, in der Regel möglichst früh zu datierende optimale Gestalt des Gottesdienstes haben möchte und darum die liebende Zuwendung zu dem vergißt, der an ganz anderen Stationen abgeholt werden müßte. Der puristisch Unbedingte, der stets auf der Schwelle des Prinzipiellen sitzt, kann also nicht mehr lieben. Denn die Vorbedingung der Liebe ist, daß man Sinn hat für das, was anders ist als man selber. (Und in der Schule Jesu Christi wird dieser Sinn gepflegt.)

Der puristisch Unbedingte ist auch nicht mehr frei, sondern sklavisch an seinen Perfektionismus, auch auf dem Gebiet der Liturgie, gebunden. Er ist also »gesetzlich«. Darum hat der puristisch Unbedingte auch keinen Humor. Er kann nicht mehr lachen, sondern höchstens ironisch lächeln über die wunderlichen Blüten, die der Baum des Reiches Gottes treibt, über mancherlei wild wuchernde Triebe und über menschliche Originale. Er lächelt über alles, nur nicht über sich selber. Und statt sich zu freuen an den reichen Paletten Gottes, zückt er permanent sein Lineal, um beckmesserisch festzustellen, was über und was unter dem Strich ist.

Wieviel evangelischer, weil an diesem Punkt weniger prinzipiell, ist hier die katholische Kirche, die selbst den Wildwuchs der Volksfrömmigkeit nur vorsichtig kontrolliert und nicht nur einen Romano Guardini, sondern auch einen Pater Leppich gewähren läßt. Hier wird man nicht ständig vor die Entscheidung »alles oder nichts« gestellt, sondern läßt wachsen und ist auch *dem* noch in Liebe zugewendet, was ästhetisch oder intellektuell verkrüppelt bleibt oder über einen bestimmten reduzierten Standard nicht hinauskommt. An die Stelle der *Entscheidung* (als Prinzip!) tritt hier die *Erziehung,* tritt hier wirklich die evangelische Abholung von der Gasse oder von Gottes freier Natur, in der vielleicht bisher nur Pantheismus gediehen ist.

Ich weiß wohl, daß darin nicht nur Tugenden, sondern auch Laster auf ihre Entfaltung warten können: Kompromisse und Zugeständnisse, Taktiken, Opportunismen und viele Halbheiten. Ich weiß auch, daß das katholische Prinzip der *analogia entis* eine fragwürdige Voraussetzung dafür liefert, an das Gegebene — vielleicht selbst in seiner Fragwürdigkeit — relativ leicht anknüpfen zu können. Aber ich billige nicht zu, daß der evangelischen Christenheit von *ihren* Voraussetzungen her nicht die gleiche Möglichkeit der Anknüpfung und des Wachsens zur Verfügung stünde. Denn das Neue Testament ist voller Hinweise dieser Art. Ich denke nur an die eine Perikope vom blutflüssigen Weib (Markus-Evangelium 5,25 ff.), das von Jesus geheilt und dessen Glaube von ihm gerühmt wurde. Dieses armselige Weiblein lebte im Banne des magischen Weltbildes. Es meinte, durch physischen Kontakt mit einem Fetisch (nichts anderes war ja das Gewand des Mannes von Nazareth für sie) geheilt zu werden. Darum berührte sie nur den Saum des Gewandes Jesu. Sie hatte offenbar keine Ahnung von seiner Botschaft. Vielleicht hatte sie nicht einmal sein Gesicht gesehen und keinen Eindruck von seiner »Persönlichkeit« gewonnen. Denn sie drängte »von hinten« herzu, ging also heimlich vor und suchte nur einen magischen Kontakt zu gewinnen. Ich möchte mir einmal vorstellen, wie ein liturgischer Perfektionist von heute auf diese Situation reagiert hätte oder auch ein Oberkirchenrat mit lutherischer Normaltheologie. Ich habe Hemmungen, mir diese Situation auszumalen, weil in diesen Kreisen ja aus den besagten Gründen wenig Humor und erst recht eine geringe Bereitschaft besteht, über sich selber zu lachen. Auf die Gefahr hin, wieder mal einen handfesten Ärger zu erzeugen, möchte ich die zu erwartende Reaktion so charakterisieren: »Die Voraussetzungen, liebe Frau, unter denen Sie Kontakt mit mir suchen, sind nicht legitim. (Vielleicht ist er so nett, dieses Fremdwort der ungeschulten Frau noch etwas zu erklären.) Ich bin keine Retterfigur in Ihrer magischen Lebenslandschaft, wie Sie anzunehmen belieben, sondern ich bin ein Mann mit einer Botschaft. Diese Botschaft müssen Sie erst einmal zur Kenntnis nehmen und sich ihr gegenüber entscheiden, ehe wir weiterreden können. Lassen Sie sich also zunächst einmal die Korrektur ihrer irrigen Voraussetzungen gefallen. Sie müssen noch einige Klassen durchlaufen, bis ich Ihrem Heilungsbegehren mein Plazet erteilen und Ihren Glauben mit dem Gütesiegel eines ›großen‹ und eines ›legitimen‹ Glaubens versehen kann.«

Christus aber handelt ganz anders, als seine Kirchenlichter es vermutlich tun würden. Er nimmt die Frau mit dem fragwürdigen Reifegrad ihres Glaubens an, er heilt sie und bekennt sich zu ihrem Glauben — ohne Kritik. Er holt die Frau mitten in ihrem magischen Weltbild ab und steckt sie nicht, ehe er sich auf sie einläßt, in einen katechetischen Umschulungskurs. Er hätte sie sicherlich auch angenommen, wenn sie ihm singend genaht wäre.

Aber was sie in diesem Stadium angestimmt hätte, würde einen Liturgen vermutlich das Gruseln gelehrt haben . . .

Es ist einer christlichen Phantasie überlassen, sich vorzustellen, was später aus den Leuten geworden ist, die Christus begegnet sind: aus dem kanaanäischen Weib, aus dem Zöllner Zachäus, dem reichen Jüngling und der blutflüssigen Frau. Wahrscheinlich werden die »Prinzipiellen« in unseren Kreisen die Betätigung dieser Phantasie für ein ziemlich müßiges Unterfangen halten. Aber ich möchte doch einen Augenblick dieser Vorstellung nachhängen, zumal die Prinzipiellen schon längst abgehängt haben werden:

Ich stelle mir vor, daß die so unverhofft geheilte Frau ihrem Retter weiter nachgefolgt ist und daß sie ihn bei dem ferneren Umgang nicht nur von hinten, sondern auch von Angesicht zu Angesicht gesehen hat, ja, daß sie von Neugierde erfüllt war (nicht von Heilsbegierde — soweit geht meine Phantasie nicht!), was dieser Mann zu sagen habe und was sein Tun und Handeln von ihm erkennen lassen. Und indem sie so auf seiner Fährte blieb, einfach weil sie rätselhafterweise von ihm angenommen war, wuchs sie mehr und mehr aus ihrer magischen Bannung heraus und in die wirkliche Nachfolge hinein.

Hier wären dann Wachstum, Erziehung und Abholung. Hier wäre Freiheit der Zuwendung. Hier wäre Liebe. An dieser Geschichte sollten wir selber aus der Bannung durch das Prinzipielle herauswachsen.

Falsche Scheidungen zwischen »weltlich« und »sakral«

Der liturgische Purismus hat, wie mir scheint, noch einen anderen Haken. Es dünkt mich, daß er in massiver Weise etwas widerlegt, was wir sonst als einen theologischen Lehrsatz durchaus angenommen haben. Es ist nämlich nahezu Allgemeingut unserer Überzeugung, daß es keine Trennung zwischen sakraler und profaner Sphäre gebe. Und wir wissen, wie gerne Dietrich Bonhoeffer als Schutzheiliger dieser These zitiert wird. Natürlich wird damit ein weites Feld von Problemen angerührt, das wir hier nicht betreten können. Die genannte These ist auch nicht so klar, wie sie erscheint. Und wenn man genauer nachfragt, was denn mit Bonhoeffers Stichwort von der »nicht-religiösen Interpretation des Kerygma« und einem »weltlichen Christentum« gemeint sei, wird man auch nicht viel schlauer. Deshalb tummeln sich hier wilde Deutungen. Wahrscheinlich, so scheint mir, besteht der berechtigte Kern jener These darin, daß sie bestimmte Konsequenzen aus der reformatorischen Rechtfertigungslehre zieht:

Wenn unsere Rechtfertigung »allein aus Glauben« geschieht, dann ist das Heil an die Alternative Glaube — Unglaube gebunden. Dann gibt es jedenfalls keine quantitativen Annäherungen an das Heil mit Hilfe von Verdiensten, also durch Anhebung des Leistungsniveaus. Vielmehr ist unser Heil dann von jenen quantitativen Differenzierungen ganz unabhängig. Deshalb ist mit dem positiven »Allein aus Glauben« die negativ-protestierende Statuierung verbunden: »Nicht aus den Werken«, »Nicht nach der Leistung«.

Mit dieser Ablehnung verdienstlicher Annäherung und damit des Quantitierens hängt es zusammen, daß auch *institutionelle* Formen der Annäherung an das Heil abgelehnt werden müssen. Es kann zum Beispiel nicht aus der Welt hervorgehobene Örter, Berufe und Institutionen geben, die dem Heil näher stünden und eben im komparativischen Sinne »heiliger« als die anderen wären. So kann es nicht etwa einen über die Welt erhobenen Priesterstand und nicht Klöster geben, die sich besondere Privilegien der Heiligkeit anmaßen dürften. Ebenso wie der Rechtfertigungsglaube unter dem Aspekt des Heils die »Werke« nivelliert, so nivelliert er auch die Institutionen und Weltörter.

Auf diese Weise entsteht schon bei Luther der Gedanke des weltlichen Gottesdienstes: Die Magd, die den Besen schwingt, und die Mutter, die ihre Kinder gebiert, dienen durch ihr weltliches Tun, wenn sie es im Glauben vollziehen, *Gott*. Die sakralen Privilegien hören auf. Übrigens auch die klerikalen: Denn auch das geistliche Amt steht jetzt nicht mehr erhöht der Gemeinde gegenüber, sondern die Gemeinde — als der Leib Christi in der Welt — ist es, die zu jenen Ämtern ordiniert.

Es gibt auch im strengen Sinne keine sakralen *Räume* mehr, die durch besondere Weihen von der Welt abgehoben wären. Wo man im Umkreis des Reformatorischen noch von ihnen spricht, da kann man sie nur als »Zeichen« und »Hinweise«, aber nicht mehr als Regionen von seinshaft hervorgehobener Qualität verstehen. Und nur innerhalb dieser Grenzen darf es dann auch Sinn haben, einen speziellen sakralen Stil, etwa im Kirchenbau, zu pflegen.

Wie gesagt: Diese Konsequenzen aus der reformatorischen Rechtfertigungslehre scheinen mir den echten Kern der These zu bilden, daß es keine prinzipielle Scheidewand zwischen Sakralem und Profanem geben dürfe, daß deshalb auch die Botschaft vom fleischgewordenen Wort *weltlich* sprechen, daß sie »abholen« müsse.

Soviel unerledigte Probleme hier nun auf uns warten mögen, eines steht jedenfalls fest: daß der Liturgismus auf dem besten Wege ist, jene Scheidewand wieder aufzurichten und eine esoterische Region des Sakralen abzukapseln. Ich brauche die Übersteigerung des Zeremoniellen, die Ausdruck dieser Tendenz ist, hier nicht im einzelnen darzustellen . . .

Selbst auf die Gefahr hin, mich dem Verdacht eines gewissen Amerikanismus auszusetzen (von dem, soviel man sich selber kennt, keine Rede sein kann), so möchte ich das, was ich mit jener Abkapselung meine, an einem Erlebnis verdeutlichen, das ich in einem kalifornischen Studentenlager hatte:
Hier fand ein heiteres Abendessen statt, zu dem die jungen Leute phantasievolle und selbstgefertigte Kopfbedeckungen trugen. Bei einem solchen Semi-Fasching eines christlichen Kreises hätte man sich bei uns aus Stilgründen sicherlich das Tischgebet erspart. Nicht so dort: Die so ulkig bewehrten Köpfe neigten sich! Aber es kam noch massiver: Einige Duette und Quartette sangen zum Essen schlagerartige geistliche Lieder. Auf meine erstaunte Frage, warum man das tue, erhielt ich die Antwort: »Das sind christliche Unterhaltungssongs. Berührt Sie das merkwürdig? Warum sollen wir Christus denn nur in den Augenblicken der Andacht bei uns sein lassen und in den Stunden der Entspannung ausschließen? Warum sollen wir uns in diesen Stunden der Unterhaltung Stoffe von anderen Leuten entlehnen, die ihn nicht kennen?«
Ich denke nicht daran, das als vorbildlich zu bezeichnen und zur Nachahmung zu empfehlen. Wahrscheinlich würde unser Stilgefühl, das uns durch lange Traditionen in Fleisch und Blut übergegangen ist, streiken. Und wahrscheinlich war das, was dort abrollte, wirklich sehr amerikanisch. Es wurde eben in *amerikani-*

scher Tonart eine Melodie gesungen, für die wir unsere eigene abendländische finden müßten. Ohne Rücksicht auf Verluste — wie wir uns das nie zumuten könnten! —, ohne Hemmungen durch eingeschliffene Stilgesetze war die Scheidewand zwischen dem Sakralen und dem Profanen niedergerissen, wurde auf amerikanische Art »weltlich« verkündigt. Auf eine fragwürdig moderne und amerikanische Weise war das da, was auch bei uns einmal so gewesen ist. Denn auch bei uns gab es Epochen, in der geistliches und weltliches Liedgut noch nicht, jedenfalls noch nicht prinzipiell, voneinander geschieden war.

Man glaube ja nicht, ich übersähe die Gefahren und die Risiken alles dessen: die lauernde latente Verweltlichung, die drohende Rolle des Pfarrers als Manager und Stimmungskanone, die mögliche Selbstentfremdung der Kirche zur bürgerlichen Gesellschaft. Das Praktizieren von Wahrheiten — und hier *war* eine Wahrheit spürbar! — ist nie möglich ohne kalkuliertes Risiko. Ja, schon beim *Aussprechen* theologischer Wahrheiten geht es nicht ohne jenes Risiko ab. Man muß, wie wir oben sagten, Häresien wagen, um Wahrheiten zu gewinnen. Wer nur aus der Absicherung lebt, hat schließlich nur leere Hülsen in der Hand, in denen keine Wahrheit mehr steckt. Und außerdem ist »Gefahr« kein theologischer Begriff. Gefährlich ist alles. Selbst die Bergpredigt ist gefährlich. Man kann dabei zum Schwärmer werden. Auch die paulinische Rechtfertigungslehre ist gefährlich. Man kann dabei zum Libertinisten werden, der den Gehorsam verachtet, weil ihm im Glauben ja nichts mehr passieren kann. Wer sich mit der Wahrheit einläßt, begibt sich immer in Gefahr. Aber er hat die Verheißung, daß er eben *nicht* darin umkommt, sondern daß sie ihn frei macht.

Nach all dem, was wir so kritisch zum Liturgismus bemerken

mußten, ist es nun wichtig, in einigen Sätzen die wirkliche, die positive Bestimmung der Liturgie zu charakterisieren und an ihr Maß zu nehmen.

Das Standbein der Liturgie und das Spielbein der Predigt

Ihre erste und vornehmliche Bestimmung scheint mir die zu sein, daß sie die versammelte Gemeinde das *Subjekt* des Gottesdienstes sein und entsprechend in ihm mitwirken läßt. *Sie* ist es ja, die betet, Gott lobt, ihm dankt, das ewige Wort in die Mitte stellt und ihm antwortet. Das Amt des Predigers steht der Gemeinde nicht gegenüber, sondern es ist in ihrer Mitte errichtet, und es ist dem Pastor von ihr übertragen oder besser: an ihn delegiert. Auf keinen Fall ist die Gemeinde ein Publikum, das in Passivität verharrt, während es angepredigt wird.

Die Liturgie hat den Sinn, die Gemeinde in ihrem Handeln zum Ausdruck zu bringen. Alle liturgischen Formen sind an dem Kriterium zu messen, ob und inwieweit sie dazu imstande und überdies sachgerecht sind. Das bloße Aktivwerden der Gemeinde durch Sprechen und Singen allein macht es allerdings nicht. Es müssen schon Worte und Töne sein, die sie sich aneignen kann und die ihr nicht als Fremdkörper oktroyiert werden. Sonst kommt es zu bloß verschleierten Formen der Passivität und zu einer Variante dessen, was in der katholischen Theologie »eingewickelter Glaube« heißt.

Die zweite Aufgabe der Liturgie besteht darin, daß sie ein aus der Tradition genährtes statuarisches Element bildet und damit ergänzende Bedeutung für die Predigt gewinnt.

Die Predigt muß ja aktuell sein und in Beziehung zu ihrer Zeit stehen; sie ist an das Wagnis des Zeugen gebunden, der jenem Geiste vertraut, der weht, wo er will. Ihr ist wohl ein Bibeltext vorgegeben; aber ihn zu interpretieren und zu adressieren und zu aktualisieren, das ist Sache des Zeugen — jedenfalls in *dem* Sinne seine Sache, daß er sich in den Dienst der Sache Gottes stellt. Eine Predigt kann, eben *weil* sie Wagnisse enthält und darum auch Gewagtheiten enthalten kann (weil sie zum Beispiel mit der Verfremdung arbeiten muß), auch irren oder sich im Ton vergreifen. Ebenso ist das Niveau verschieden. Schließlich hängt es in etwa auch von der Situation des Predigers ab: von seinen Erlebnissen, seiner Frische oder Müdigkeit, seiner geistlichen und menschlichen Disponiertheit. Auch der Grad theologischer Einsicht und menschlicher Reife spielt eine Rolle. Und endlich ist die Mitwirkung des theologischen und sonstigen Zeitgeistes nicht zu unterschätzen. An seinem Einfluß vor allem liegt es ja, daß es überhaupt so etwas wie eine »Geschichte der Predigt« gibt.

Jeder, der ältere Predigtsammlungen liest, merkt sofort, daß man nichts davon heute unverändert auf die Kanzel bringen könnte, auch wenn es um das Werk von Predigern geht, die nach wie vor einen großen Namen haben. Wohl aber hört man heute manchmal Predigten, die auch 1885 hätten gehalten werden können. Solche scheinbare Zeitlosigkeit deutet jedoch nicht auf Vorzüge, sondern auf eine Denaturierung der Predigt: Wenn sie sich im bloßen Zitieren biblischer oder liturgischer Idiome erschöpft und die herkömmlichen Begriffe nur in einer Art Glasperlenspiel immer neu kombiniert, dann kann man keine theologischen Fehler machen und das in hundert Jahren noch genauso tun. Der Eindruck der Zeitlosigkeit wird nur so erreicht, daß man an der Zeit vorbeispricht und das Wort nicht zur Fleischwerdung kommen läßt. Darum könnte eine so an der Zeit vorbeizielende Predigt zwar schon 1885 gehalten worden sein. Aber sie hätte wohl damals ebensowenig einen Hund hinter dem Ofen hervorgelockt wie heute.

Darum ist die Zeitgebundenheit der Predigt nicht die Not, sondern die Tugend der Predigt (vorausgesetzt, daß sie sich nicht bloß künstlich assimiliert und also in der Zeit »aufgeht«). Der Prediger ist nur *seiner* Zeit das Letzte schuldig. Und wenn er seine Wegstrecke gelaufen ist, gibt er den Stafettenstab weiter.

Weil aber die Predigt solch ein Wagnis und sogar ein Abenteuer ist, darum bedarf sie der Korrektive durch die Liturgie und das ihr innewohnende statuarische Element. Hier wird die Heilige Schrift unmittelbar verlesen, und die alten Gebete der Kirche werden gesprochen. Hier gibt es Responsorien, die zum Gemeingut der Kirche geworden sind, jedenfalls wenn man sie nicht künstlich einführt oder in Gestalt eines liturgischen Kunstgewerbes produziert. (Wir sprachen darüber.) Hier tritt neben die Stimme des wagenden Zeugen die überpersönliche Stimme und das »Wir« der Gemeinde, die durch die Jahrhunderte geht. Wo dieser *cantus firmus* klar und deutlich ist, so können wir nochmals Bonhoeffer zitieren, »kann sich der Kontrapunkt so gewaltig entfalten wie nur möglich. Beide sind ungetrennt und doch geschieden, um mit dem Chalcedonense zu reden, wie in Christus seine göttliche und seine menschliche Natur.«[32] Der *cantus firmus* ist die Liturgie, und der Kontrapunkt ist die Predigt: Er kann weit ausschwingen, er darf gewagt sein. So ist der Gottesdienst ganzheitlich und unteilbar.

Wenn ich in meinen Vorlesungen über die Theologiegeschichte die Aufklärung behandelte, machte es mir immer wieder ein christliches Vergnügen, meinen Hörern Musterbeispiele aus aufklärerischen Predigten vorzuführen. Die hohen geistlichen Herren sprachen damals über viele Dinge, aber kaum über das Wort

Gottes. Sie sprachen über die Vorzüge reiner Luft, über Nöte mit dem Vieh und der Landwirtschaft überhaupt und über viele Kapitel der Lebenskunst.[33] Hätte es nur die Predigt gegeben, so wäre das Christentum wohl totgepredigt worden. Aber in den Liturgien wurden die alten Texte verlesen, manchmal auch da ein bißchen verwässert und verschlimmbessert, aber immerhin . . . Sie paßten zur Predigt oft genug wie die Faust aufs Auge, doch sie waren eben da, selbst wenn sie im Augenblick durch die Kanzelsalbadereien fast erstickt zu werden schienen und sicherlich weithin nicht verstanden wurden.

Doch was in den Liturgien noch im Inkubationszustand und also verborgen blieb, das wurde eines Tages neu virulent. Der im Keller der Liturgie überwinterte Kohlstrunk begann plötzlich wieder zu grünen, und eines Tages gesellte sich ihm auch eine neue und wieder lebendige Predigt zu. Die Grabplatte einer entarteten Predigt war nicht schwer genug, um den Lebendigen bei den Toten festzuhalten. Eine »Idee« hätte derartige Roßkuren nicht ertragen; der auferstandene Christus aber wartete in den Verliesen der Liturgie auf seinen neuen Tag. Daß es die evangelische Kirche immer noch gibt und weiterhin geben wird, daß selbst Durststrecken totester Predigten (wenn dieser Superlativ erlaubt ist) sie nicht zur Strecke bringen durften, das ist der einzige Gottesbeweis, der mich überzeugen könnte.

Das ist die Verheißung der Liturgie. Daß sie so das statuarische Element des Gottesdienstes ist, kann freilich nicht bedeuten, daß sie hemmungslos antiquarisch sein dürfte und daß man sie nicht zu verstehen brauchte. Überalterte Wortformen, die nicht angeeignet und zum »Wort« werden können, schalten den Hörer nicht ein, sondern aus. Repräsentantin des Beständigen zu sein, bedeutet bei der Liturgie etwas anderes, als alte Zöpfe zu tradieren und nur eine Etikette darzustellen, deren Sinn man nicht mehr versteht. Darum wird auch die Liturgie nicht ohne behutsame Korrekturen und Modernisierungen auskommen. Aber sie werden nur Abwandlungen des Bleibenden sein. Und dieses Bleibende wird die gegenwärtigen Hörer in sich hineinnehmen und durch sie hindurch gegenwärtig werden. Gerade als Bleibendes soll ja die Liturgie der gegenwärtigen Gemeinde in Fleisch und Blut übergehen. Das kann sie aber nur unter zwei Bedingungen: einmal dadurch, daß sie verstanden wird; und zweitens so, daß sie sich ständig wiederholt, von Kindesbeinen an bis ins Alter, so daß sie vertraut wird wie die Stimme der Mutter.

Eben deshalb erscheint es mir so verhängnisvoll, wenn die Liturgisten manchmal die vorhandenen Liturgien jäh verändern und das Vertraute ersterben lassen, wenn selbst die Gesangbücher radikalen Eingriffen — und wahrlich sehr problematischen! — unterworfen werden. Die Sache wird keineswegs dadurch besser, sondern höchstens zu einer traurigen Paradoxie, daß jene Erneuerungen im Namen des »Plusquamperfectum« vollzogen werden, daß man alte, längst vergessene Schätze wieder ans Licht zieht und in Gestalt einer neuen liturgischen Wohlfahrtsvöllerei die Menschen damit überschüttet. (Man überschüttet sie auch sonst: Wer kann etwa drei Schriftlesungen verdauen?) Man kann die Kontinuität, die der Liturgie anvertraut ist, nicht nur dadurch zerstören, daß man übertrieben progressiv, sondern auch dadurch, daß man reaktionär ist. Es ist gleichgültig, ob man nach vorwärts oder nach rückwärts Stufen überspringt. Das Zerstörungswerk wird so oder so getan. In diesem Sinne läßt Georges Bernanos den Pfarrer von Torcy sich darüber lustig machen, daß manche Leute im Chor »lossingen, ehe noch der Herrgott seinen Taktstock erhoben hat«.[34]

Nichts gegen die alten Schätze! Aber ich sagte schon, man müsse wachsen lassen können, weil nur der Teufel keine Zeit hat. Vorsichtig und in gebührendem zeitlichem Abstand einige Bilder um- und dazuzuhängen ist etwas anderes als ein Bildersturm.

Ich sehe, wie die katholische Kirche trotz aller Wirrnis ihrer internen Kämpfe — gerade seit dem 2. Vatikanischen Konzil — auf einem deutlichen Wege zur Verkündigung ist, daß sie die Wahrheitsfrage stellt, daß sie die Mündigkeit der Glaubenden erstrebt und daß sie mehr will als nur blinde Passagiere auf dem Schiff der Kirche. Selbst ihre liturgischen Formulare werden zunehmend darauf angelegt, die Mitfeiernden zu engagieren, sie in ihr Wort hineinzunehmen, sich verstehbar zu machen und also Botschaft zu werden. Kann aber für den also Beteiligten und zur Mündigkeit Aufgerufenen die Kirche *dann* nur bloße »Mittelinstanz« bleiben? Kann sie sich *dann* noch als das eigentliche Subjekt des Glaubens *zwischen* ihn und Gott schieben?

Je mehr die Kirche zum Ort der »Wort«-Verkündigung wird, je bibelnäher sie folglich wird, um so mehr könnte sie doch zu einem Vaterhause werden, in dem es nur noch Kinder und keine Knechte, in dem es nur noch freie Söhne und keine Abhängigen mehr gibt.

Und ich sehe, wie selbst in der orthodoxen Kirche Rußlands dieser Durchbruch zum Wort Ereignis wird und wie sich die Funktionäre der ideologischen Tyrannis darüber beklagen, daß die »Kultdiener ihre Predigttätigkeit verstärken. Es gibt heute keinen Gottesdienst ohne eine Predigt, die das Ziel verfolgt, das Interesse für die Religion zu beleben. Die Geistlichkeit ergreift sämtliche Maßnahmen, um sicherzustellen, daß die . . . Zeremonien in ihrem göttlichen Sinn *erklärt* werden«[35] — so jammern die Funktionäre. Und ich frage mich, ob sie hierbei nicht den Scharfblick jener Dämonen besitzen, die nach den Berichten des Neuen Testaments ein sensibleres Gespür für den anwesenden Gottessohn besitzen als die Pharisäer und Schriftgelehrten.

Nicht daß die orthodoxe Kirche ihre Liturgien *aufgäbe!* Aber sie läßt sie zum verstehbaren Wort werden, das Freunde und Feinde in Beschlag nimmt. Was vorher vorüberrauschte und nur numinose Randempfindlichkeiten treffen mochte, das attackiert nun den Personenkern: Denn wer »spricht«, muß ja Farbe bekennen! Er muß ein Porträt des Menschen und der Welt, ein Porträt des Regimes und seiner Ideologie malen, in dem sich die Angesprochenen wiedererkennen. Indem sie sich aber erkennen, sind sie zur Entscheidung gerufen. Sie müssen »Ja« sagen oder »Au« schreien. Und in dem zitierten Artikel brüllen die Funktionäre in der Tat auf. Sie waren nach den hochvirulenten Stadien der Gottlosenbewegung vielleicht bereit, keinen Mucks mehr von sich zu geben und den Naturschutzpark, der von goldenen Ikonen umstellt war, gelassen zu respektieren. Mochte die Bewegung des Zeremoniells, dessen Motor längst abgestellt war, geruhsam zu Ende rollen; wir haben Zeit!

Aber siehe: Nun dringt aus der Bilderwand das *Wort* hervor; nun wird — um Bonhoeffers Wort abzuwandeln — nicht nur gregorianisch gesungen, sondern auch für die Juden gebetet, nun geht es unter die Haut und wird Engagement. Die große Stille um die Altäre ist unterbrochen, und ein weissagendes Wort August Winnigs beginnt seine Erfüllung zu finden: Einmal werde die Stunde kommen, in der Rußlands Kirche das stumme Zelebrieren unterbricht und »das Wort findet«.[36]

Wir aber scheinen den *umgekehrten* Weg zu gehen. Wir ziehen uns zunehmend vom gesprochenen Wort zurück und retten uns in den Windschatten der Zeremonien oder auch des Betriebs.

Die Ohnmachtsgefühle angesichts der reduzierten Verkündigung deuten übrigens — welcher Trost immerhin! — durchaus nicht darauf hin, daß nur wir Heutigen so am Ende wären und daß wir nur noch die Schlacken eines überalterten und ausgebrannten

Christentums in der Hand hielten. Nein: Auch in den sogenannten großen Zeiten Gottes, in den Kairós-Perioden, hat es dieses Zurückzucken gegeben. Die Männer Gottes sind nie tolldreiste Draufgänger gewesen. Denn sie waren nicht — wie die falschen Propheten — von den Motoren ihres Willens oder auch ihres Machttriebs bewegt, sondern sie wußten von der Finsternis, die über dem Erdreich liegt, und von dem Dunkel, das auf den Völkern lastet. Sie litten unter der Unerkennbarkeit Gottes. Sie waren belastet von dem Widerspruch zwischen dem, was ihr Herz von Gott forderte, und dem, was Gott wirklich tat, und vor allem, was er *war*.

Wer diese Spannungen durchmißt, erschrickt davor, Werkzeug in solch unsichtbarer Hand zu sein und als Licht in jenes Dunkel geschickt zu werden, um sich dann als Lamm unter Wölfen auftauchen zu sehen. Religionsphilosophische Vorträge zu halten, hätte ihnen allen nichts ausgemacht. Und auch sie hätten es vielleicht gerne genossen, ihren Intellekt von der Gottesfrage kitzeln zu lassen. Aber hinzutreten und zu sagen: »So spricht Gott« und : »Adam, wo bist du« und: »Dies ist das Gericht, das dich treffen wird« und: »Dies ist die Gnade, die dir zugedacht ist« und: »Im Namen des Herrn, den du nicht siehst, verkündige ich dir . . .« — das war ihnen zu schwer, und hier verweigerten sie den geforderten Sprung. Und ich fürchte: Wäre ihnen diese Hemmung fremd gewesen, dann hätten sie gar nicht begriffen, um was es überhaupt ging und daß das Ungeheure sie überschattete.

Sie alle aber, von denen die Bibel berichtet, sind über jene Hemmschwelle nicht so hinweggekommen, daß sie sich im Namen irgendeines kategorischen Imperativs am Riemen gerissen und ein verzweifeltes Ja zur Pflicht und zur Schuldigkeit ihres Berufs gefunden hätten. Vielmehr steckte in dem, was ihren erschreckten Seelen anvertraut wurde, zugleich eine Verheißung, die sie dem Zagegeist entriß: Er selber, der ihnen den Auftrag zum Reden gab, würde sich auch zu seinem Wort bekennen. Er würde es *sein* Wort bleiben lassen und auf dem Plane sein. Er würde durch die brüchigen und trüben Transparente unseres Menschenworts seine Glorie scheinen lassen. Nicht *wir* also sollten seinen Arm ergreifen und ihm die Räume freikämpfen, über die er dann ausgereckt werden könnte. Sondern umgekehrt sollte es sein: Sein Arm *war* über den Erdkreis ausgereckt, und wir sollten nur unter dem Schatten seiner Hand dahinziehen.

In der Aussendungsrede Jesu kommt diese Lage der Dinge zu fast unglaublichem Ausdruck: Da ist davon die Rede (Matthäus-Evangelium 10,18 ff.), wie die Botschafter auf sehr delikate Art mit den Großmächten dieser Welt konfrontiert werden, mit Autoritäten, öffentlichen Meinungen, mit dem Zeitgeist und dem Terror der Majorität. Vor diesen Foren sollen sie von einem Gehenkten zeugen, der den Seriösen und den Snobs gleichermaßen eine quantité négligeable oder ein Skandal, eine intellektuelle Zumutung oder eine Blasphemie war. Nicht auszudenken, was diese Konfrontation bedeutet: Wie peinlich sie für die ist, die in aller »Gottseligkeit und Ehrbarkeit« ihr ungeniertes Leben hätten führen können, welche Wagnisse der Improvisation, welche Anstrengung des Argumentierens und welches Potential an Haltung sie erfordert — ganz gleich, ob es um einen Philosophenkongreß geht, der nach der intellektuellen Redlichkeit des Glaubens fragt, oder um die Gestapo, die eine außerweltliche Autorität negiert, oder um den simplen natürlichen Menschen, der nicht durch Gericht und Gnade beunruhigt sein möchte. Welche gigantische Dimension einer Aufgabe, wenn man nicht nur an die braven Schäfchen der sonntäglichen Gemeinde und an das domestizierte Bürgervolk der Bundesrepublik denkt, sondern an die Ausgangsposition, in die der Predigtauftrag versetzt, und an die Ur-Konfrontation zwischen Gottesreich und Weltreich, die in sie einbeschlossen sind! Was menschliches Gebein ist, kann hier sehr wohl zu schlottern beginnen. Aber das, was mich schlottern läßt, liefert die Verheißung gleich mit: Du bist es ja gar nicht, der hier vor Kaiser und Reich steht, sondern Gott wird sich zu dir bekennen und sein Wort nicht leer zurückkommen lassen. Es wird, wenn es zu dir zurückkehrt, befrachtet sein mit den Antworten und Entscheidungen derer, die es gehört haben. Und weil Gott selber auf dem Plane sein will, bedarf es nicht der vermessenen Annahme, daß dir im richtigen Augenblick schon die richtigen Einfälle kommen werden. Gottes eigener Geist wird in dich einfallen, und er selbst wird sich durch dein armes Wort hindurch konfrontieren und aussetzen. Während du streitest, wird ein anderer für dich streiten: »Wenn sie euch nun überantworten werden, so sorget nicht, wie oder was ihr reden sollt; denn es soll euch zu der Stunde gegeben werden, was ihr reden sollt. Denn ihr seid es nicht, die da reden, sondern eures Vaters Geist ist es, der durch euch redet.« (Matthäus-Evangelium 10,19 f.)

Auch Verheißungen können erschreckend sein, und es hat Augenblicke genug gegeben, wo die Männer Gottes vor ihnen in Deckung gingen. Schon die Übermacht des Verheißenen, das ich in seiner Verläßlichkeit ausprobieren, an dessen Bewährung ich experimentierend mein Leben hängen soll: schon diese Übermacht ist bedrängend. Wer in diesem Sinne erschrickt, erleidet schöpferische Schrecken; er ist der Sache sehr nahe, um die es geht. Aber wer erschrickt denn heute so?

Nicht die Angst vor der Verkündigung selber bietet Anlaß zur Sorge, sondern die *Art* von Angst. Denn wenn nicht alles trügt, geht es bei uns nicht um eine geistliche Angst und nicht um den Schrecken vor der Übermacht des Verheißenen. Sondern es geht um den Kleinmut des natürlichen homunculus in *uns,* dessen

Terminkalender schon mit anderen Verpflichtungen gefüllt ist und der sich als leere Luftblase davor fürchtet, vollends aufgestochen zu werden und sich in seiner Nichtigkeit zu verraten. Denn der Prediger verrät sich in einem Maße wie niemand sonst. Und wer nichts hat, wird auf der Kanzel auch das verlieren, was er zu haben meint.

Ich möchte nicht so banal sein, einfach »Mut zum Verkündigen« zu machen. Einige haben mir schon viel zuviel Mut, wenn sie ungedeckte Wechsel von der Kanzel herunterflattern lassen. Ich möchte viel eher wünschen, daß die *falsche* Verzagtheit in eine *richtige* und sachgemäße verwandelt und daß sie aus einer menschlichen in eine göttliche Traurigkeit verwandelt würde. Diese *göttliche* Traurigkeit wäre dann gegeben, wenn wir vor der Übermacht der Verheißung erschrecken, aber es in ihrem Namen wagen, den Mund aufzutun. Doch wie sollte der Mund in Vollmacht reden können, wenn das eigene Herz nicht vorher dem ausgesetzt gewesen ist, was hier nach dem Werkzeug und dem Herold ruft?

Das Gerücht von der überholten »Volkskirche«

Es ist Mode geworden, die Volkskirche verächtlich zu machen und sie als tot und überlebt zu bezeichnen. Die Diagnose der kirchlichen Leute, die so reden, wird nicht dadurch glaubwürdiger, daß sie vor den Konsequenzen zurückschrecken, die sie aufgrund ihrer Diagnose eigentlich ziehen müßten: nämlich die Freikirche auszurufen, von Kirchensteuern, Staatszuschüssen, öffentlich-rechtlichen Privilegien loszukommen und sich mit dem Opfer ihrer Gemeinden zu begnügen.

In Wirklichkeit ist die Volkskirche nicht tot, sondern man weiß nur zu wenig mit ihr anzufangen. Sie hat oft auch eine wenig glückliche Art der Selbstdarstellung: so etwa, wenn die in vielem so verdienstvollen Kirchentage ihren Ehrgeiz darauf zu konzentrieren scheinen, einen fast grenzenlos ausschwingenden »protestantischen Pluralismus« auszustellen. Welche Absonderlichkeit (um nicht zu sagen: welche Abartigkeit) hätte hier nicht die Chance, auf dem Markt der Möglichkeiten ihren Stand aufzuschlagen? Die Berührungsscheu gegenüber dem Begriff »Zensur« ist offenbar so groß, daß jeder normative Instinkt zu ersterben scheint, so daß Froschlaich direkt ein Festkörper gegenüber diesem zerfließenden und konturenlosen Gebilde »Protestantismus« ist.

Damit wird zugleich ein grundsätzliches ethisches Problem angerührt, das sich schon für die säkulare Presse, in noch gesteigerter Intensität aber für die Kirche stellt. Darf die Presse, die ja aus wirtschaftlichen Gründen möglichst hohe Auflagen anstreben muß, den inferioren Instinkten der Masse oder dem momentanen Kollektivgeschmack jede Konzession machen (wie das etwa Boulevard- und Regenbogenpresse bedenkenlos tun)? Kann sie sich durch Meinungsforschungsinstitute mit entsprechenden Informationen bedienen lassen, um ihre Artikel und Bilder dann zu einem genauen Reflex solcher Kollektivtendenzen zu machen? Hat sie keinerlei Pflicht zu irgendeiner normativen Führung und Prägung, wie sie dem Gesetzgeber (trotz aller notwendigen Angleichungen des Rechtes an sich wandelnde Moralvorstellungen) immerhin noch zugemutet wird? Wenn diese Fragen gegenüber dem »dürren Holz« sogar noch akut bleiben, wieviel mehr behalten sie ihre Relevanz gegenüber dem »Grünen« einer Institution, deren Botschaft gerade das Ungewöhnliche, nicht Zeitgebundene ist und die den Auftrag hat, Menschen aus ihren Gebundenheiten, aus den Selbstverständlichkeiten, die das Trägheitsgesetz des

Common sense suggeriert, herauszurufen und mit den Geboten Gottes zu konfrontieren! Hier könnte es bereits eine Sabotage des eigenen Auftrags bedeuten, wenn an die Stelle einer verlangten Zeit-Offenheit die Zeit-Hörigkeit träte, wenn die Kirche also nur das statistisch Gegebene und Übliche widerspiegelte, ohne noch Widerspruch zu wagen und dem Auftrag der Seelen-»Führung« treu zu bleiben.

Im übrigen aber ist zu sagen, daß es keine institutionelle Gestalt gibt, die dem Wesen der Kirche völlig angemessen wäre. Genausowenig wie wir durch Werke gerecht werden können, sowenig kann auch die Kirche durch institutionelle Perfektion gottwohlgefällig werden und die Sünde bannen. Das Reich Gottes kann fast jede Gestalt von Institution zu seinem Brückenkopf auf Erden machen, wenn deren Vertreter nur hellhörig genug, wenn sie gehorsam und wendig genug sind. Ebenso gilt das Umgekehrte: Auch der Teufel kann jede Institution zu seiner Chance machen, wenn ihre Angehörigen taub, indifferent oder sich allzu vertrauensselig in ihrer wohlgeölten Apparatur sicher fühlen.

Das ist mir ebenfalls in den USA klargeworden. Dort habe ich viele lebendige Gemeinden gesehen, und hinsichtlich der Beteiligung am Gottesdienst herrscht dort sehr viel mehr »Volks«-Kirche als bei uns. Die Lebendigkeit der amerikanischen Kirche ergibt sich, menschlich gesprochen, sicherlich nicht zuletzt daraus, daß die Gemeinden mit ihrem Opfer die Kirche tragen, daß sie darum viel lebendiger an ihr »interessiert« sind, als es der Automatismus unserer Steuerpraktiken nahelegt. Außerdem ergibt sich das lebendige Engagement dadurch, daß die Gemeinden in unerhörter Weise Subjekt des gottesdienstlichen und kirchlichen Geschehens sind, daß die Arbeit von zahlreichen Komitees getragen wird und nahezu alle Glieder durch irgendeine Verantwortung aktiv eingeschaltet werden.

Bei den ersten meiner Aufenthalte in den Vereinigten Staaten hat es Stunden gegeben, in denen ich meinte: Dies ist die einzig mögliche institutionelle Lösung für die Kirche; dahin müssen auch wir kommen. Bis ich die Kehrseite auch dieser institutionellen Struktur und die »Chancen des Teufels« zu sehen begann: Vertritt ein Pfarrer eine Meinung oder eine Gewissensüberzeugung, die der Gemeinde oder einigen ihrer maßgeblichen Geldgeber zuwider ist, kann er davongejagt werden. Man kann in den heutigen Rassenkämpfen traurige Beobachtungen dazu machen. Es wird auch schwer für den Pfarrer sein, über die Geschichte vom reichen Jüngling zu predigen und die hartherzigen Reichen auszuschelten. Denn der Hauptbeitragsgeber der Gemeinde könnte verärgert reagieren und zur Nachbarkirche übersiedeln. Hinzu kommt, daß in den USA der Durchschnitt der Gemeindeangehörigen auch nicht viel reifer ist als bei uns; das heißt, ihre Kriterien für die Beurteilung eines Pfarrers sind nicht gerade von abgründiger Weisheit oder von geistlichen Kriterien bestimmt. Sie werden ihn oft genug an seiner Beliebtheit messen und an seiner Fähigkeit, attraktive Veranstaltungen zu inszenieren.

Auch das ist natürlich eine Chance Gottes. Denn hier kann er die Treue und Standhaftigkeit seiner Diener erproben. Aber es ist, wie gesagt, auch eine Chance des Teufels: Die Verlockung zum Opportunismus, zu Kompromissen und Verkleisterungen liegt bedenklich nahe.

Man muß sich also schon Gedanken über institutionelle Strukturen der Kirche machen. Man soll sie aber auch nicht überschätzen, sondern sie im Wissen darum relativieren, daß sie zu den menschlichen »Werken« gehören, von denen unser Heil nicht abhängt. Und auch angesichts ihrer wird gelten, was Luther in anderem Zusammenhang gesagt hat: Daß Gott selbst das faule Holz zu schnitzen und den lahmen Gaul zu reiten weiß.

Im Namen dieser Verheißung müssen wir die Chancen der Volkskirche nützen und mit dem Pfunde wuchern, das uns mit ihr anvertraut ist.

Um die Fülle dieser Chancen gedanklich zu durchmessen, bedürfte es eines neuen Buches. Ich begnüge mich mit zwei exemplarischen Fällen, an denen ich das, was ich meine, zeigen kann.

Die Suche nach dem »Sitz im Leben«

Die Volkskirche bietet den Kindern — auch denen aus säkularisierten Elternhäusern — Religions- und Konfirmandenunterricht an; und sie bietet auch die Kinder denen an, die mit der Erteilung dieses Unterrichts beauftragt sind: Lehrern, Katecheten und Pfarrern. Ich möchte nun nicht über spezielle Aufgaben eines Religionsunterrichts in der Schule und auch nicht über das strittige Problem sprechen, ob er bekennende Glaubensunterweisung oder lediglich objektive Information zu sein habe. Sondern mir geht es um eine ganz andere Seite der Sache. Und ich glaube zu beobachten, daß diese Seite merkwürdigerweise nur von wenigen gesehen wird.

Indem die Volkskirche mit Kindern der verschiedensten religiösen und weltanschaulichen Provenienz in Kontakt kommt, hat sie auch Zugang zu deren Eltern. Wer sich für die Kinder interessiert, für den interessieren sich auch die Eltern.

Das könnte wie eine taktische Empfehlung, wie das opportunistische Suchen nach Zugängen aussehen. Man könnte das zum Beispiel sentimental mißverstehen: als könne sich der Pfarrer auch an die Herzen der Eltern heranschleichen, weil er »so arg nett zu unseren lieben Kleinen« ist, als könne er auf diese sentimentale Tour auch säkularisierte Herzen zum Schmelzen bringen. Nun wäre es unehrlich zu leugnen, daß auch mit sehr ernsthaften seel-sorgerischen Überlegungen taktische Gesichtspunkte verbunden sein können. Aber wie töricht wäre es in diesem Fall, *nur* von Taktik zu sprechen! Dann müßte man auch das Wort Jesu als taktisches Rezept verstehen:

»Trachtet am ersten nach dem Reiche Gottes, dann wird euch alles andere zufallen.«

Wer also »alles andere« begehrt (Ansehen, menschliche Verbundenheit und materiellen Segen), würde taktisch am besten so verfahren, daß er nach dem Reiche Gottes trachtet (jedenfalls in einer halbwegs christlich durchdrungenen Gesellschaft). Oder: um die beste Methode zu finden, daß es einem »wohl gehe auf Erden«, verführe man taktisch am besten so, daß man »Vater und Mutter ehrte«. Wie absurd wäre es hier, von Taktik zu sprechen!

Es scheint aber ein perverses Abfallprodukt der reformatorischen Lehre zu sein, daß das Wort Gottes alles selber und allein und ohne den Menschen tun müsse, wenn man nun von einer geradezu altjüngferlichen Scheu befallen wird, überhaupt taktische Erwägungen anzustellen. Dem reformatorischen Denkansatz würde eine ganz andere Konsequenz entsprechen: Nicht daß man die guten Werke — und also auch die taktischen Initiativen — verachtet, sondern daß man ihnen einen nur relativen, einen bloß dienenden Rang zumißt, daß man sie also nicht das *Entscheidende* sein läßt.

Es geht folglich nicht um die Eliminierung von Werk und Taktik, sondern darum, ihnen innerhalb der christlichen Existenz einen angemessenen Platz zuzuweisen.

Diese Sachgemäßheit und dieser nachgeordnet-»diakonische« Rang des Taktischen lassen sich bei unserem volkskirchlichen Problem nun sehr leicht erkennen:

Ich sagte: Die Kirche habe über die Kinder auch Zugang zu den

Eltern. Die sachliche Bedeutung dieses Zugangs möchte ich so beschreiben:

Jede Erziehungsaufgabe stellt ja auch vor »letzte« Fragen: Sie läßt den kleinen Menschen als etwas Gegebenes erkennen, das man nicht einfach wunschgemäß formen kann, sondern hinnehmen muß. Sie stellt vor die Verantwortung für einen anderen lebendigen Menschen, der uns anvertraut und nicht zur Bereicherung des eigenen Daseins oder zum Dienst an ihm gegeben ist. Sie stellt uns vor das Geheimnis des Bösen und damit vor alles, was mit Vergeben und Verzeihen zusammenhängt. Sie stellt vor die Aufgabe einer Liebe, deren Anspruch eine natürliche Affenliebe niemals gerecht wird, sondern die auch mit dem Fragwürdigen am anderen fertig werden muß. Und endlich führt sie ständig über die materiellen Probleme von Bekleidung, Ernährung und Versorgung hinaus und läßt den Horizont menschlicher Existenz ins Blickfeld treten: ihren Sinn, ihre Bestimmung und ihr Thema. *Auf was hin* soll ich überhaupt erziehen, und welches Bild soll denn auf dieser Platte entwickelt werden? Das sind Fragen, die in der Tat an das Letzte rühren.

Und eben das sind genau die Fragen, mit denen der Glaube und also auch die Seelsorge zu tun haben. Sie sind chiffrierte Formen der Frage nach der Schöpfung, nach der Rechtfertigung und der Bestimmung des Menschen. Indem wir als Seelsorger mit den Eltern über ihre Kinder sprechen und das Problem der pädagogischen Verantwortung behandeln — und zwar bis ins Detail, von der kindlichen Lüge bis zur Berufswahl des Halbwüchsigen —, können wir gar nicht anders, als jene Aspekte des Letzten ins Blickfeld zu rücken.

Wir bringen das Evangelium ins Spiel, insofern es Aussagen über Fragen enthält, die durch die Erziehungssituation schon auf dem Tapet *sind* und die wir also nicht erst *entbinden* müssen. Wir lassen das Evangelium — um einen früheren Gedanken wieder anklingen zu lassen — als Korreferat zu Lebensfragen auftauchen, zu denen auch andere Leute und sonstige Größen referieren: zum Beispiel der »gesunde Menschenverstand« der Eltern, die sich natürlich ebenfalls Gedanken über diese Probleme machen; ferner Lehrer, Philosophen, Leitartikler, Nachbarn, Tanten und viele andere. Das Evangelium taucht in der Konkurrenz vieler anderer Diagnostiker und Therapeuten auf — genau wie die Kirche in der pluralistischen Gesellschaft ebenfalls als *eine* Stimme unter vielen *anderen* auftaucht. Hier bietet es sich zur Bewährung und zur Lösung an. Hier ist es als Antwort auf eine gestellte Frage angeboten und unserer Entscheidung vorgelegt. Und darum wird das Angeln nach Anknüpfungspunkten und die künstliche Entbindung sachgemäßer Fragen hier überflüssig.

Die Beobachtung dieser Situation führt zu äußerst wichtigen Meditationen über die Geistes- und Theologiegeschichte. In einer ziemlich groben Abbreviatur läßt sich der Wandel der Dinge folgendermaßen ausdrücken:
Ursprünglich vollzog sich die theologische Arbeit so, daß man sich mit den Dogmen im engeren Sinne beschäftigte. Die ersten christlichen Jahrhunderte waren vom Kampf um die lehrmäßige Erfassung der Gestalt Christi und der Trinität erfüllt. Aber bereits sehr früh, deutlicher dann im Zeitalter der Reformation und ausgesprochen programmatisch seit der Aufklärung, begann man sich danach zu erkundigen, welchen »Sitz im Leben« diese Dogmen hätten. Es ist zum Beispiel die Größe von Theologen wie Lessing[37] und Schleiermacher, daß sie nach diesem »Sitz im Leben« fragten. Sie gingen von der Erkenntnis aus, daß ich nur das aneignen und in meine Existenz aufnehmen könnte, was mich unbedingt angeht und also thematischen Rang für mein Leben besitzt.

Seitdem wurde es immer wieder zur Aufgabe der Theologie, die »existentielle *Relevanz*« der Dogmen und kirchlichen Lehren aufzuzeigen. Entsprechend dem, was wir über die Predigt sagten, können wir auch für die Tendenzen der neueren *Theologie* formulieren: Es sei ihr Ziel gewesen zu zeigen, daß »ich darin vorkomme«, daß es darin »um mich« geht. Glauben kann ich nur, wenn mir dieser Bezug klar wird. Das »eine, das nottut«, muß mir eben in seiner Not-Wendigkeit deutlich werden. Kommt es nicht zu dieser Einsicht, ist jeder elementare Zugang zum Glaubensgut blockiert. Ich »hänge dann ab«, oder ich werde zum Mitläufer, der sich passiv und ohne persönliches Engagement dem Trägheitsgesetz der Tradition unterwirft.

Ich bin nun der Überzeugung, daß wir gegenwärtig in eine neue Phase der geistlichen Geschichte eintreten, und mir scheint es wichtig, daß wir diese Zäsur klar erkennen:

Das »christliche Engagement« setzt heute wieder an einem *anderen* Punkt ein. Wir fragen — das gilt jedenfalls von säkularisierten Menschen, insoweit sie überhaupt fragen und aufgeschlossen sind —, wir fragen nicht mehr von gegebenen Dogmen zurück nach ihrem »Sitz im Leben«. Die Dogmen sind ja für viele gar nicht mehr gegeben, vielmehr völlig irreal. Sondern wir sind von bestimmten Problemen bedrängt, deren Sitz im Leben ganz offensichtlich ist.

Zu diesen Lebensproblemen gehört zum Beispiel die Frage unserer Endlichkeit: Wir leben, so scheint mir, in einer permanenten Meditation des Todes, ohne daß vom Sterben und vom letzten Stündlein überhaupt die Rede wäre (aber die Existenzphilosophie plaudert vieles davon aus!): Wir wissen, daß die Jugend vergeht, daß wir »alles auskosten müssen«, weil das Vergangene so nicht wiederkommt. Wir »beeilen« uns und suchen das, was wir vom Leben haben möchten, unter Dach und Fach zu bringen; denn wir wissen, daß die Zeitlinie unumkehrbar ist. Wir protestieren gegen das Alter und vergöttern die Jugend. Und viele versuchen die Maske der Jugend künstlich zu konservieren oder sie sich aufzuspachteln. Zeitlichkeit und Endlichkeit gehören zu den Problemen, deren Sitz im Leben unübersehbar und auch unbestritten ist. Alle Fakultäten haben solche im Leben sitzenden Probleme: Die Medizin stellt die Frage, was Gesundheit überhaupt sei und worin die Unantastbarkeit menschlichen Lebens bestünde. Der Jurist fragt, wo angesichts eines drohenden Positivismus des Rechts die letzte normative Instanz zu finden sei: im Naturrecht? In den Geboten? Im Gewissen? Im *common sense?* Der Techniker fragt (oder die Menschen fragen *angesichts* der Technik), ob sie nicht zu »einer Welt vollkommener Mittel und verworrener Ziele« führe. (So hat es Albert Einstein einmal ausgedrückt.) Die Soziologie (einschließlich einer von ihr beeinflußten Theologie) läßt die Frage entstehen, ob die gesellschaftlichen Strukturen geändert werden müßten, um einen neuen Menschen zustande kommen zu lassen, oder ob es umgekehrt sei: Ob der Neubeginn bei der Wandlung des menschlichen Herzens einsetze, das dann »wie nebenbei« auch die Gesellschaft verändern würde. Kein Zweifel, daß es bei dieser Entscheidung um eine »letzte« Frage geht. Genauso stellt auch die Erziehung Fragen von diesem elementaren und existentiellen Gewicht.

Indem wir das Evangelium mit diesen gegebenen Fragen in Kontakt bringen, werden Überlegungen, wo es seinen Sitz im Leben habe, überfällig. Denn wir gehen ja von jenem Sitz aus! Wir *sitzen* ja bereits dort, und wir haben *entdeckt,* daß wir dort sitzen.

Der Vorgang des Fragens verläuft somit *umgekehrt* wie früher: Wir fragen nicht von den Dogmen zurück nach deren Sitz im Leben. Sondern wir kommen vom Sitz im Leben her und lassen das Evangelium von dort aus zu einer Frage oder zu einer Antwort oder einem Korreferat zu bereits gegebenen *anderen* Antworten werden.

Natürlich ist das sehr vereinfacht gesagt. Man darf sich den Vorgang dieser Umkehrung nicht so simpel vorstellen, als lägen jene Fragen, die ihren Sitz im Leben haben, fertig präpariert vor uns und als seien sie so zugeschnitten, daß die Zahnräder des Evangeliums genau in sie paßten und also einfach greifen *müßten.* Daß dies *nicht* so ist, wurde uns schon an den Fragen klar, die wir durch die Erziehungssituation gestellt sahen: Daß mir mein Kind »gegeben« ist, entbindet noch keineswegs automatisch die Frage nach der Schöpfung. Daß ich an ihm das Böse entdecke, läßt noch nicht nach dem Wesen der Sünde fragen. Und auch die Aufgabe, verzeihen zu müssen, enthält nicht von vornherein Hinweise auf Vergebung und Rechtfertigung. Etwas flach denkende Apologeten haben das zwar immer *gemeint.* Aber es ist nicht so. Mit den Problemen, die ihren Sitz im Leben haben, ist es oft wie mit den berühmten Glocken: Man hört sie wohl, aber man weiß nicht, wo sie hängen. Auch jene elementaren Fragen hört man wohl. Man ist sogar von ihnen bedrängt. Aber man weiß nicht, *was* sie letzten Endes fragen. Dieses geheime Thema muß erst entbunden werden.

Daß und wie das geschieht, kann man an den Dialogen Jesu beobachten. Er knüpft stets an die Fragen an, die von den Menschen an ihn herangetragen werden. Niemals aber beantwortet er sie einfach, oder genauer: Niemals betrachtet er sie als eine fertig präparierte Form, in die die Antwort seiner Botschaft einfach hineinpaßte. Sondern zuerst korrigiert er die Fragestellung, zuerst entbindet er ihr geheimes Thema, über das sich die Fragesteller selbst noch gar nicht klar waren. Sie ahnten meist nicht, nach *was* sie fragen und durch *was* sie bedrängt waren. So beantwortet Jesus die gestellten Fragen zunächst durch Gegenfragen, die den

Fragesteller etwas hellhöriger machen sollen (zum Beispiel Lukas-Evangelium 12,41-48; 13,22 ff.; Matthäus-Evangelium 21,23-27).

Ein neuer Stil der Verkündigung: Die Elterngemeinde

So ist es auch bei der Begegnung des Evangeliums mit den Problemen der Erziehung: Es antwortet nicht einfach, sondern es formiert erst jene Fragen, die ihren Sitz im Leben haben und die in ihrer Rohform schon da sind.

Hier kündigt sich eine neue Aufgabe und auch ein neuer Stil christlicher Verkündigung an; hier stehen wir vor der Zäsur einer neuen christlichen Epoche. Als wir 1945 die *Evangelischen Akademien* gründeten, haben wir dunkel gespürt, daß wir diese Schwelle überschritten. Wir suchten nach einer neuen Verkündigungsgestalt, die der Zeit nach dem Zusammenbruch angemessen sein könnte. Und wir meinten, die Menschen brächten ihre elementaren Fragen bereits mit. Die ideologische Herrschaft war zusammengebrochen, und die Bodenlosigkeit — im wörtlichen Sinne — war erschreckend. Man fragte nach Normen und Sinn und (angesichts einer Epoche der Menschenverachtung) auch nach Wert und Unwert menschlichen Lebens. Und hier sollte das Evangelium zur Stelle sein, indem es die geheime Thematik jener Fragen entband, indem es sie löste oder von der Qual des Fragens *er*löste. Die Evangelischen Akademien — denen bald Analoges von katholischer Seite hinzugefügt wurde — waren der institutionelle Ausdruck dieser neuen Aufgabe und dieser neuen Gestalt der Verkündigung. Es ist klar, daß diese Aufgabe und diese Gestalt nicht auf jenen institutionellen Ausdruck beschränkt bleiben dürfen, sondern daß sie ihren Ort auch in den Parochialgemeinden finden müssen. Dafür bieten sich viele Variationen an.

Auf eine dieser möglichen Variationen werden wir gestoßen, wenn wir noch einmal die *Erziehungs*probleme ins Auge fassen. Sind sie einmal als Fragen erkannt, die ihren Sitz im Leben haben, so wird gerade die volkskirchliche Situation bestimmte Aufgaben für eine Spezialverkündigung und auch für entsprechende institutionelle Lösungen stellen:

Ich sehe eine solche Lösung in der Gründung von *Elterngemeinden* inmitten der Ortsgemeinden. In ihnen wäre das, was Paul Tillich die »Korrelation zwischen Frage und Antwort« nennt, durch die Situation der Elternschaft vorgegeben. Und indem die Kirche zu Fragen spricht, die ihren Sitz im Leben haben, wird auch dieses ihr *Wort* in seinem elementaren Charakter erkannt werden oder sich jedenfalls einer möglichen Erkenntnis dieser Art anbieten.

Und noch etwas wäre damit erreicht: Die Kirche würde einen Kreis von Menschen sammeln, die im Leben stehen, die also das sind, was wir früher die »geschichtlichen Menschen« nannten. Wir sprachen in anderem Zusammenhang von dem Teufelszirkel, dem sich die Predigt vielfach überantwortet sieht: daß ihr doketischer Charakter nur noch »geschichtslose« (meist alte) Menschen anzieht und daß die Versammlung alter und — soziologisch gesehen — vielfach kleinbürgerlicher Menschen dann die doketische Tendenz der Predigt noch weiter verstärkt.

Dieser Teufelszirkel könnte mit Hilfe der Elterngemeinden durchbrochen werden. Hier *kann* man gar nicht mehr doketisch reden, wenn sie nicht gleich wieder verstört davonlaufen sollen. Hier ist man zur Konkretheit und zur Fleischwerdung gezwungen. Und wenn man hier versagt, ist es ein Gericht über die Verkündigung selber. Kommt es aber hier zu neuen Aufbrüchen, wird die Belebung sich auch auf der Kanzel des Gottesdienstes auswirken und die Predigt gegenüber dem Doketismus immunisieren. Wenn ich ein Bischofsamt hätte übernehmen müssen, würde ich alle Kraft auf diesen Punkt des Durchbruchs aus der Lähmung konzentriert haben. An diesem Punkt wird die »Volkskirche« nicht mehr als bloße Hypothek, sondern auch als Chance sichtbar.[38]

Zweiter Teil

Das Christentum und sein Weltauftrag

Kirchliche Ärgernisse als Indiz für eine theologische Fehlorientierung

Im folgenden plane ich eine — zum Teil drastische — Illustration kirchlicher Irrungen und Wirrungen, wie sie uns heutzutage bedrängen und allerhand »Weltkindern« ein süffisantes Lächeln abnötigen mögen. Wenn ich dafür das Modell der sogenannten Nordelbischen Kirche verwende, so mag man der exemplarischen Bedeutung, die ich ihr hier beimesse, mit einer gewissen Skepsis gegenüberstehen, denn sie ist ja nur eine Provinzkirche. Ich tue es aber nicht in erster Linie deshalb, weil ich mich in ihrem Raum aufhalte und ihre oft fragwürdige Gegenwartsgeschichte aus unmittelbarer Nähe miterlebe, sondern vor allem aus einem anderen Grund: Gewisse moderne Fehlentwicklungen zeichnen sich in ihr überdeutlich ab, was mit der Besonderheit ihrer Entstehung und ihrem extrem säkularen Umfeld zusammenhängen mag. Ich muß das kurz erklären:

Diese Landeskirche ist zwischen 1970 und 1976 aus dem Zusammenschluß mehrerer norddeutscher Teilkirchen hervorgegangen. Sie ist nicht eigentlich gewachsen, sondern in ihrem Gefüge künstlich konstruiert worden. Sie ist gewissermaßen, wie es das Wochenblatt DIE ZEIT einmal ausgedrückt hat, eine Kirche »aus der Retorte«.

Ihre Entstehungsjahre lassen vermuten, daß die Kulturrevolution der späten sechziger Jahre, in denen vor allem die aufsässige Jugend an den (wirklich oder vermeintlich) »autoritären Strukturen« rüttelte, auf diese Kirchenkonstruktion nicht ohne Einfluß geblieben ist. Damit mag es zusammenhängen, daß sie den verschiedenen Zeitgeistern und Zeitströmungen eine offene Flanke bietet, jedenfalls nicht über eine hohe Immunitätsschwelle verfügt. Daß sie — schon rein institutionell — ziemlich ungesichert dasteht und deshalb ein geeignetes Demonstrationsobjekt für die Anfälligkeit gegenüber allerhand Zeitkrankheiten ist, zeigt schon ein kurzer Blick auf ihre Verfassung.

Dabei drängt sich sogleich der Eindruck auf, daß diese Kirche — dem damaligen Zeitgeist entsprechend und in einer gewissen Analogie zur Entwicklung der Universität — »überdemokratisiert ist: kaum zu zählen die vielen Gremien, Synoden, Ausschüsse, Kreise, Kammern, Konferenzen; man spricht schon von der ›sitzenden Kirche‹«.[39] Es ist kein Wunder, daß sie bei dieser Schwerfälligkeit Mühe hat, auf allerhand Pannen, Unregelmäßigkeiten und Skandale in ihrer Mitte und um sie her energisch und schnell zu reagieren, und daß ihre Insider darunter leiden, wie mühselig Zuständigkeiten und Verantwortlichkeiten hier auszumachen sind. Die etwas anonyme Gremienwirtschaft erschwert es, personell jemanden haftbar zu machen; sie droht ein permanentes Verschiebespiel zu inszenieren, in der das eine Gremium dem anderen Zuständigkeit und Verantwortung zuweist.

Hinzu kommt noch, daß das *Bischofsamt* nahezu jeder Führungskompetenz beraubt ist und sich auf mehr oder weniger interne Seelsorge, auf das Amt eines pastor pastorum zu beschränken hat. Es mag wiederum mit dem antiautoritären Komplex, mit dem Anti-Patriarchalismus der sechziger Jahre zusammenhängen, daß man es nicht bei der Installation *eines* Bischofs gelassen hat, sondern zu der seltsamen Konstruktion griff, ein Gremium von drei Bischöfen einzurichten, die nur *gemeinsam* eine bischöfliche Kundgebung erlassen können, wenn sie an die gesamte Kirche oder an die Öffentlichkeit gerichtet ist. Wenn die bei dem Tohuwabohu von Lehrstreitigkeiten oder peinlichen pastoralen Mißgriffen oft verwirrte Gemeinde die klare und schnell reagierende Stellungnahme einer glaubwürdigen Autorität herbeiwünscht, wenn sie das Wort »ihres« Bischofs hören möchte, hat sie deshalb immer wieder das Nachsehen.

Hier zeigt sich wieder einmal, wie problematisch es ist, den Akt der Demokratisierung aus dem staatlichen Bereich auf ganz anders geartete Institutionen (wie die Universität oder auch die Kirche) zu übertragen und ihnen ein wesensfremdes Prinzip zu oktroyieren. Auch die deutsche Universität ist durch den Einbruch »demokratischer« Ideologien aus einer leistungsaristokratischen Institution zu einem anonymen Gebilde von miteinander konkurrierenden Gruppen heruntergewirtschaftet worden; Nordelbien zeigt, was mit einer Kirche geschehen kann, die sich auf ähnliche Wege begibt.

Die Skandalchroniken, die sich gerade hier während der letzten Jahre gehäuft haben, hängen also sicher mit einem gewissen Zeitkonformismus zusammen, der ihre Entstehungsphase überschattete — mit jenem Konformismus, der für allerhand seltsame Abartigkeiten des Zeitgeistes allzu durchlässig zu sein scheint und immer wieder zu Gruppen-Infektionen führt.

Doch ehe wir nun auf Konkretes eingehen, müssen wir uns zuvor um das rechte Augenmaß unseres Urteils bemühen. Mustert man nämlich die Presseberichte und die veröffentlichte Meinung, so vermißt man dieses Augenmaß und gewinnt den Eindruck, als ob dieser nordische Bereich der Christenheit außer Rand und Band geraten sei und *nur* noch Perversitäten produziere. Diese Irreführung, sei sie nun beabsichtigt oder wider Willen zustandegekommen, ist wohl auf die Neigung der Tagesschriftstellerei zurückzuführen, das sensationell Augenfällige hervorzukehren und deshalb vor allem negative Nachrichten aufzubauschen. »Gute Nachrichten sind keine Nachrichten«, heißt dem Vernehmen nach ein journalistischer Grundsatz. Es gehört denn auch keine große Schreibekunst dazu, um durch eine Darstellung des Abartigen Leserinteresse zu erzeugen, während man schon ein virtuoser Autor sein muß, um mit der Darstellung eines beständigen Charakters und seiner kontinuierlich wohltuenden Ausstrahlung Faszination zu erzeugen. So kann ein Missionar jahrzehntelang unter primitivsten Umständen im Busch wirken, einer feindlichen Umgebung standhaft trotzen, Einsamkeit und Kulturferne ertragen, von seiner Familie und seinen Freunden getrennt und allerhand tropischen Infektionen ausgesetzt sein — und niemand hält das einer journalistischen Recherche für würdig. Aber ein Jesuit, der abspringt und heiratet: das läßt den Blätterwald rauschen.

Ich muß mich deshalb, wenn ich jene Skandalchroniken aufgreife, ein wenig absichern und um das genannte Augenmaß bemüht sein, das zu einer ganz anderen Sichtweise führt. Wir müssen die Schilderung nämlich vor dem Hintergrund einer treuen Gemeinde sehen, die von treuen Hirten behütet wird. Das ist gottlob immer noch die Regel. Ich kenne sehr viele Pfarrer und weiß, daß die schwarzen Schafe unter ihnen — von individuellem Versagen einmal abgesehen — zu den seltenen Ausnahmen gehören. Auch wenn mir der menschliche, allzu menschliche Widerspruch zwischen Lehre und Leben wiederholt begegnet ist, eine bewußte heuchlerische Irreführung seiner Herde, eine zynische Verachtung der in Predigt und Seelsorge verkündigten Botschaft ist mir in all den Jahrzehnten meines beruflichen Lebens noch nie unter die Augen gekommen. Ich selber (wenn ich so persönlich werden darf) habe ausgerechnet in dieser so vielfach kompromittierten Kirche seit anderthalb Jahrzehnten einen größeren Kreis von Pastoren zu unserer »Projektgruppe Glaubensinformation« versammelt und dabei Männer und Frauen gefunden, die sich in Wort und Schrift, in Unterrichtsbriefen und Buchpublikationen um eine reelle Ausrichtung der christlichen Botschaft bemüht haben und bemühen. Sie stehen ohne Ausnahme mit unerhörtem Einsatz in ihren Gemeinden, suchen allerhand neue Wege, verlassen ausgefahrene Gleise und tun zusätzlich und ehrenamtlich noch all das, was unser Kreis ihnen zumutet. Diesen Kreis fasse ich ins Auge, wenn ich von dem Negativen berichten muß und bleibe mir so bewußt, von welcher positiven Basis aus ich darüber spreche.

Das rechte Augenmaß, um das ich mich so bemühe, läßt mich viele verheißungsvolle Zeichen selbst in dieser Kirche sehen. Ein bedeutsames Zeichen dieser Art ist es, daß die Gemeinden selber sich immer wieder gegen jene Infekte erheben, oft im offenen Zorn, nicht selten auch mit der falschen Konsequenz, daß die Treuesten der Kirche den Rücken kehren, statt dem Argen Widerstand zu bieten. (Wir stehen hier vor dem ganz neuen Faktum, daß nicht mehr die Indifferenten und Randsiedler den Kirchenaustritt erklären, sondern neuerdings nicht selten die treuesten Mitglieder.) Selbst dieses Fragwürdige zeugt noch von einer gesunden Substanz der weitaus überwiegenden Zahl des Volkes Gottes.

Nur wenn ich das mit Nachdruck feststelle, habe ich das gute Gewissen, nun von den beschämenden Ausnahmen zu sprechen und sie als extreme Symptome einer ins Ärgerliche verkehrten christlichen Botschaft zu interpretieren. Der Frage, welcher theologische Denkfehler dabei ursächlich wirksam ist, wenden wir uns gleich im Anschluß an die Reportage zu.

Erster Modellfall: Lesbierinnen-Trauung und »Lutherschwank«

In der Karwoche 1984 wurden von einem Pastor an der Altonaer Friedenskirche zwei Lesbierinnen regulär kirchlich getraut: »sie« im Schleier, »er« im Anzug. Als Journalisten und andere, die gerüchteweise davon gehört hatten, die Kirchenleitung um Auskunft ersuchten, wurden sie mit einer seelsorgerlich begründeten Verschwiegenheit bedacht: Man wollte die Persönlichkeitsrechte der betroffenen Frauen schonen. Hier zeigte sich — von aller theologischen Hilflosigkeit, die ein klares Wort verhinderte, einmal abgesehen — eine stupende Weltfremdheit: Man war offenbar nicht darüber unterrichtet, daß die beiden Frauen mit der Preisgabe ihres Intimlebens keinesfalls so zurückhaltend waren wie der diskrete Oberhirte, der fast den Mantel des Beichtgeheimnisses über dem Vorfall ausbreitete, denn sie hatten vorher bereits mit der BILD-Zeitung einen Exklusivvertrag geschlossen. (Das beträchtliche Honorar dürfte für die Hochzeitstoilette mehr als ausgereicht haben.)

Es war also ein hochzüngelndes Medienspektakel geplant, den es dann auch gab: Tagelang wurden — nach einem gewissen zeitlichen Abstand — die »Trauung«, die Lebensumstände der beiden Frauen und ihre ersten »Ehe«-Tage bundesweit auf den Titelseiten dieses Boulevard-Blattes verbreitet, wobei Fotos der Blumenkinder und Faksimile-Wiedergaben des Trauscheins samt Kirchensiegel und Unterschrift natürlich nicht fehlen durften. Nicht nur in der Bundesrepublik — bei Taxichauffeuren, in der U-Bahn, bei Friseuren und am Stammtisch war diese Trauung Gesprächsthema, schließlich gab es ja etwa 20 Millionen Leser, die täglich mit diesen Reportagen gefüttert wurden —; auch die BBC ging auf diese Sensation ein, und selbst aus New York riefen Journalisten an, um sich nach dem Warum und Wieso, aber auch nach dem Verhalten der Kirche zu erkundigen. Diese Kirche aber schwieg wochenlang. (Nachdem sie intern allerdings diesen Trauakt für null und nichtig erklärt hatte. Das war schließlich das Mindeste, reichte in diesem Fall allerdings nicht aus.) Sie wollte offenbar nicht nur die beiden Frauen schonen, sondern auch den so sagenhaft ahnungslosen Pastor — ahnungslos nicht nur in puncto Theologie, sondern auch in seinem »nichts durchbohrenden Gefühl«, das ihn nicht durchschauen ließ, wie er an der Nase herumgeführt wurde. Vielleicht meinte man auch, daß BILD-Zeitungssensationen ja nicht lange vorhalten. War aber das Schweigen der Kirche nicht ein verhängnisvoller Fehler?

Analysieren wir einmal die Hintergründe dieses Skandals, so drängen sich folgende Gesichtspunkte auf, deren Gewicht weit über das regional begrenzte Tagesgeschehen hinausreicht und so etwas wie eine bleibende symbolische Bedeutung gewinnt:

1. Indem die Kirche die Taktik des Sich-tot-Stellens und Verschweigens als Ausweg wählte, hat sie nicht nur ihre Autorität, sondern auch ihre Glaubwürdigkeit aufs Spiel gesetzt. Die Erwartung der vielen, irgendein klärendes und entschiedenes Wort zu hören, blieb unerfüllt. Sie präsentierte sich als ein »Saftladen«, in dem schlechterdings alles möglich zu sein schien, als ein Supermarkt, in dem man sich mit allem und jedem bedienen konnte, von einer Limonade bis zu Verhütungsmitteln und Sexliteratur. Den Anspruch, eine moralische Instanz mit stabilen Grundwerten zu sein, als welche sie immerhin selbst noch im säkularen Bewußtsein lebt, hatte sie offenbar aufgegeben. Zudem war sie von einem Boulevard-Blatt noch gründlich über die Ohren barbiert worden; sie hatte sich durch ihre nichts durchschauende Weltfremdheit dem Fluch der Lächerlichkeit ausgesetzt. Aus ver-

meintlich innerkirchlicher Loyalität gegenüber den Betroffenen hatte sie ihre Seelsorgepflicht gegenüber der fragenden und irritierten Öffentlichkeit drastisch versäumt.

Hier zeigt sich ein oft zu beobachtendes Handicap der sogenannten Amtskirche (ich gebrauche diesen Begriff sonst sehr ungern): daß sie immer mehr den Sinn für die Menschen »draußen« *vor* ihren Toren zu verlieren scheint, daß sie also von dem Jammer der Herden, die ohne Hirten sind, offenbar kaum angerührt ist und sich fast ausschließlich um die Schäflein *in* ihrem Gehege, also um die Insider bekümmert. Die paar alleingelassenen »Öffentlichkeitspastoren«, die sich auch in diesem Fall als einzige der gewaltigen Verwirrungswelle tapfer entgegenwarfen und sich so laut wie möglich zu Wort meldeten, konnten das Schweigeversagen der Kirche unmöglich ausgleichen. Hätte es wenigstens die Signalwirkung gehabt, die Kirche auf ihre Wächter- und Missionspflicht gegenüber der säkularen Öffentlichkeit aufmerksam zu machen und eine Wende ihres Verhaltens herbeizuführen, dann könnte selbst dieses Ärgernis noch eine kreative Bedeutung gewonnen haben.

2. Ob der Pastor für seine Tat mehr als einen simplen Verweis eingesteckt hat und in seinem Amtsleben munter fortfahren konnte, ist mir nicht bekannt geworden. Ich frage mich jedenfalls, wie man jemandem, der so drastisch versagt hat, noch irgendeine Amtshandlung — keineswegs bloß eine Trauung — als ein glaubwürdiges Geschehen abnehmen kann.

3. Dennoch erscheint es mir als Gebot der Fairneß, einmal zu überlegen, was sich der Pastor unter seinem Seelsorgeauftrag gegenüber dem lesbischen Paar vorgestellt haben mag, vorausgesetzt, er hat den beiden wirklich geglaubt, daß es ihnen um eine christliche Segnung ihrer Verbundenheit ginge, daß er also ihre opportunistischen Hintergedanken (den honorierten Vertrag mit

der BILD-Zeitung, auch die entsprechende Publizitätssucht) nicht durchschaut hat.

Diese Unwahrscheinlichkeit vorausgesetzt, hätte der Pastor also vor folgenden Problemen gestanden, wie es sich im Bereich der Homosexualität tatsächlich immer wieder stellt:

Bei homosexuellen Freundschaften entsteht oft eine tiefe menschliche Verbundenheit, die hinter der heterosexueller Paare in nichts zurücksteht. Es gibt neben Promiskuität und Augenblicksverbundenheit, die allerdings besonders zahlreich sind, auch Lebenspartnerschaften von bleibender Treue, oft mit hingebender Opferbereitschaft. Da ich eine konstitutionell bedingte Homosexualität für nicht revidierbar (»heilbar«) halte, habe ich in meiner Seelsorge an Homosexuellen immer darauf hingewirkt, daß sie *innerhalb* des Schemas ihrer Veranlagung eben jene Werte leben und verwirklichen, die ihre Partnerschaft zu einem menschlich erfüllten Miteinander werden lassen. Gerade ein solches Ziel aber läßt unter christlichen Homosexuellen den Wunsch entstehen, ihre Gemeinschaft coram Deo (vor dem Angesicht Gottes) zu leben und sie auch unter den Segen und die Bestätigung Gottes zu stellen. Insofern bin ich durchaus der Meinung, die Kirche solle nach Formen suchen, um diesem geistlichen Wunsch zu entsprechen.

Trotz gewisser unverkennbarer Analogien zur Ehe kann dafür aber eine »Trauung« selbstverständlich nicht in Betracht kommen, weil deren Bestimmung nach dem Willen des Schöpfers in eine andere Richtung deutet. (Daß der Pastor hier nicht den Rat seiner Mitbrüder oder Vorgesetzten eingeholt hat, sondern als hilfloser Solist einfach »darauflostraute«, bleibt in jedem Falle unverzeihlich.) Den Homosexuellen wurde mit dieser liturgischen Entgleisung ein schlechter Dienst erwiesen: Die bürgerliche Normalvorstellung, unser »homosexueller Nächster« sei der Bewohner einer zwielichtigen, von jeder christlichen Bindung meilenweit distanzierten Halbwelt, hat durch den unseriösen Rahmen jenes Vorfalls neuen Auftrieb erhalten. Überdies hat die flagrante Verwechslung der Segnung mit einer Trauung sicherlich die Gefahr heraufbeschworen, daß die Gemeinden sich in der Homosexuellenfrage weiterhin bedeckt halten und vor einer Klärung ihrer Vorurteile zurückschrecken. Dieser Skandal könnte nur dann fruchtbar wirken, wenn er statt dieses Zurückzuckens zur Nachdenklichkeit führte und die Christenheit dazu brächte, ihre seelsorgerliche Aufgabe gegenüber dieser Minderheit zu bedenken, also vor allem theologische Klarheit über das Problem *selber* zu gewinnen.[40] Der Leser mag bemerken, daß ich auch hier im Namen der Kirche — und nicht gegen sie! — zu sprechen suche, selbst dann also, wenn ich ihren Auftrag vor dem Hintergrund von Mißbrauch und Versagen entfalten muß.

Ein anderer Skandal, der die Sterilität einer überdemokratisierten Gremienwirtschaft in der Kirche beleuchtet — auf eine sehr *makabre* Weise —, ist die Moritat-Geschichte des sogenannten *Lutherschwanks*, die vor einiger Zeit die Baumkronen im Blätterwald heftig bewegte und wohl noch weiterbewegen wird, weil sie noch nicht ausgestanden ist.

Darin geht es um ein Machwerk, das — o Schande! — von ordinierten Geistlichen verfaßt wurde, die offenbar pubertäre Auswüchse der spätsechziger Jahre noch nicht überwunden haben. Ein Mensch von einigem Geschmack bringt es nicht fertig, dieses mit Fäkal-Slang und Blasphemien durchsetzte Un-Dokument referierend auszubreiten. Er mag es nur mit der Feuerzange anfassen. So soll denn die Andeutung genügen, daß es sich um eine pseudo-himmlische Szenerie handelt, in der Gott, Jesus, der Heilige Geist und Maria gewisse Dialoge spinnen, die sich um den

»Goldjungen« Luther drehen, der auf Erden gerade seine Reformation macht. (Es ging ja um einen Beitrag zum Lutherjubiläum!) Nachdem das Stück, bezeichnenderweise unbeanstandet, Juni 1983 im Pädagogisch-theologischen Institut Hamburg seine Uraufführung erlebt hatte, erschien es voll ausgedruckt in dem Querelen-Winkelblatt »Gegen den Strom« (300 Abonnenten), allwo es von einem Pressedienst aufgespürt, an den Pranger gestellt und so den Augen der Kieler Kirchenleitung zugänglich wurde. Diese machte in ihrer Reaktion auf das so herausgestellte Religionsmonster eine erstaunlich gute Figur: Sie stellte klipp und klar fest, der Schwank verhöhne »auf dem Niveau unzumutbarer Geschmacklosigkeit zentrale Punkte des christlichen Glaubens«. Er sei eine »theologisch nicht mehr diskussionsfähige Absage an die Verpflichtung, welche die Ordination Pastoren auferlegt . . .« Solche »Pastoren, die eine derartige ›Publikation‹ verantworten, die deutlich den Charakter der Religionsbeschimpfung trägt, untergraben das Vertrauen der Christen darauf, daß Pastoren aus Überzeugung zur Sache des Evangeliums stehen«.[41] Überdies schritt die Kirchenleitung sogar einmal zur Tat: Sie enthob vorübergehend zwei von den neun betroffenen Pastoren ihres Amtes und versetzte sie in den Wartestand. Sie blieb bei ihrem Entschluß auch dann, als die »Lutherschwänkler« sich zu der lauen Konzession verstanden, daß »die Wahl dieses Stückes ein Fehler war«, daß es ihnen aber ferngelegen habe, »andere in ihrer Glaubensüberzeugung zu verletzen«. Derweilen mußten selbst mild abwiegelnde, auf Beschwichtigung bedachte Amtsbrüder einräumen, daß der Schwank offenbare, »wie leicht Sprache und Theologie auf primitives Niveau geraten, wo die Mühe des Gedankens durch die Produktion aktueller Schlagworte abgelöst werde«.[42]

Was dann folgte, war eine »Kirchenbürokraten-Posse«,[43] ein

Exzeß jener Gremienwirtschaft, die alle Verantwortungen dividiert und durch Atomisierung blockiert, so daß es einer Kirchenleitung, sprich: einem Bischof, gar nicht mehr möglich ist, gegenüber einem noch so massiven Versagen von Amtsträgern eine klare Entscheidung zu fällen und die nötigen Scheidungen zu vollziehen. Vor allem deshalb, weil es hier um *strukturell* bedingte Verlogenheiten und Verleugnungen geht, muß dieser Fall angeprangert werden. Denn er führt dazu, daß das Zeugnis verantwortlicher, zum Wächteramt bestellter Personen macht- und folgenlos bleibt. Es mag als warnendes Beispiel dafür dienen, daß eine Kirche auch an der *institutionellen* Lüge erkranken kann, die den Pforten der Hölle doch einige Chancen eröffnet, sie zu überwältigen. Ein Bischof kann (übrigens auch sonst) nicht einen Amtsträger wegen gröblichen Versagens einfach an die Luft setzen. Er bedarf hierzulande dazu der Zustimmung einer »Kammer für Amtszucht«. Den Anwälten der Beschuldigten gelang es nun — mit welchen taktischen Hintergedanken auch immer —, diese Kammer wegen ihrer personellen Zusammensetzung matt zu setzen, so daß sie neu gebildet werden mußte: ein Unternehmen, das ein enormes Maß an Zeitaufwand und Mühe kostete. Als die neue Kammer endlich konstituiert war, brauchte sie ungefähr ein halbes Jahr, bis sie sich zu einer Entscheidung durchrang. Als der so mühsam erbaute Berg dann endlich kreißte, gebar er nur ein Mäuslein. Die beiden Hauptbeschuldigten, für die eine Versetzung in den Ruhe- beziehungsweise Wartestand (de facto also Entfernung aus dem Amt) beantragt war, kamen mit einer der geringstmöglichen Strafen davon, mit einem »Verweis«; über die restlichen drei wurde sogar die allerkleinste mögliche Disziplinarstrafe, nämlich eine simple »Warnung« verhängt. Die Kammer versetzte der Kirchenleitung obendrein noch eine Ohrfeige, disziplinierte *sie* also gewissermaßen, indem sie die rhetorisch gemeinte Frage stellte, ob man mit einem solchen Schwank den christlichen Glauben überhaupt verhöhnen *könne*. Dieser salomonische Richterspruch wurde damit zu einer kräftigen Ermunterung für etwaige weitere Lesbierinnen-Trauungen und andere Zynismen. Man erklärte die Kirche gleichsam zu einem (fast) indifferenten, (fast) wert- und normfreien Raum.

Inzwischen hat die Kirchenleitung (wie gut immerhin!) Berufung gegen das Urteil der Kammer eingelegt. Ob damit die Amtszuchtposse zu einem seriösen Ende kommt?

Institutionell und strukturell bedingte Wirrnisse haben es an sich, daß sie die einzelnen durch sie bewirkten Skandale überdauern und sogar immer neue produzieren. So wird es auch hier sein. Die makabre Tragikomödie, die diese wölfischen Hirten aufgeführt haben, wird bald für die Groteskensammlung der Kirchengeschichte nur noch museale Bedeutung haben und so oder so vom Tisch gewischt sein. *Auf* dem Tisch aber bleibt der strukturelle Schwindel. Daß es diese Art Schwindel *gibt,* daß es also nicht nur verbale, sondern auch strukturelle Verleugnungen des Herrn der Kirche gibt: das mag die Lehre sein, die an diesem exemplarischen Fall zu studieren ist. Hier sind harte Revisionen up to date, damit die Bekenntnisverantwortung einer inkompetenten Institution wieder abgenommen und an lebendige und haftbar zu machende Personen zurückgegeben wird. Es muß wieder Menschen an der Spitze und unter dem »Bodenpersonal« geben, die sagen können: »Hier stehe ich, ich kann nicht anders«; und nicht nur Gremiensitzungen, für die die Devise gilt: »Hier sitze ich, ich kann auch anders.«

Zweiter Modellfall: Feministische Theologie

Ein weiterer Fall, der Bedenken auslösen muß, ist der Ausbruch des sogenannten Feminismus, der allerdings nicht regional begrenzt ist, sondern — ursprünglich von den USA ausgehend — globale Dimensionen angenommen hat. Nur findet er in einer überdemokratisierten Kirche besonders ungehemmte Entfaltungsmöglichkeiten[44] und bietet daher ein besonders instruktives Beobachtungsfeld.

Das Ausgangsmotiv dieser Bewegung ist durchaus legitim. Daß unsere Kulturtradition seit Urzeiten von einer dominierenden *männlichen* Komponente bestimmt ist, wurde zu häufig — und mit Recht — ausgesprochen, als daß es dafür noch besonderer Illustrationen bedürfte. Was *theologisch* hierbei besonders belangvoll ist, können wir in einer Frage verdeutlichen: Ist nicht unser überkommener christlicher Gottesbegriff, gerade in seiner trinitarischen Formulierung (Vater, Sohn, Heiliger Geist), in einseitigem Sinn männlich akzentuiert? Ist die Fixierung Gottes auf eine bestimmte Geschlechtsrolle nicht eine unerträgliche Einschränkung seiner Göttlichkeit, ein Attentat sozusagen wider seine Bedeutungsfülle, das man im Namen eines tendenziös-anthropomorphen Interesses unternimmt? Dabei sehe ich noch ganz ab von Pervertierungen dieses viril bestimmten Gottesbildes, wie es sich in Verfolgungsphantasien gegenüber einem »Rache«-Gott, einem »Herr-im-Haus«-Gott und einem allbestimmenden tyrannisch-patriarchalischen Gott ausdrückt. Man braucht, um Beispiele für diese entartete Mannes-Gottheit vor Augen zu haben, nur an Tilmann Mosers Buch »Gottesvergiftung«, an Horst Eberhard Richters »Der Gotteskomplex« oder an das ältere englische Werk aus der Frühzeit unseres Jahrhunderts von Edmund Gosse, »Father and Son. A Study of two Temperaments«[45], zu erinnern.

Es hätte nicht erst moderner emanzipatorischer Bewegungen bedurft, die selten ohne extreme seismographische Ausschläge vonstatten zu gehen pflegen, um es für dringend erforderlich zu halten, die hier fälligen Revisionen einzuleiten. (Dabei fällt übrigens auf, daß die drei genannten Werke, die den Finger auf diese Wunde legen, von Männern stammen!) Schon der allzu früh hinweggeraffte Papst Johannes Paul I. hat es unserer Zeit angesagt, daß Gott nicht nur Vater, sondern auch Mutter sei. In Wirklichkeit kann dies nur eine Erinnerung an vielfach vergessenes biblisches Wissen sein. Vor allem der Zweite Jesaja hat der Reduktion Gottes auf eine der beiden Geschlechtsnaturen widersprochen: »Kann auch ein Weib ihres Kindleins vergessen . . .? Und ob sie seiner vergäße, so will ich doch deiner nicht vergessen« (Jesaja 49,15); »ich will euch trösten, wie einen seine Mutter tröstet« (Jesaja 66,13).

Lesen wir unter dem Eindruck solch neu entdeckter Kriterien die Bibel neu, so machen wir eine Erfahrung, die sich auch in anderen Lebensbereichen bestätigt: Sobald irgendein neues Raster auf alte Texte gelegt wird — sei es ein idealistisches oder materialistisches oder welches auch immer, ja sei es selbst ausgefallen oder abseitig —, so werden auf einmal bisher verborgene Winkel ausgeleuchtet, und die Fülle möglicher Perspektiven erweitert sich. Das gilt auch für den Blickwinkel des Feminismus, der etwa die biblischen Frauengestalten in ihrer spirituellen Relevanz plötzlich in ein ganz neues Licht taucht:

Am augenfälligsten tritt diese Wandlung der Sehweise vielleicht bei Martha hervor, die im Lukas-Evangelium als vielbeschäftigte Hausfrau erscheint, wegen ihres Engagements im Äußeren aber von Jesus kritisiert und auf das »eine« verwiesen wird, was nottut (10,38 ff.). Daß gerade *sie* es dann ist, die später das Bekenntnis ablegt »Ich glaube, daß du bist Christus, der Sohn Gottes« (Johannes-Evangelium 11,27), rückt sie in ein gänzlich anderes Licht und stellt sie an die Seite des Petrus, dessen entsprechendes Bekenntnis (weil das eines Mannes?) eines der prominenten Zeugnisse des Neuen Testamentes wurde, während Marthas stilles Wort eher ein verborgenes Mauerblümchen geblieben ist. Sie hat sich im Gedächtnis der Gläubigen kaum von der Fixierung auf die Hausfrauenrolle gelöst. Man kann sich denken, mit welchem Behagen gerade die »Emanzen« diesen Rollenwechsel der öffentlichen Aufmerksamkeit empfehlen. Doch wird man ihnen zugestehen müssen, daß sie recht haben und daß sich die Neuentdeckungen mit Hilfe jenes feministischen Rasters hier durchaus bewähren.

Das gilt auch von den anderen Frauengestalten der Evangelien: Die »große Sünderin«, die Jesu Füße mit kostbarem Öl salbt, steht repräsentativ für eine Vergebung, die alle moralischen Vorurteile weit hinter sich läßt und allein die Liebe zum Maßstab des göttlichen und menschlichen Verhaltens macht (Lukas-Evangelium 7,36—50). Maria Magdalena wird unter dem Eindruck des Heilungswunders zur Jüngerin und gehört zu der Schar Frauen, die beim Gang zum Kreuz bei ihrem Herrn aushalten und dann auch als erste dem Auferstandenen begegnen. Es sind tatsächlich die Frauen, denen als ersten die Osterbotschaft eröffnet wird und die sie dann an die Jünger weitergeben.

In die noch fortzusetzende Reihe der biblischen Frauengestalten gehört selbstverständlich auch — als eine prima inter pares sozusagen — die Mutter Jesu, deren Lobgesang, das Magnificat, bei der Ankündigung der Geburt gerade die Freude darüber ausdrückt, daß Gott »die Niedrigkeit seiner Magd angesehen« hat und daß damit eine Erhöhung verbunden ist, die größer ist als alles, was die vergängliche Macht der Mächtigen auf dieser Erde zustande bringt (Lukas-Evangelium 1,46—55).[46]

Das feministische Raster hat aber noch einen anderen produktiven Nebeneffekt: Es kann dazu verhelfen, die eigentliche Botschaft von gewissen zeitgeschichtlichen Vorstellungen, mit denen sie verbunden ist, *abzuheben*. Es gehört — keineswegs erst seit Bultmann — zu den Grunderfordernissen biblischer Hermeneutik, zwischen beidem zu differenzieren. So würde es ein grobschlächtiger Irrtum sein, den weltbildlichen Vorstellungen der Schöpfungsgeschichte — die Erde als Scheibe, über der sich das gestirnte Universum wölbt — die gleiche Verbindlichkeit zuzumessen wie dem theologischen Sinn des Schöpfungsgeschehens selber. Damit würde man die Pointe dieser Geschichte gerade verfehlen.

Daß die alten Erzähler ihre Botschaft — zum Beispiel die Botschaft von Gott dem Schöpfer — mit ihren kosmologischen Vorstellungen, überhaupt mit ihren zeitbedingten Begriffen ausdrückten, ist für jeden historisch Denkenden eine Selbstverständlichkeit. Bild und Rahmen, die Botschaft und ihre zeitbedingte Fassung dürfen also nicht miteinander verwechselt werden; im Gegenteil: Jede Zeit muß die alte Botschaft mit den *ihr* zur Verfügung stehenden Chiffren, mit *ihren* Medien der Verständigung neu formulieren. Diese Botschaft läßt sich in *allen* Weltbildern und Sprachen ausdrücken. So unverbrüchlich deshalb die Verbindlichkeit der Botschaft selber bleibt, so elastisch müssen wir in unserem Verhältnis zu den zeitbedingten Formen bleiben, in denen sie damals und heute und in Zukunft vermittelt wird.

Fehlt hier das nötige Unterscheidungsvermögen und damit die geforderte Elastizität, so sind die Folgen verheerend: Dann wird unserem Glauben nicht nur die Botschaft zugemutet, sondern zugleich auch das Weltbild und die Begrifflichkeit, in denen sie sich ausdrückte. Dann müßten wir also das antike Weltbild der Schöpfungsgeschichte *mit*glauben! So wäre uns mit der Schöpfungsgeschichte zugleich eine verbindliche Weltentstehungstheorie geliefert! Nicht nur die theologischen, sondern auch die kosmogonischen Gehalte des Genesis-Berichtes wären dann verpflichtende Glaubensgehalte. Im selben Augenblick gerieten Theologie und Naturwissenschaft in jenen unerfreulichen sachfremden und unfruchtbaren Clinch, dessen Anblick uns in der Geistesgeschichte bis heute, bis in gegenwärtige amerikanische Auseinandersetzungen, so beelendet.[47] Alle diese sterilen Mißverständnisse haben stets dieselbe Ursache: eben jene Verwechslung, jene Vereinerleiung von Ewigem und Zeitbedingtem.

Dasselbe Problem wird nun auch, mit einer ganz anderen Thematik, im feministischen Raster sichtbar. Hier stellt sich nämlich die Frage, ob die biblische Nachordnung der Frau hinter dem Mann zur *Pointe* der christlichen Anthropologie gehört oder ob sie nicht wesentlich durch eine patriarchalische Gesellschaftsordnung bedingt, also durch zeitgebundene und vergehende Ordnungen dieses unseres Äons, bestimmt ist. Solche zeitbedingten Strukturen pflegen den jeweiligen Zeitgenossen als so selbstverständlich zu gelten, daß sie nicht einmal zum Gegenstand einer Frage werden und deshalb den nicht in Frage gestellten Rahmen bilden, in den man die Botschaft über das Verhältnis der Geschlechter einzeichnet.

Gleichwohl stimmt es nicht ganz, daß den Zeugen des Neuen Testaments die damalige Gesellschaftsordnung, die den Mann höher einstufte als die Frau und die sogar noch die Sklaverei akzeptierte, *nicht* zur Frage geworden sei, daß sie also mit Blindheit geschlagen gewesen wären, wenn es um die Unterscheidung zwischen Bild und Rahmen, zwischen Ewigem und Zeitbedingtem ging. Alle jene Ordnungen und Strukturen gehören nämlich zum Bereich des Gesetzes, dessen Ketten durch die Freiheit des Evangeliums gesprengt und — wenn ich es so ausdrücken darf — der

Relativität überantwortet werden: Hier (das heißt im Ausstrahlungsbereich des Evangeliums) »ist nicht Jude noch Grieche, hier ist nicht Knecht noch Freier, hier ist nicht Mann noch Weib (!); denn ihr seid allzumal *einer* in Christus Jesus« (Galaterbrief 3,28). Es gilt eine Beobachtung zu registrieren, die sich uns immer wieder aufdrängt, wenn wir die ethischen, speziell die sozialethischen Anweisungen des Neuen Testaments durchmustern. Dabei fällt nämlich auf, daß gegebene Gesellschaftsordnungen nie in globo und nicht frontal angegriffen werden, selbst wenn sie in strukturethischer Hinsicht noch so fragwürdig sind. Man braucht, um ein eindrückliches Exempel dafür zu erhalten, nur einmal an die Art und Weise zu denken, wie die Urgemeinde sich nach dem Bericht des Philemon-Briefes zur *Sklaverei* verhält:

Der gefangene Paulus hat die Möglichkeit, einen (vermutlich entsprungenen) Sklaven bei sich als Aufwartung zu beschäftigen. Unter seinem Einfluß wird dieser Sklave, er heißt Onesimus, ein überzeugter Christ. Beide wissen sich durch Bruderschaft und Freundschaft miteinander verbunden. Dann aber nimmt Paulus das Opfer der Trennung auf sich und gibt dem einstigen Herrn dieses Sklaven sein »Eigentum« zurück, schickt Onesimus also erneut in die Sklaverei. Er tut das freilich, indem er dem Onesimus einen Begleitbrief mitgibt, der seine — uns Heutigen mehr als merkwürdige — Verhaltensweise kommentiert und seine Motive enthüllt: Philemon, der Adressat, ist selber Christ; er ist dem Paulus sogar durch einstige persönliche Gemeinschaft verbunden. Offenbar findet Paulus nichts dabei, daß ein Christ einen Sklaven hält. Weil er dessen Besitzanspruch ausdrücklich anerkennt, schickt er den Onesimus ja gerade zurück!
Doch er tut das mit einem entscheidenden Vorbehalt; und eben dieser Vorbehalt bildet die Pointe seines Begleitschreibens: One-

simus, dies sein Hinweis, ist nun selber Christ geworden. Und wenn Paulus ihn nunmehr dem Philemon zurückgibt, dann sind beide nicht nur durch die Sozialstruktur Bürger—Sklave aufeinander bezogen, sondern sie sind beide auch — *innerhalb* dieser Struktur! — als »Brüder in Christo« aneinander verwiesen. Paulus ermahnt den Empfänger des Briefes geradezu, diese neu zwischen ihnen entstandene Gemeinschaft zu achten und sie voll auszuleben.

Kein programmatisches Wort wird also wider die Sklaverei gesprochen! Als Zeitgenossen scheint sie beiden so selbstverständlich zu sein, daß sie kein Wort zu ihrer Infragestellung, zu irgendeiner Polemik finden. Und doch haben sie, nahezu unwissend, schon die Axt an die Wurzel dieser Institution gelegt: Sie wird gewissermaßen *unterwandert.* Denn: wird sie sich auf die Dauer noch halten können, wenn Herr und Sklave als jene »Brüder in Christo« miteinander umgehen und damit coram Deo (vor dem Angesichte Gottes) eine Gleichordnung sichtbar wird, die niemanden mehr »Eigentum« des anderen bleiben läßt und deshalb das Schema der Sklaverei chemisch auflösen und zu Nichts werden lassen muß?

Hier stoßen wir auf den letzten Kern christlicher Sozialethik: Sie initiiert gesellschaftliche Erneuerungen (um das allzu vollmundige Wort »Weltveränderung« zu vermeiden) nicht durch konzeptionelle Programme, in denen die Vision neuer gesellschaftlicher Strukturen auftaucht, sie denkt sozusagen nicht »en gros«, sondern sie geht von einem Detail aus: von der Erneuerung des menschlichen Herzens, dem das Evangelium den Ausblick auf den Mitmenschen, den Bruder und Nächsten, geöffnet hat. Wem hier der Star gestochen wird, der sieht sich selber und den anderen neu, der gewinnt für schlechthin alles veränderte Perspektiven. Die Erneuerung des menschlichen Herzens, dieses winzigen

Mikrokosmos, eröffnet deshalb zugleich Aussichten auf makrokosmische Veränderungen. Dieses Herz ist die conditio sine qua non für alle großräumigen Wandlungen. Ohne diesen strategischen Punkt klappt nichts: »Das große Babylon ist nur ein Scherz/Will es im Ernst so groß und maßlos sein wie unser babylonisch Herz.«[48] Indem das babylonische Herz anders, indem es zur »neuen Kreatur« wird, begibt sich auch eine Verwandlung der babylonischen Welt.

So gewinnt das Wort Jesu aus dem Gleichnis vom Senfkorn seine Bestätigung: Das Senfkorn ist »das kleinste unter allem Samen; wenn es aber gewachsen ist, so ist es größer als alle Sträucher und wird ein Baum, so daß die Vögel unter dem Himmel kommen und wohnen in seinen Zweigen« (Matthäus-Evangelium 13,31 ff.); seine Zweige recken sich über den ganzen Erdkreis. Das also kann aus dem Senfkorn des menschlichen Herzens erwachsen!

Was dann an neuen Weltgestalten daraus hervorgeht, ist im vorhinein nicht auszumachen. Es gibt keine christlichen Weltprogramme. Hier ist für Konzepte des menschlichen Ingeniums vielmehr freie Bahn eröffnet. Einiges wird dabei allerdings *nicht* gehen; aber das wird in der Ausstrahlungszone des Neuen, das mit dem Evangelium in die Welt gekommen ist, wie ein Fremdkörper von selber ausgeschieden werden: Dazu gehört etwa die Versklavung der einen durch die anderen. Die »neue Kreatur« wird solche perniziösen Strukturen unterwandern und von innen aushöhlen. Sie werden zerfallen wie ein Gebälk, in das die Ameisen eingedrungen sind.

Ich habe absichtlich dieses Beispiel gewählt aus einem ganz anderen Lebensbereich, dem wir in historischer Distanz und darum unbefangener gegenüberstehen, um daran ein Problem zu verdeutlichen, das uns die feministische Doktrin stellt. Ich meine die Frage, ob die Bibel nicht mit einem fragwürdigen männlichpatriarchalischen Gesellschaftsbild belastet sei und wie wir in einer Zeit, die durch ein partnerschaftliches Verständnis der Geschlechter bestimmt ist, damit fertig werden.

Hier zeigt sich nun ein Phänomen, das wir schon im Umgang des Paulus mit der Sklaverei, mit ihrer *Unterwanderung* nämlich, entdeckt haben: Wir sehen im neutestamentlichen Schrifttum selber bereits Ansätze, durch die auch diese patriarchalische Struktur, sprich: die Dominanz des Mannes, unterwandert wird. Auch diesem Baum ist schon die Axt an die Wurzel gelegt, selbst wenn die gesellschaftlichen Folgen en gros noch gar nicht ins Bewußtsein drangen und wohl auch nicht dringen *konnten*.

Da steht einerseits das der damaligen Gesellschaftsordnung entsprechende Gebot: »Ihr Frauen, gehorcht euren Männern, so wie ihr dem Herrn gehorcht. Denn der Mann ist das Haupt, das über die Frau regiert, wie Christus das Haupt ist, das über die Kirche regiert« (Epheserbrief 5,22 f.; vgl. Kolosserbrief 3,18 ff.). Es entsprach dem jüdisch geprägten Gesetz, daß im Urchristentum (zunächst noch!) der Ehemann als Herr seiner Frau galt, weil er sie in einem Kaufvertrag als »Eigentum« erworben hatte. Aber auch hier kündigt sich andererseits eine einsetzende Verflüchtigung des Zeitgebundenen durch die Ausstrahlung dessen an, was als ewiger Gehalt nun in es eingebettet wird. Denn beide, der herrschende Mann und die dienende Frau, sind nun durch das Liebesgebot und das Leitbild der Gestalt Jesu miteinander verbunden.

Für den Begriff des Liebens steht im Urtext das griechische Wort agapân, das so etwas wie selbstlose Hingabe umschreibt. Damit wird an das Opfer Christi und an den »untersten Weg« erinnert, der für ihn der Pfad der Liebe war. (Markus-Evangelium 10,42 ff.) So steht hier in einer harten Paradoxie beides beieinander: zum einen die Forderung, daß die Frau dem Manne »ordnungsgemäß« untertan sei, und zum anderen unmittelbar vorher die Forderung, daß alle sich *wechselseitig*, daß sie *»einander* untertan« sein sollen (Epheserbrief 5,21). Diese liebende Hingabe mit ihrer Bereitschaft des Dienens und des »untersten Weges« wird gerade den *Männern* als Verhaltensnorm gegenüber ihren Frauen eingeschärft.

Das aber steht in der antiken Welt ebenso einzig da wie die Anwendung des Wortes »agapân« auf die Geschlechtsgemeinschaft.[49] Man kann sich unschwer vorstellen, daß und wie von diesem Liebesgebot her ein Keil in die hierarchische Mann-Weib-Abstufung der antiken Welt getrieben wird. Es ist erstaunlich, wie sich derselbe gesellschaftskritische Ansatz, derselbe Stil der Unterwanderung auf den verschiedensten Gebieten verfolgen läßt.

Exemplarischen Wert hat das für die prägende Bedeutung des christlichen Glaubens, besser: für die Art, *wie* er diese Prägung ausübt: nämlich für den Usus der Indirektheit. Man muß erst einmal dahinter gekommen sein, daß eigentlich alle ethischen Anweisungen des Neuen Testaments — die sogenannten Paränesen — samt und sonders von dieser indirekten Art sind, selbst wenn sie sich äußerlich als handfeste und unmittelbare Forderungen geben.

In Wirklichkeit sind sie so abgefaßt, daß sie nur als Konsequenzen aus der »neuen Kreatur«, als Ausfluß des verliehenen Status der Erlösten, verstanden werden wollen. Sie wollen jedenfalls kein oktroyiertes Gesetz sein, sondern nur die Richtung bestätigen, in die der an Christus gebundene Glaube sozusagen »von selber« drängt.

In theologischer Sprache ausgedrückt bedeutet das: »Der Imperativ: ›Tut dies und das . . .!‹ gründet stets auf dem Indikativ dessen, was bereits an uns geschehen *ist*, er bildet nur dessen Konsequenz.« Als eines von vielen möglichen Beispielen dafür sei zitiert: »Seid ihr nun mit Christus auferstanden, so suchet, was droben . . ., trachtet . . . nicht nach dem, was auf Erden ist.« (Kolosserbrief 3,1 ff.).[50]

Würden die feministischen Forderungen und Neuentdeckungen nur so weit gehen, daß sie die patriarchalischen Gesellschaftsordnungen ins zeitgeschichtlich Bedingte verwiesen, ihre Verbindlichkeit für uns Heutige bestritten und zugleich auf die Impulse verwiesen, die den christlichen Glauben auf eine Unterwanderung jener patriarchalischen Struktur drängen lassen, dann könnte ich mich aller kritischen Fußnoten zur sogenannten feministischen Theologie enthalten. (Das möchte ich einmal so wohlwollend ausdrücken, obwohl vieles von dem, was wir hier zu dem entscheidenden Begriff der »Unterwanderung« gesagt haben, de facto in dieser Theologie zumeist fehlt.) Doch schon die »-ismus«-Silben (Femin*ismus*) lassen den Verdacht aufkommen, daß es nicht bei solch bescheidenen Korrekturen am gesellschaftlichen Prestige des Mannes bleibt. Ein Indiz dafür, wohin der feministische Trend darüber hinaus drängt und geradezu eskaliert, könnte das Vorlesungsthema einer ziemlich bekannten Hamburger Germanistin sein, die mit einem theologischen Lehrauftrag ausgestattet wurde und sich als Anwältin des Feminismus gibt. Eines ihrer Themen lautete: »Gott und ihre (!) Freunde.«

Die für »-ismen« typische (und bei der deutschen Neigung zum Extrem hierzulande noch *besonders* ausgeprägte) Wonne am Einseitigen, Eindimensionalen und Sektiererischen droht denn auch über die bloße Beseitigung von Patriarchalismen weit hinauszuschwappen. Man pflegt etwa die traditionelle Rolle der Mutter und Hausfrau der Lächerlichkeit preiszugeben und mit dem Makel der Primitivität zu versehen, andererseits das Maskuline durch angestrengt sachliches Gehabe zu imitieren (was gelegentlich nicht ohne Komik abgehen mag), jedenfalls eine Gleichbe-

rechtigung im Sinne völliger Egalisierung der Geschlechter anzustreben. Allmählich könnte es dahin kommen, daß man dem
Manne nahelegt, zur psychischen Erleichterung näher am Wasser
zu bauen und auch vor fremden Augen zu weinen, während die
sachliche Frau allem (vermeintlich) Weiblich-Emotionalen ab-
schwört — etwa in bisher männlichen Berufen —, in feministischen Séancen aber die femina affectuosa sich in ihrer Emotiona-
lität regenerieren darf.

Dies alles ist so, wie es gesagt wurde, gewiß eine Karikatur, jedenfalls soweit damit die feministische *Gesamt*bewegung bezeichnet
sein sollte. In Wirklichkeit kann aber nur ein gewisser schreieri-
scher, lautstarker *Kern* dieser Bewegung, eben die »-ismus«-
Kerntruppe, damit gemeint sein. Was sie betrifft, so gehen die
seismographischen Ausschläge sogar noch sehr viel weiter: Die
»-ismus«-Sekte drängt auf weibliche Verabsolutierung: auf nichts
Geringeres als eine mythische Überhöhung des feministischen
Prinzips.
Von dem wirren Zeug, das dabei herauskommt und mit feministischer »Theologie« weniger als nichts zu tun hat (gleichwohl
aber die feministischen Theologinnen hoffentlich etwas schok-
kieren und vor der Ideologisierung ihres »Prinzips« scheuen lassen mag), möchte ich hier nur einen exemplarischen Fall zitieren.
Man findet ihn in dem Essay von Helga Sorge »Frieden und
Eros«.[51]
Die Verfasserin unternimmt in ihm den Versuch, matriarchali-
sche Kulte und ihre Mythologeme wiederzuerwecken. Dabei
geht sie bis auf den Hintergrund eines angeblich speziellen matriarchalischen Zeitbewußtseins zurück und läßt ihre mystische
Phantasie munter blühen. Ohne etwa das lineare Zeitverständnis
der Bibel auch nur zu erwähnen, wie es einer feministischen

»Theologie« doch wohl zukäme — jenen Zeitbegriff also, der eine lineare Erstreckung und Unwiederholbarkeit der Geschichte zwischen Sündenfall und Jüngstem Gericht ausdrücken will —, wird aus unerfindlichen Gründen dem Patriarchalismus ein zyklisches Zeitschema zugesprochen: die immer erneute Wiederkehr des Gleichen . . . Für den Religionshistoriker ist das zyklische Moment — die Wiederholung des Großen und des Kleinen Jahres analog dem Wechsel von Tag und Nacht oder der immer erneuten Abfolge der Jahreszeiten — ein Kennzeichen der Mythen und hat mit einer patriarchalischen Idee überhaupt nichts zu tun.[52]

Die Zeitvorstellung des Matriarchats hingegen, so phantasiert die Verfasserin weiter, könne am besten durch das Bild der Spirale ausgedrückt werden. Die besondere Verbindung der Frau mit dem Universum bringe es mit sich, daß sie den hier geltenden »spiralförmigen Bewegungen« besonders nahestehe:

»Bekanntlich vollzieht das gesamte Universum spiralförmige Bewegungen. Wir sprechen von Spiralnebel, und alle Pflanzen wachsen in dieser Bewegungsform. Auch das Kind kommt bei der Geburt in einer spiralförmigen Bewegung auf die Welt. Und schließlich sind unsere Fingerkuppen kleine Spiralen . . .« (wobei die Frage erlaubt sein mag, ob das etwa nur für die weiblichen Fingerkuppen gelte . . .[Verf.])

Dann wieder, um weiterer Unklarheit willen, wird der matriarchalischen Religion abermals ein kosmischer Zeitzyklus zugesprochen: Wachstum, Tod und Wiederkehr werden in Analogie zur Initiation des Heros im Frühling, zur Heiligen Hochzeit des Heros mit der Göttin im Sommer und zum Sterben des Heros im Winter und seiner Auferstehung im folgenden Frühling verstanden. Die religiösen Vorstellungen der matriarchalen Religion stünden also in sehr enger Beziehung zu den Jahreszeiten. Hinter ihnen stehe »eine umfassende Kosmologie und ein tiefes Wissen von der kosmischen Bezogenheit und vom Eingebettetsein des Menschen«. Die »Göttin« wird so wieder in ein zyklisches Zeitschema einbezogen. Ihre Gestalten, Funktionen und Attribute gliedern sich nämlich in drei Phasen, die den Mondphasen analog verstanden werden: »Sie ist einmal die Jungfrau- und Liebesgöttin, symbolisiert als Neumond; die Große Mutter als Vollmond und die weise alte Frau, die Herrin über Leben und Tod, als abnehmender Mond«.

Das alles wird in Gegensatz gesetzt zur »Vorstellung von einem monotheistischen, männlichen, transzendenten, jenseitigen Gott (von dem man sich nicht einmal ein Bild machen darf).« Die »Göttin« dagegen ist »sinnlich und konkret gegenwärtig, fühlbar, sichtbar, erlebbar, weil sie nämlich die Erde ist, auf der wir leben, der Kosmos, den wir über uns erblicken . . .«

Eine andere Feministin, Ursa Krattiger, schmückt ein Buchkapitel mit dem infantilen Verslein (als Überschrift!): »Das Demeterlein zieht bei mir ein« und berichtet, daß sie eines Tages »wortlos das Kruzifix aus dem Sterbezimmer ihrer Mutter von der Wand« genommen habe. Sie kommentiert das: »Einzug hat bei mir die große Göttin gehalten, die große Mutter, der Schoß aller Dinge.«

Zu besonders abartigen Konsequenzen kommt, christlich gesehen, diese mythische Ausweitung des Feminismus in ihren *ethischen Konsequenzen*. Denn »da es in der matriarchalischen Kultur keine dualistische Spaltung in die Gegensätze von Gut und Böse, von oben und unten, von Mann und Frau gibt (sondern alles monistisch-pantheistisch eingeebnet ist [Verf.]), gibt es auch keine Moralgesetze und keine Schuldkomplexe. Wenn nämlich jede Kraft göttlich ist, dann können auch die zerstörerischen und unheimlichen Kräfte der Göttin ins Ganze integriert und so bewältigt werden . . .« Was das heißen und wie man sich eine ethiklose humane Existenz vorstellen soll, bleibt das Geheimnis dieser hintersinnigen Autorin.

Allenfalls könnte als illustrative Vollendung dieses Nonsens noch der von Helga Sorge übernommene Satz ihrer Gewährsmännin Mary Daly angegeben werden, daß die Männer statt des Lebens den Tod liebten, »das Tote, Erstarrte, alles, was das Leben zerstört.« Sie seien nicht »biophil«, sondern »nekrophil« eingestellt: »Die einzige Weltreligion (trotz aller Unterschiedlichkeiten), die unser Planet kennt, ist das Patriarchat als solches, und seine eigentliche Botschaft ist Nekrophilie.« Kein Wunder, daß es so zu einer »patriarchalen Kriegs- und Todeskultur« kommen müsse.[53]

Diese unsagbare Mary Daly spricht im selben Buch vom Abendmahl als »nacktem Kannibalismus« und »verkapptem Vampirismus«; die Trinität ist für sie ein »erotischer, männlich-homosexueller Mythos«.

Auf die nur als pervers (oder albern!) zu bezeichnenden Versuche einzugehen, diese abartigen Destruktionen in einen Zusammenhang mit der Botschaft Jesu zu bringen, wie sie diese »Dozentin für feministische Theologie an der Gesamthochschule Kassel« (so etwas gibt es also!) unternimmt, lohnt sich nicht. Die vorgeführten Kostproben mögen mehr als genügen.

Diese emotional gesteuerten, aus der Tiefe weiblicher Psyche emporsteigenden Phantasien, die nirgendwo zu Ende gedacht sind und nur mühselig mit einem löchrigen rationalen Mäntelchen umhüllt werden, können also am Ende einer Bewegung stehen, die ursprünglich dazu aufbrach, die latente oder offene Dominanz des männlichen Prinzips in Religion und Kultur mit einem dringend notwendigen Korrektiv zu versehen. Wir stehen hier vor einem klassischen Modellfall, an dem sich demonstrieren läßt, was aus einem legitimen sachlichen Motiv werden kann, sobald es ideologisiert und ein Teilgesichtspunkt zur Elephantiasis aufgebläht wird. Schon daß man sich zu einer »Dozentur für feministische Theologie« versteigt, dürfte ein Symptom dieser etwas grotesken Aufplusterung sein. Ein Schalk aber wäre, wer sich durch diese Übersteigerungen daran irre machen ließe, das ursprünglich angestrebte Korrektiv zur patriarchalischen Grundstruktur ernst zu nehmen.

Einen letzten Gesichtspunkt, der für das Feminismus-Problem eine Rolle spielt, habe ich noch nicht erwähnt: Eines der Rechte, die die Frauen gegenüber der männlichen Vorherrschaft geltend machen, ist die Absicht weiblicher *Selbstverwirklichung*. Solange der Lebenskreis auf »Kinder, Küche und Kirche« verengt ist, kann es — in feministischer Sicht — nicht zur Selbstverwirklichung kommen.

Es scheint nun unterschiedliche Wege zu geben, auf denen man das Ziel der Selbstverwirklichung ansteuern kann. Sucht man sich einen Überblick über die *heute* üblichen Wege zu verschaffen, so ist zu beobachten, daß die Selbstverwirklichung vielfach *direkt* angestrebt wird, daß das Ego als selbstzweckliches Ziel verstanden wird, und daß es in der allgemeinen Vorstellung als eine für sich isolierte Monade (oder auch — halbwegs im goetheschen Sinne — als »Entelechie«) existiert.

Das führt dann zu der Konsequenz, daß man, um jene Monade des Ich in Reinkultur zu erblicken, sie von allen Bindungen befreit sehen muß. Denn diese Bindungen sind ja — jedenfalls in dieser Sichtweise — ein sie verbiegendes Oktroi und lassen sie nicht »zu sich selbst kommen«. So verbindet sich diese spezielle Form feministisch verstandener Selbstverwirklichung nicht selten mit einem rabiaten Abbruch von Familienbindungen, mit einer Emanzipation von Ehe, Kindern und verwandten menschlichen Pflichten und Aufgaben. Es geht um den Aufbruch in Freiräume vermeintlich ungestörter Ego-Entfaltung. So wird das ursprünglich *ethisch* bestimmte Ziel der Selbstverwirklichung durch einen oft brutalen, sich »ohne Rücksicht auf Verluste« durchsetzenden Egoismus diskreditiert.

Dem sensiblen Beobachter solcher Entwicklungen drängt sich der Eindruck auf, daß solche Formen von Selbstverwirklichung, denen oft genug dubiose »Selbsterfahrungs«-Exerzitien unter der Leitung ebenso fragwürdiger Gurus vorangegangen sind, geradezu eine *Seuche* werden können, daß sie jedenfalls als pathologische Entgleisungen manifest werden. Wie kommt es zu solchen Kollektiv-Infektionen, die sich zu einer Zeitkrankheit verdichten?

Der negative Anlaß dazu ist am leichtesten einzusehen, er drängt sich geradezu auf: In einer Zeit der Vermassung, der Egalisierungstendenzen, der »Frustrationen« und eines uns entführenden Streß beginnen wir unter der Minderung von »Persönlichkeits«-Werten, unter der Reduktion eigener Entfaltungsmöglichkeiten zu leiden. Ein nachdenklich stimmendes Symptom dessen zeigt sich in modischen Praktiken der Werbetechniker, die ja ein sublimes Gespür für psychische Ausschläge und Fieberkurven zu haben pflegen: Sie preisen sogar Automodelle mit dem Argument an, daß sie sich in bestimmten Merkmalen von dem Üblichen unterschieden, in Formgebung und Ausstattung die Note des »Besonderen« an sich trügen oder gar den Eigentümer als einen Ausbund an Vitalität oder auch an charakterlicher Solidität vom allgemeinen Durchschnitt abhöben. Und wie oft findet sich bei Kleidermoden oder bei der Anpreisung von Schmuck die verräterische Formel »Exklusiv«, der es wiederum um die Kontur der Individualität und die Distanzierung vom Üblichen geht. In alledem zeigt sich der Drang, sich von der Diktatur des DIN-Formates und von generellen Normierungen zu lösen. Man möchte nicht als Kopie herumlaufen, sondern den Rang eines Originals haben. Was sich so im Spiegel der Reklame als heimliche Sehnsucht abbildet, zeigt sich auch sonst in Gestalt vieler Indizien (und geht dann über den feministischen Bereich weit hinaus): in Jugendsekten und mancherlei — oft genug merkantil gesteuerten — Selbstfindungsübungen.

So eindeutig und verständlich — ja, so legitim! — die negativen Anlässe zu jenen Selbstverwirklichungstendenzen sind, so naheliegend es auch sein mag, daß gerade *Frauen* hier einen besonderen Nachholbedarf verspüren, so kontrovers sind nun die positiven Formen, durch die man jener Selbstverwirklichung nahezukommen sucht. Hier möchte ich zwei polar entgegengesetzte Modellfälle anführen; den einen verdanke ich Goethe und den anderen dem Neuen Testament:

Goethe weist immer wieder auf den Irrtum hin, sich selbst durch Introspektion, durch Nabelbeschau kennenzulernen. Diese direkte Selbstanalyse führt zu nichts. Das Ich *kann* sich nicht zu einem selbstzwecklichen Thema machen. So sagt der Oheim in den »Bekenntnissen einer schönen Seele« (»Wilhelm Meisters Lehrjahre«): »Wenn ich einen Menschen kennenlerne, frage ich sogleich, womit beschäftigt er sich? und wie? und in welcher Folge? und mit der Beantwortung der Frage ist auch mein Interesse an ihm auf zeitlebens entschieden.« Ich erkenne den anderen also nicht in direkter Personenanalyse, sondern nur indirekt über den Reflex seiner »Tätigkeit«, durch sein Nach-außen-Treten. Entsprechend kann es in den »Sprüchen in Prosa« heißen: »Wie kann man sich selbst kennenlernen? Durch Betrachten niemals, wohl aber durch Handeln. Versuche deine Pflicht zu tun, und du weißt gleich, was an dir ist.« In den »Zahmen Xenien« gießt Goethe geradezu seinen Spott über den Versuch aus, das Selbst des Menschen — vor allem auch das *eigene* Selbst — in unmittelbarem Zugriff zu gewinnen:

Autochthonisch, autodidaktisch,
Lebst du so hin, verblendete Seele.
Komm nur heran, versuche dich! Praktisch
Merkst du verdrießlich, wie's überall fehle.

Wie Goethe von dort her über heutige Selbstfindungs- und Selbst-
verwirklichungsexerzitien denken würde, die das Ego-Thema
zum Selbstzweck machen, ist zu selbstverständlich, um einer Be-
gründung zu bedürfen.

Ohne daß das Neue Testament sich thematisch über mittelbare
und unmittelbare Selbstfindung ausließe, enthält es gleichwohl eine Antwort auf die damit gestellte Frage. In mehreren Spielarten
wandelt es die These ab: »Wer sein Leben (psyché) erhalten
möchte, der wird es verlieren« (vergleiche zum Beispiel Matthäus-
Evangelium 16,25; Johannes-Evangelium 12,25). Damit wird
doch gesagt: Wer sein »Leben-Wollen« — das »Ich-selbst-sein-
Wollen« dürfen wir durchaus dazu rechnen! — zum Selbstzweck
erhebt, verfehlt es gerade. Das Umgekehrte gilt dann ebenfalls
und wird auch ausgesprochen: Wer sein Leben in einen Dienst
hineinopfert — es »um meinetwillen hingibt« —, wer sich also selber »aufgibt«, gerade *der* wird sich selbst gewinnen.

Im Umkreis meiner Erfahrung hat sich diese These in zahllosen
Lebensbegegnungen bestätigt: Frauen, die sich selbst verwirklicht
hatten und mit dem »Urbilde«, das in ihnen lebte, identisch geworden waren (ich denke an den Vers eines unbekannten —
manchmal Friedrich Rückert zugeschriebenen — Autors: »In jedem
lebt ein Bild / Deß, das er werden soll. / Solang er das nicht ist, /
Ist nicht sein Friede voll«), sind mir vornehmlich dort begegnet,
wo sie einem selbstvergessenen (nicht: sich selbst suchenden)
Dienst hingegeben waren: nicht zuletzt bei Nonnen und Diako-
nissen, aber auch bei Familienmüttern und Frauen, die sich einer

beruflichen Sendung verschrieben hatten. Wenn man Beispiele dafür wünscht, würde ich an Mutter Theresa, an die Mutter Friedrich Nietzsches und — da dieses Phänomen ja nicht an ein bestimmtes Geschlecht gebunden ist — nochmals an Albert Schweitzer erinnern. Alle diese haben weder ihr Leben noch die Verwirklichung ihres Selbst gesucht. Dieses alles ist ihnen vielmehr wie nebenbei »zugefallen«, während sie ganz andere Fährten verfolgten, während sie selbstvergessen einem Dienst verschworen waren.

Bei dem Typus emanzipierter Selbstverwirklicher(innen) ist mir, soweit Menschen das bemerken können, diese Identität mit sich selber bisher nicht begegnet, wohl aber ein Überhang, eine »Elephantiasis« des Ego, die das eigentlich erstrebte Selbstbildnis eher zu verzerren drohte.

Dritter Modellfall: Politisierende Pastoren

Es kann geschehen — und es ist geschehen —, daß der Pastor in einem Gottesdienst einen jungen, in Uniform erscheinenden Soldaten ersucht, das Haus zu verlassen, weil er in dieser Aufmachung ein christliches Ärgernis bedeute. Der junge Mann sei dann, wer verstünde das nicht, aus der Kirche ausgetreten.

Eine Art Flugblatt, das 17 Pastoren des Hamburger Kirchenkreises Stormarn vertrieben und in dem sie Jugendliche zur Kriegsdienstverweigerung aufgerufen hatten, erregte erhebliches Presseaufsehen. Es dürfte nur ein mäßig mildernder Umstand sein, daß dieses »Faltblatt« nicht als allgemeine Propagandaschrift verbreitet, sondern an potentielle Wehrdienstverweigerer als »Argumentationshilfe« ausgegeben wurde. Immerhin wurde aus diesem Blatt deutlich, daß die Verfasser — wohlgemerkt: als Amtsträger

— jene Verweigerung zu ihrer Sache machten und sie damit in den Augen der jungen Leute als »die« christliche Haltung erscheinen ließen. Es ging deshalb nicht um eine Argumentationshilfe im Rahmen einer noch offenen Entscheidung, sondern um ein einseitiges Plädoyer *für* die Wehrdienstverweigerung als christliches Bekenntnis.

In diesem Fall schritt das Nordelbische Kirchenamt rasch zur Tat (wie zu seiner Ehre gern verzeichnet sei): Es verbot das Flugblatt und sprach von »theologisch törichter Simplifizierung«, von »massiver, einseitiger Werbung« und »Intoleranz«. Der Lübecker Bischof nannte das Schriftstück eine »Agitprop-Imitation«, mit der die Pastoren versucht hätten, »jungen Menschen zu suggerieren . . ., für Christen könne es heute nur noch den einen Weg der Verweigerung jeglichen Kriegsdienstes geben. So werden Gewissen vergewaltigt, wird die Bibel mißbraucht und die gesamtkirchliche Verantwortung des ordinierten Pastors aufgekündigt.«[54]

Kommt das Thema derartiger Einseitigkeiten und Ideologisierungen aufs Tapet, so fügt die Presse gerne Bilder von Demonstrationen hinzu, die im letzten Jahrzehnt gegen die Errichtung von Atomkraftwerken veranstaltet wurden und bei denen Pfarrer im Talar auftauchten. Sie wollten durch ihre Amtstracht offenbar dartun, daß hinter ihrem Nein zu bestimmten politischen Entscheidungen nicht nur ihr christlich gebundenes Gewissen als Staatsbürger — ihr *individuelles* Gewissen also — stünde. Sie wünschten vielmehr auch feierlich und zeichenhaft kundzutun, daß sie kraft ihres *Amtes,* das heißt im Namen der »heiligen, allgemeinen christlichen Kirche«, alle, die dieses Glaubens sind, für eine bestimmte politische Entscheidung in Anspruch nähmen.

Ihr persönlicher Gewissensernst soll damit nicht in Frage gestellt sein, auch nicht bei den Verfassern jenes inkriminierten Verweigerungsflugblattes. Hatten sie aber ein Recht, ihre — sei es noch so vernünftige, vielleicht aber auch fragwürdige — politische Meinung zu einem *Glaubenssatz* zu stilisieren und für sie die Autorität »der« Kirche in Anspruch zu nehmen?

Das bedeutete doch *erstens,* daß sie allen (Politikern sowohl wie schlichten Staatsbürgern), die aus rationalen Gründen zu anderen Folgerungen kamen, eine verdunkelte Vernunft oder auch ein irrendes Gewissen vorwarfen. Anders gesagt: Sie hielten nur die eigenen Argumente für theologisch legitim und sahen sie mit göttlichem Wohlgefallen bedacht.

Es bedeutete *zweitens,* daß man die zu dogmatischem Rang erhobene politische Meinung gleichzeitig ein Kriterium für die Frage sein ließ, ob jemand noch zur christlichen Gemeinde gehörte oder sich selber von ihr ausgeschlossen hatte. Man maß jener politischen Stellungnahme demnach eine Bedeutung bei, wie sie in den frühen Zeiten der Kirchengeschichte etwa der Glaube an die Gottessohnschaft Christi gehabt hatte: Sie bildete ja die Zäsur, an der Christen und Nicht-Christen sich voneinander schieden.[55] So wird der Vertreter einer anderen politischen Position (oder einer entsprechenden anderen Partei) zugleich als *Häretiker* abgestempelt, von dem sich die eigene Rechtgläubigkeit positiv abhebt.

Drittens führt dieses angemaßte, kirchliche Autorität beanspruchende Wächteramt zu einem oft peinlichen Dilettantismus: Kirchliche Amtsträger nehmen in Fragen eines ihnen fremden Metiers eine Sachkompetenz in Anspruch, der sie nicht gewachsen sind. Hier werden gelegentlich auch kleine Kirchenlichtlein vom Hauch unendlicher Zuständigkeitsgefühle angefacht, und mancher Brunnenfrosch beginnt vom Ozean zu träumen. Die bedenkenlose Absage an eine gesamtkirchliche Verantwortung zugunsten anspruchsvoller individueller oder gruppenmäßiger Meinungskundgaben pflegt in der Öffentlichkeit den peinlich-ridikülen Eindruck pastoraler Konfusion zu erwecken.

Obwohl es strenggenommen nicht hierher gehört und ich mich einer gewissen Inkonsequenz schuldig mache, möchte ich bekennen dürfen, daß ich gegenüber dem Wettrüsten und der praktizierten Abschreckungstheorie ebenfalls kritische Vorbehalte hege, sogar konkrete Punkte zu erkennen glaube, an denen westliche Politiker und Militärs verhängnisvolle Fehler machen, wenn sie die nukleare Rüstungsschraube höher und höher drehen. (Von der fragwürdigen Ablösung der Abschreckungstheorie durch das SDI-Programm sehe ich hier einmal ganz ab.) Ich möchte das bekennen, damit mir nicht unterstellt wird — Theologen sind leider groß im Unterstellen und geben darin den Psychologen nicht viel nach! —, ich sei ein »Freund der Atombombe«. (Ähnliches ist mir von östlichen Publizisten tatsächlich unterstellt worden.)

Deshalb reagiere ich empfindlich auf Versuche, einer anderen politischen Meinung (etwa einem bestimmten Friedens- und Abrüstungsprogramm) den Rang eines kirchlichen Bekenntnisses beizumessen. Daß ich meine soeben angedeutete Meinung zum nuklearen Wettrüsten überhaupt als Inkonsequenz empfinde, zeigt ja, daß ich ihr *keinen* Bekenntnissinn beimesse und sie kirchlich für belanglos halte. Ich bin durch das Studium einer Menge Fachliteratur, durch intensives Nachdenken und — wenn ich das so sagen darf — auch durch Gewissensprüfung zu meiner politischen Sicht der Dinge gekommen (und bemerke dabei, daß sie sich mit keiner mir erkennbaren Parteimischung deckt). Ich vertrete diese Sicht der Dinge auch in meinem Umkreis nach Kräften, aber nicht im Sinne eines kirchlichen Bekenntnisses; ich will nicht die absolute Wahrheit in Anspruch nehmen und auch nicht Andersdenkende auf die Ketzerbank verweisen. Ich bleibe vielmehr aufgrund etwaiger besserer Belehrung zur Revision bereit und relativiere damit diese Position zu einem Ermessensurteil.[56]

Die Frage, welche Rolle die Kirche in der Welt zu spielen habe, welche Kompetenz ihr im Rahmen politischer — auch kulturpolitischer —, wirtschaftlicher und sozialer Themen zukomme, hat von jeher die Geister bewegt, nicht nur die Kleriker und theologischen Ethiker, sondern auch die betroffenen »Weltkinder« selber. Deren Erwartungen waren übrigens durch die Bank zwiespältig:

Die *einen* waren von der Sorge und dem Unmut darüber bewegt, die Kirche maße sich hier in fremden Ressorts ein Mitreden und Mitmischen an, die ihre Zuständigkeit überschreiten. Diese Aversion ist nicht nur bei denen zu spüren, die als Primitivlinge dem Simpel-Slogan auf den Leim gehen, daß den Politikern das Diesseits als ihr Jagdgebiet zu überlassen sei, während die Kirche sich auf das Jenseits beschränken solle. (Diese These werden wir im Schlußkapitel noch genauer unter die Lupe nehmen.) Auch ernsthafte und nachdenkliche Vertreter des Saeculums können durchaus befürchten, weltliche Aktivitäten der Kirche (allerhand Denkschriften zur Ost-West-Frage, zu sozialen und wirtschaftlichen Fragen, zu Frieden und Abrüstung) könnten nüchterne Sachfragen »ideologisch« überfremden, unter Umständen sogar gewisse theokratische Tendenzen und damit Erinnerungen an die mittelalterliche Zwei-Schwerter-Theorie heraufbeschwören.

Ihnen stehen allerdings *andere* Vertreter weltlicher Berufe gegenüber, die ein Wort der Theologen durchaus positiv erwarten. Diese Erwartung ist etwa auf den Ton gestimmt: »Die Politik ist zu ernst, als daß man sie nur den Politikern überlassen dürfte«; oder auch: »Die Gesundheit ist ein zu hohes Gut, als daß sie nur die Mediziner anginge.« Wie anders wäre es sonst zu erklären, daß Vertreter von »Gesinnungsberufen« — Theologen vor allem, aber auch Philosophen und Humanwissenschaftler überhaupt — immer wieder in Fachgremien von Ärzten, Juristen, Technikern, Sozialpolitikern und anderen oder zu deren Kongressen eingeladen werden? Das geschieht doch offenbar deshalb, weil alle Fragen, die mit der menschlichen Existenz zusammenhängen, die Grenzen des jeweiligen Fachressorts überschreiten. So ist etwa zwischen demokratischen und totalitär-ideologischen Politikern die Frage des *Menschenbildes* strittig; nur von einem solchen Bilde her ist so etwas wie geistige Führung möglich. Wo und wie aber findet man diese imago hominis? Im Rahmen der Politik, ihrer strategischen und taktischen Erwägungen, doch sicher *nicht!* Darum sieht man sich nach anderen Quellen und Gewährsmännern um.

Ähnliche Probleme stellen sich für die Medizin (und die anderen Fakultäten überhaupt): Die Frage nach dem Beginn und Ende des menschlichen Lebens — damit zugleich die Frage des Schwangerschaftsabbruchs und der Euthanasie — ist wiederum nur von einem Verständnis des menschlichen Wesens aus zu entscheiden, das die Medizin nicht zur Verfügung stellen kann. Der Zwang, das eigene Fachressort zu überschreiten und sich gleichsam an einer konzertierten Aktion des Fragens zu beteiligen, erhöht sich noch, wenn die moderne Medizin sich in Grenzsituationen entführt sieht, in denen ganz neue, noch unübersehbare, auf jeden Fall aber fakultätstranszendente Entscheidungskriterien eine Rolle spielen. Als Beispiel dafür nenne ich nur die Probleme, die mit der Gen-Manipulation auf uns zukommen.[57]

An diesen Beispielen, die über die verschiedenen Fakultäten hin noch zu erweitern wären, mag deutlich werden, in welchem Maße sich die Theologie und damit auch die Kirche in »diesseitige« Fragen und Themen verwickelt sieht. Das ist auch von jeher so gewesen: Die katholische Kirche hat hier durch ihre Lehre vom *Naturrecht* eine lange und ausgereifte Tradition.[58] Aber auch Luther hat sich mit dieser Frage herumgeschlagen und dafür seine

Lehre von den »Zwei Regimenten« Gottes konzipiert: von seinem Wirken im Reich zur Rechten (Gottesreich) und im Reich zur Linken (Weltreich, Diesseits). Wir kommen darauf im nächsten Kapitel zurück.

Nach dem Zweiten Weltkrieg tauchte die Überlegung, welches Engagement der Kirche im Diesseits zustehe oder ihr sogar aufgegeben sei, mit Macht bei der *Wiederaufrüstung* West-Deutschlands auf. Hier beschloß etwa die Rheinische Synode ein Nein ohne Hörner und Zähne.[59] In diesem Zusammenhang fiel der berühmt gewordene Satz Gustav Heinemanns, nachdem Gott uns die Waffen aus der Hand geschlagen habe, dürften wir sie von uns aus nicht mehr ergreifen.[60]

Schon hier erhob sich die Frage: Darf die Kirche aus diesen subjektiv sicherlich respektablen Überzeugungen so etwas wie einen Glaubenssatz *der* Kirche machen? Ist es nicht legitim und geradezu von zeichenhafter Bedeutung, daß kirchliche Synoden, deren Konsensus in den Grundfragen des christlichen Glaubens fraglos feststeht, in konkreten Fragen der politischen Ethik uneinig werden — sogar werden *müssen*?

Die Geschichte der »Deutschen Christen« im Dritten Reich hat wahrlich zur Genüge sichtbar vorgeführt, welche Fehlerquellen zu rauschen beginnen, wenn sich die christliche Wahrheit mit politischen Ideologien verbindet und das Ewige mit dem Zeitlichen amalgamiert wird. (Die mythologische Wahrheit hinkt als Bild ganz gewiß, doch mag sie cum grano salis in Klammern doch angeführt sein: Wo Götter sich mit Menschen verbinden, entsteht das gefährliche Geschlecht der Titanen.) Beispiele dafür steigen in der eigenen Erinnerung auf:

Da hat das Luthertum etwa eine Lehre von den sogenannten »Schöpfungsordnungen« gebildet. Als dann das Dritte Reich über uns hereinbrach, gab es lutherische Theologen, die nicht ohne

Wonne willkommene Entsprechungen dazu in der Nazi-Ideologie zu entdecken wähnten und sie als eine Art Schützenhilfe begrüßten. Was lag also näher, als sich hier zu einer Bundesgenossenschaft zusammenzufinden und einen »Nationalsozialistischen Evangelischen Pfarrerbund« zu konstituieren? Das Schauerdokument, das dieser Mesalliance entsprang, sollte als warnendes Beispiel für alle Zeit festgehalten werden. Es ist der »Ansbacher Ratschlag« von 1934. Darin heißt es:

Der »unwandelbare Wille Gottes . . . verpflichtet uns auf die natürlichen Ordnungen, denen wir unterworfen sind, wie Familie, Volk, Rasse . . .« Er »bindet uns auch an den bestimmten historischen Augenblick der Familie, des Volkes, der Rasse, das heißt an einen bestimmten Moment der Geschichte« (gemeint ist hier natürlich das Dritte Reich Hitlers [Verf.]). Indem die Glieder der Kirche »immer einem bestimmten Volk in einem bestimmten Augenblick zugeordnet sind, empfängt ihre Verpflichtung gegenüber ihrem Volk den konkreten Inhalt durch die gegenwärtige (!) völkische Staatsordnung«.

Dieser Satz zog die Konsequenz nach sich, daß die maßgeblichen Verfasser dieses Ansbacher Ratschlages bald danach ein Gutachten erstellten, in dem sie den Arierparagraphen auch auf die kirchlichen Amtsträger angewendet wissen wollten. Zur Ehre der Theologie sei gesagt, daß etwa die Theologische Fakultät in Marburg — darunter der von frommen Christen so viel gescholtene Bultmann — leidenschaftlichen Protest dagegen anmeldete. Von dieser pseudotheologischen Basis des Ansbacher »Anschlages« ist es dann nur ein kleiner Schritt bis zur völligen ideologischen Solidarität, wie sie etwa in dem Satz manifest wird: »In dieser Erkenntnis danken wir als glaubende Christen Gott dem Herrn, daß er unserem Volk in seiner Not den Führer als ›frommen und getreuen Oberherrn‹ geschenkt hat und in der nationalsozialistischen Staatsordnung ›gut Regiment‹, ein Regiment mit ›Zucht und Ehre‹ bereiten will . . .«

Diese Kundgabe sollte übrigens ein Gegenstück zur Barmer Theologischen Erklärung sein, die mit Recht unvergessen geblieben ist. Als Zeugnis dafür, was aus der Verbindung von Theologie und Zeit-Ideologien werden kann, sollte dieser lutherische Kurzschluß aber ebenfalls der Vergessenheit entrissen werden.

Ich kann mich des Eindrucks nicht erwehren, daß heute ähnliche Mesalliance-Versuchungen auf uns lauern, unter anderem die so überaus komplexe, von den verschiedensten Ideologien durchzogene *Friedensbewegung*. Könnte es in diesem Sinn nicht bedenklich sein, wenn das, was die Kirche mit ihrer Friedensbotschaft meint, ebenfalls Schützenhilfe bei Friedensaposteln ganz anderer Provenienz sucht? Würde man damit nicht ein trojanisches Pferd in das heilige Ilion hereinlassen, aus dessen Bauch dann Partisanen ganz fremder Art steigen: Marxisten unterschiedlicher Schattierung, ferner Utopisten und Pazifisten mit ganz heterogener Motivation?

Auch die katholische Kirche sah sich immer wieder von der Gefahr solcher falschen Synthesen frustriert. Ein eindrucksvoller Fall dieser Art, das gescheiterte Experiment mit den sogenannten Arbeiterpriestern, liegt noch nicht lange zurück.[61]

Eine der Wurzeln der französischen Bewegung der Arbeiterpriester war die Einsicht, daß die katholische Kirche vor allem den »vierten Stand«, die Industriearbeiter, verloren habe. Die Welt- und Ordenspriester, die sich für diese Missionsaufgabe zur Verfügung stellten, waren von dem Gedanken beseelt, ihre Botschaft könne nur dann glaubwürdig ausgerichtet werden, wenn sie das proletarische Schicksal dieser ihrer Zielgruppe in allem teilten, damit ihre volle Solidarität zu erkennen gäben und so das Vorurteil von vornherein abblockten, die Priester sprächen aus einer gesicherten bürgerlichen Etappe zu den Ungesicherten. Darum versahen sie einen vollen Job als Industriearbeiter und hielten in der Freizeit ihre Messen und Gottesdienste.

Dabei begegneten sie jedoch einem Einwand ihrer Arbeitskollegen. Man warf ihnen vor, ihre Solidarität sei so lange nur bedingt und partiell, wie sie sich nicht auch am Klassenkampf beteiligten, das heißt den entsprechenden Kampforganisationen beiträten. Als sie dann diese letzte Solidaritätslücke noch ausfüllten und selbst linksradikalen roten Gewerkschaften beitraten, griff der Vatikan ein und veranlaßte die Bischöfe, die Arbeiterpriester (1953/54) aus ihren Betrieben zurückzurufen. Man erkannte ihr Motiv einer solidarischen Liebe zwar an, sah sie aber in eine solche Fülle neuer Bindungen versetzt, daß ihr priesterliches Amt dadurch Schaden leide. Es war nicht das erste und blieb nicht das letzte Mal, daß ein durchaus christliches Ausgangsmotiv, das in ein soziales oder auch politisches Handeln hineinführte, nachher durch ideologische Fesseln verfremdet wurde, so daß die ursprüngliche Substanz kaum noch erkennbar war. In manchen kirchlich unterstützten Befreiungsbewegungen Südamerikas gab es ähnliche Prozesse.[62]

Ein uns zeitlich und räumlich näher liegender Modellfall dieser Art liegt in Entwicklungen vor, die wir beim sozialpolitischen Engagement der evangelischen Studentengemeinden Ende der sechziger und zu Beginn der siebziger Jahre beobachten konnten.[63]

Alle diese Beispiele stellen unisono immer dieselbe Frage: Da die Kirche sich inmitten der Welt befindet und nicht in einem ausgegrenzten, zeit- und geschichtsenthobenen Getto, da sie zwar nicht »von« der Welt ist, gleichwohl aber »in« die Welt hineingesandt wird (so im Hohenpriesterlichen Gebet Jesu, Johannes-

Evangelium 17,15 ff.), muß sich die Frage erheben, welche *Rolle* ihr in dieser Welt zugewiesen ist. Einige offensichtlich *falsche* Rollenspiele — vor allem auf dem Felde der Politik, aber auch auf anderen Ebenen — haben wir bisher in Augenschein genommen. Was aber ist ihre *legitime* Rolle auf dieser Bühne?

Dieses Problem zwingt uns, im Basisbereich des theologischen Weltverständnisses Klarheit zu schaffen und einige Nebel zu verscheuchen.

Grundsatzüberlegung: Legitime Formen christlicher Weltverantwortung

Eines der Probleme, die mich — speziell im Zusammenhang mit der Reformation — am meisten umtreiben, besteht in einer selbstkritischen Frage. Sie lautet: Kann das reformatorisch verstandene Christentum uns wirklich dazu verhelfen, die Welterkenntnis und die Weltbewältigung — wenn man so will: das Welt*gefühl* des zwanzigsten Jahrhunderts — mit unserem Glauben zusammen unter einen Hut zu bringen? Hier, in diesem Verhältnis zur Welt, haben sich ja entscheidende Wandlungen gegenüber der Zeit Luthers vollzogen:

In Geschichte und Naturwissenschaft gilt die nüchterne Empirie. Hier scheint die Gottesfrage ausgeklammert zu sein. Man pflegt einen methodischen »Atheismus«. Auch der Christ, der in einem chemischen Labor arbeitet, rechnet ja mit den kalkulierbaren Reaktionen der Natur. Er läßt Wunder, transzendente Eingriffe aus dem Jenseits, außer Betracht. Hier geht es durchaus um das in sich ruhende Geflecht natürlicher Gesetze.

Technik und Organisation scheinen darüber hinaus die Welt dem Menschen verfügbar zu machen. »Wir pflügen und wir streuen —

natürlich maschinell! — den Samen auf das Land« (Matthias Claudius). Bei Wachstum und Gedeihen aber denken wir mehr an die künstliche Düngung und biologische Anbaumethoden als an »des Himmels Hand«. Es hat sich scheinbar so etwas wie eine Machtübernahme des Menschen begeben, eine Übernahme jener Rolle, die vorher Gott spielte. Der Mensch ist sozusagen zum Juniorchef in der göttlichen Weltfirma avanciert, und Gott scheint in ein Jenseits verbannt zu sein, dessen Himmel von so subalternem Rang ist, daß er dieses Notquartier im Drüben mit den Spatzen teilen muß. Kein Wunder deshalb, daß so das Gerücht vom »Tode Gottes« — und damit vom Ende des Christentums — kolportiert wird und daß man diesen Gott vor die Alternative stellt, *entweder* sich in diesem unseren Diesseits bemerkbar zu machen *oder* sich aber eben ganz abschreiben zu lassen. Deshalb versteht man den Vorwurf, das Christentum, speziell der Protestantismus, habe sich dem Verdacht ausgesetzt, die Welt nicht bewältigt zu haben.

Das Problem: Gott im Diesseits

Die reformatorische These, nicht die guten Werke oder — wie wir es heute wohl bezeichnen würden — nicht das »Leistungsprinzip«, sondern allein der Glaube bestimme unser Verhältnis zu Gott, diese These mag ja tatsächlich einmal eine religiöse Revolution bewirkt haben. Doch was hilft eine nur religiöse Neuorientierung, wenn der Glaube an Gott dabei den Kontakt mit der Welt verliert? Denn wir können doch einfach nicht abgesehen von der Welt ein Verhältnis zu Gott haben, oder? Wir arbeiten am Fließband, im Labor oder am Schreibtisch; wir ringen um Märkte, wir haben einen Körper mit seinen Trieben; wir fühlen

uns auch verantwortlich für soziale Gerechtigkeit, für fortge-
schrittene Gesellschaftsformen. Ja: Wenn Gott in dieser *Weltver-
flechtung* nicht vorkommt, wenn das alles nichts mit ihm zu tun
hat und wenn er nur noch im stillen privaten Kämmerlein und in
unserer frommen Innerlichkeit eine Rolle spielen soll, dann wird
er uns überhaupt zu einer irrealen Erscheinung. *Entweder* Gott
spielt bei dem eine Rolle, was uns auch sonst randvoll erfüllt (in
unserer Familie, an unserer Arbeitsstätte, bei einem Demonstra-
tionszug), *oder* er spielt eben überhaupt keine Rolle, er ist dann
nicht mehr — wie das Modewort heißt — »relevant«; er wird auf
die Funktion beschränkt, sich beim alljährlichen Weihnachtslied
oder beim Anhören einer Grabpredigt — kümmerlich genug! —
zu melden. Schleppen wir also — das ist jetzt meine Frage — den
gesamten religiösen Ballast nicht wie eine tote Tradition nur
noch mit, bis sie schließlich an Auszehrung stirbt?

Irgend jemand hat einmal gesagt, eine Tradition zu pflegen, das
heiße nicht, die Asche zu bewahren, sondern eine Flamme zu hüten. Wo aber ist im christlichen Glauben ein Feuer, das nicht nur
unser Gemüt erwärmt, sondern das auch unseren Weg erhellt,
das sozusagen ein Leuchtfeuer in der Nacht sein kann? Ich glaube, es lohnt sich, über diese Frage nachzudenken. Sie ist von
schicksalhaftem Rang.

Ausgerechnet Luther hat auf die Frage, was Gott mit unserer
Welt zu tun habe, große Anstrengungen des Denkens verwendet.
Wir können zwar heute manches davon nur noch in veränderter
Gestalt übernehmen. Dennoch kommt es bei Luther zu einem
entscheidenden Durchbruch. Diese seine Initialzündung findet
sich in der sogenannten *Lehre von den zwei Reichen oder Regimenten.* Ich muß das Entscheidende dieser Lehre, wenigstens
kurz und sehr vergröbert, andeuten:

Das auslösende Motiv dieser Lehre von den zwei Reichen besteht in einer ganz bestimmten Lebensbeobachtung: In der Bergpredigt des Neuen Testaments bestürmt uns Jesus mit sehr radikalen Forderungen. Wir kennen sie alle: »Liebet eure Feinde!«; »Wenn dich jemand auf die eine Wange schlägt, halte ihm die andere hin!«; »Wenn dich ein Glied ärgert, dann reiße es aus!«; »Stellt euch keinem, der ein Übel tut, entgegen!« (Matthäus-Evangelium 5 ff.) Nun zeigt aber jeder Blick in das reale Leben, daß ich das so gar nicht erfüllen *kann* — jedenfalls nicht buchstäblich. Das ist weniger deshalb unmöglich, weil es mir etwa an gutem Willen mangelte, sondern ich sehe mich vor allem deshalb daran gehindert, weil die *Verhältnisse* es nicht zulassen. Der Richter etwa kann doch gar nicht im Namen der Feindesliebe die kriminellen Attentäter gegen die Rechtsgemeinschaft lieben und sie dann laufen lassen. Er *muß* ihnen doch entgegentreten und sie gegebenenfalls hinter Schloß und Riegel bringen.

Und wie ist es mit Vater und Mutter? Selbst wenn sie extrem antiautoritär eingestellt sein sollten, können sie gar nicht im Namen der Liebe jede Lüge, jeden Egoismus ihres Kindes durchgehen lassen. Sie mögen noch so sorgfältig danach forschen — und tun das hoffentlich auch —, wie das Kind dazu gekommen sei. Trotzdem wird es immer wieder Situationen geben, in denen sie ihm schlechthin widerstehen müssen. Ließe man alles ohne Widerstand durchgehen, dann würde aus einem Jungen nur ein unausstehlicher Bengel, und er würde seinen Eltern später, wenn er mit dem Leben nicht fertig wird, ganz bestimmt Vorwürfe machen, daß sie mit ihrer Indifferenz »lieblos« an ihm gehandelt hätten. Wir wissen von Psychologen, daß gerade eine konsequente antiautoritäre Erziehung, ein nur permissives Gewährenlassen bei den Kindern vielfach das Gefühl erweckt, die Eltern bekümmerten sich nicht um sie.

Woran liegt es nun, daß die Verhältnisse es mir offenbar nicht gestatten, dem Liebesgebot Jesu kompromißlos, buchstäblich, nachzukommen? Sollte es wirklich dabei bleiben können, daß ich mit Bertolt Brecht sage: »Aber die Verhältnisse, sie sind nicht so«?

Die irdischen Ordnungen und Strukturen, in denen wir handeln müssen, haben eine gewisse Eigengesetzlichkeit, die wir nicht einfach überspringen können. Ein Beispiel nannte ich schon: Der Richter muß innerhalb der Rechtsordnung strafen. Ein anderes Beispiel ebenfalls: Der Kaufmann muß sich innerhalb des Konkurrenzkampfes behaupten. Wenn er etwa einem Konkurrenten in derselben Straße überlegen ist (einfach, weil er eine bessere Nase für Marktverhältnisse hat, geschickter zu kalkulieren weiß), kann er nicht sagen: »Weil der andere mein Nächster ist und weil ich ihn liebe, darum muß ich meine Waren teurer verkaufen, muß ich mich geradezu dumm stellen, um auch ihm eine Chance zu geben.« Es geht eben gar nicht anders, als daß er inmitten des Konkurrenzkampfes seinen Mann stehen muß. Er kann nicht um der Liebe willen das Strukturgesetz des Ökonomischen außer acht lassen.

Ethische Fragen der Bergpredigt

Woran liegt das? Geht es hier um einen grundsätzlichen und unausrottbaren Konflikt der Bergpredigt mit den realen Verhältnissen? Stammen denn die Ordnungen der Politik und Wirtschaft, die jene realen Verhältnisse bestimmen, nicht *auch* von Gott? Ist Gott etwa nur der Herr des Reiches »zur Rechten«, jener geistlichen Dimension also, in der das Gebot der Liebe und der Anbetung gilt, in der wir uns gleichsam unmittelbar und »intim« zu ihm verhalten? Ist er nicht genauso auch der Herr des Reiches »zur Linken«, für das er jene Ordnungen und Strukturen doch bestimmt hat? Ist er nicht ein *All*-Regierer — oder herrscht er nur über den *geistlichen* Sektor des Lebens, während der weltliche ihm entrückt ist und eigenen Gesetzen unterliegt?

Mit diesen Fragen scheint unser Denken in eine schwere Bredouille zu geraten. Denn danach sieht es doch so aus, als ob Gott sich selber widerspräche, als ob in ihm ein Zwiespalt aufbräche: Wenn ich den radikalen Forderungen der Bergpredigt nachkommen will, gerate ich in Konflikt mit den politischen und wirtschaftlichen Ordnungen unserer Wirklichkeit. Und andererseits: Wenn ich den Erfordernissen der irdischen Strukturen nachkomme, muß ich Abstriche an der Unbedingtheit der Bergpredigtforderungen machen. Sollte es etwa zwei Willen Gottes geben, die wider einander gerichtet sind? In welche Sackgasse des Denkens gerate ich also?

Wenn wir hier nicht allzu schnell kapitulieren und die gestellte Denkaufgabe als unlösbar beiseite schieben wollen, stoßen wir auf ein bedeutsames Hintergrundproblem.

Die Hauptfrage lautet so: Sind jene *politischen Ordnungen* — gerade sie stellen einen besonders instruktiven Modellfall dar! — wirklich in so eindeutigem Sinne eine Stiftung Gottes? Sehen wir seinen Willen, wenn man so will: seinen »Schöpfungs-Entwurf« wirklich und unverzerrt in ihnen abgebildet? Wäre es so, kämen wir wohl kaum um den Schock herum, einen Bruch im christlichen Gottesbilde, jenen Selbstwiderspruch Gottes feststellen zu müssen. Ist es aber so?

Zur Lösung dieser Frage muß ich noch einmal auf eine Überlegung Luthers zurückkommen, die mir als besonders tiefsinnig, zugleich auch hilfreich erscheint. In seinem Genesis-Kommentar spricht er, wie es durch den biblischen Text ja gegeben ist, über das Verhältnis von Schöpfung und Sündenfall. Dabei kommt er zu folgender Erwägung:

In der ursprünglichen, noch unversehrten Schöpfung habe es noch keiner Staatsordnung bedurft. Da habe der Schöpfer die Menschen durch sublime Gesten, durch eine winzige Fingerbewegung (moto uno digito) leiten können. Das aber konnte so nur möglich sein, weil die Menschen des Urstandes unverwandt mit ihrem Blick an ihm hingen und seines Winks gewärtig waren. Sie sahen gleichsam auf ihn wie ein Orchester auf den Dirigenten, der seinen Willen durch das leiseste Mienenspiel kundtun kann.[64] Als Adam und Eva sich aber aus Größenwahn vom Schöpfer abwandten — sie »wollten sein wie Gott«, also »gottebenbürtig« und nicht mehr bloß »gottebenbildlich« sein —, da hörten sie auf, ihren Blick auf Gott zu richten und wandten ihm den Rücken zu. Damit begann — so Luther — jene Unheilsgeschichte, wie sie sich in Kains Brudermord und in der Hybris des babylonischen Turmbaus manifestierte. Es kam zu einem Prozeß der Selbstzerstörung des Menschengeschlechtes, zu einem gigantischen Ausbruch des Unfriedens, zur Sprachverwirrung und zum Ende jeder möglichen Verständigung. Wenn die Vertikale, die Verbindung von Gott und Menschen, gestört ist, kommt es auch auf der Horizontalen, im Kontakt der Menschen untereinander, zur Konfusion und zum Chaos.

An dieser Zäsur nun, wo der Schöpfungsfriede gebrochen ist und die Unheilsgeschichte des Menschen beginnt, sieht Luther die Stiftung der *Staatlichkeit* angesiedelt. Er denkt sich die Sache so: Angesichts des so ausgebrochenen Unheils überläßt Gott den Menschen merkwürdigerweise *nicht* jenem Prozeß der Selbstzerstörung, den er doch selber ausgelöst hatte. (Vergleiche dazu den von Paulus gebrauchten Begriff des Überlassens und Dahingebens, paradidônai, im Römerbrief 1,24—26) Vielmehr erbarmt er sich seiner und sucht ihn vor den Folgen seiner Tat zu bewahren. Deshalb gibt er ihm die Ordnung des Staates, das will sagen: einer mit Macht und mit dem Recht der Gewalt ausgestatteten Institution, die verhindern soll, daß die Menschheit in ein diffuses und selbstzerstörerisches Widereinander von Einzel- und Gruppenegoismen, in einen »Krieg aller gegen alle« auseinanderbricht.[65]

Nunmehr — unter den Bedingungen des Sündenfalls also — regiert Gott im Weltreich, im Diesseits, nicht mehr nur durch seinen Blick und durch seine Geste. Denn die Voraussetzung dafür, daß der Blick des Menschen noch urständlich-unverstört an ihm haftet, ist ja nun entfallen. Deshalb stiftet Gott die Struktur der Staatlichkeit, um ihn zur Rechtsordnung, zu einem ordo convivendi (einem geordneten Zusammenleben) zu zwingen, zu seinem *Heile zu zwingen.* Die Stunde, da die Welt an sich selber zugrunde geht, soll noch nicht gekommen sein; er eröffnet ihr vielmehr noch einen Kairós, eine Chance der Umkehr, eine mögliche Heilszeit.

Es ist also bezeichnend, daß Luther den Staat zwar als *gott*gegebene Ordnung verstanden wissen will. Doch darf dabei nicht übersehen werden, daß diese Ordnung eben unter den Bedingungen des Sündenfalls gestiftet wird. Sie drückt deshalb nicht mehr seinen »eigentlichen«, ursprünglichen und unmodifizierten Willen aus. Sie ist nicht mehr »Schöpfungs«-Ordnung, sondern eher so etwas wie eine »Notverordnung«.

Mit diesem Verständnis des Staates spielt Luther auf einen Gedanken an, wie er im Matthäus-Evangelium im Zusammenhang mit der *Ehescheidungsfrage* auftaucht. (Matthäus-Evangelium 19,3—8) Auch hier unterscheidet Jesus zwischen einer ursprünglichen Schöpfungsordnung und deren Modifizierung durch den Sündenfall. »Ursprünglich« sei die Ehe dazu bestimmt gewesen, daß Mann und Weib »*ein* Fleisch« würden. Als die Pharisäer demgegenüber darauf hinwiesen, daß Mose doch einen Scheidebrief vorgesehen habe, erwidert Jesus, dies sei um »eures Herzens Härtigkeit« (sklerokardía) willen von Gott eingeräumt worden, sei also eine barmherzige Konzession an den gefallenen Menschen; »von Anbeginn« (ap'archês) aber sei es nicht so gewesen. Die Ehescheidung ist also nicht — wie die Ehe selber — als ursprüngliche Schöpfungsordnung, sondern ebenfalls als eine »Notverordnung«, eine Konzession Gottes an den gefallenen Menschen verstanden. Es geht darum nicht um den »eigentlichen« und ursprünglichen Willen Gottes, sondern um die barmherzige Duldung seines gefallenen Status, um einen zeichenhaften Hinweis, daß der Schöpfer den gefallenen Menschen nicht aufgibt, sondern ihn toleriert und ihm selbst in seiner Entfremdung noch eine Lebensmöglichkeit eröffnet.

Hier wird deutlich, wie es mit den zwei verschiedenen, einander scheinbar widersprechenden Willenskundgebungen Gottes steht: der in der Bergpredigt (im Reiche zur Rechten) und der in den Institutionen des Diesseits, im Weltreich (also im Reiche zur Linken). Die Bergpredigt greift auf den unmittelbaren und »eigentlichen« Willen Gottes zurück, auf jenen Willen, wie er sich im Schöpfungsentwurf ausspricht und noch nicht eingeschränkt ist durch die Bedingungen des Sündenfalls. Deshalb enthält sie radikale, eben »unbedingte« Forderungen. Man hat ihr deshalb auch eine »eschatologische« Qualität beigemessen, weil sie über die angekränkelten Ordnungen und Strukturen dieses Äons hinweggreift und noch einmal die Ungebrochenheit des Urstandes beschwört, wie sie also zeigt, was es heißt, ganz und ungeteilt und unbedingt für Gott da zu sein. Etwas zugespitzt können wir so formulieren: Die Bergpredigt fordert uns »noch« so, als ob wir im noch unbeschädigten Paradiese existierten; und sie fordert uns

»schon« so, als ob das Gottesreich bereits hereingebrochen wäre und das Interim unserer vergehenden Welt abgelöst hätte.

Nun höre ich förmlich den Einwand (der auch einmal mein eigener war, ehe mir diese Zusammenhänge zum ersten Mal klar wurden), ob das alles nicht etwas abstruse Spekulationen seien, wie sie sich außer der Theologie keine vernünftige Wissenschaft leisten könne, ohne sich zu kompromittieren. Was sollen denn »unbedingte«, »radikale« und »eschatologische« Forderungen, die unter den gegebenen Daseinsbedingungen prinzipiell unerfüllbar sind und sie einfach überspringen? Müssen sie sich nicht den Vorwurf gefallen lassen, in einem massiven Sinne »weltfremd« zu sein?[66]

Ich vermute, daß einige Leser erstaunt sein werden, wenn ich demgegenüber feststelle: Vielleicht geht es der scheinbar weltfremden Bergpredigt gerade darum, auf eine sehr indirekte, gleichsam sokratische Art sichtbar zu machen, daß diese unsere Welt samt den sie durchwaltenden Strukturen »Reich-Gottesfremd« ist, daß ihre Gerüste also keineswegs mehr dem Schöpfungsentwurf Gottes entsprechen.

Gut, sagt jetzt vielleicht der skeptische Leser (den ich mir übrigens wünsche), bis dahin verstehe ich noch, was der Autor meint. Er will offenbar sagen, daß christliche Theologie gegenüber dieser unserer Welt und ihren Strukturen einige kritische Vorbehalte hegt, daß sie diese nicht »in Ordnung« findet und sich von der Radikalität der Bergpredigtforderungen bestätigt fühlt. Doch was soll uns dieser allgemeine Weltpessimismus, den man auch bei querulierenden Kulturkritikern höchst weltlicher Provenienz wiederfinden kann? Man braucht also nicht erst ein Christ zu sein und die Bergpredigt zur Kenntnis zu nehmen, um solche Haare in der Weltsuppe zu finden! »Was soll's also?« mag der skeptische Leser schließen.

Ja, was soll's?

Hier möchte ich mir eine Gegenfrage erlauben: Könnte es nicht sein, daß diese vermeintlich weltfremde Bergpredigt mit ihren unerfüllbaren Forderungen sehr wohl eine realistische Bedeutung — sogar im Bereich »diesseitiger«, mit sehr weltlichen Mitteln operierender Politik hätte? Ich will es möglichst konkret verdeutlichen:

Angenommen einmal, der Staat wäre als ursprüngliche Schöpfungsordnung zu verstehen und gehörte also zum Entwurf dessen, was Gott mit seiner Welt-Schöpfung gemeint hätte. Warum sollte man ein solches Schöpfungsgut dann aber nicht bis zum Äußersten entfalten, warum sollte man es nicht bis zum »totalen Staat« expandieren lassen dürfen? Wäre diese extreme Art der Verwirklichung nicht zugleich eine extreme Realisierung der Schöpfungsabsichten Gottes, wäre sie nicht mit seinem Willen konform? Stellen wir die Frage einmal so, könnte sich ein erstes Bedenken und Zurückzucken in der angenommenen Skepsis bemerkbar machen: Denn genau das wollen wir natürlich *nicht!*

Doch wir müssen noch tiefer bohren: Wäre der Staat so als Schöpfungsordnung, als »eigentlicher« Wille Gottes verstanden, so könnte sich auch alles, was mit der Eigengesetzlichkeit der Staatspolitik zusammenhängt, durch jenen Schöpfungswillen Gottes legitimiert sehen. Dazu gehört zum Beispiel der mit der Staatlichkeit verbundene »sacro egoismo« (Macchiavelli), der Wille zur Selbstbehauptung, zur Sicherung und Machtexpansion, mit anderen Worten der *Krieg*. Er müßte dann ebenfalls den Schöpfungsabsichten Gottes zugeschlagen werden und wäre folglich gerechtfertigt, ja Gott wohlgefällig.[67]

Jacob Burckhardt hat in seinen »Weltgeschichtlichen Betrachtungen«[68] diese Eigengesetzlichkeit dargestellt. Er bemerkt dazu vier Stufen:

Die *erste* Stufe zeigt, daß der Staat sich einen Egoismus anmaßt, den er dem einzelnen nicht gestattet. Dieser sein Egoismus gilt deshalb als »exkusabel«, weil er ohne ihn nicht zu geschichtlicher Wirksamkeit käme, sondern die Rolle eines ohnmächtigen Statisten in der Geschichte spielen müßte.

Die *zweite* Stufe besteht darin, daß der Staat seine Macht »im Vorrat« sichert, und zwar »ohne irgendeinen besonderen Anlaß«. Die Selbstbehauptung seiner Macht bedient sich also der Prophylaxe. So kommt der Staat zu einem »permanenten Gelüste des Arrondierens«, das heißt der Abrundung seines Hoheitsgebiets mit Hilfe eingebauter Sicherungszonen.

Die *dritte* Stufe besteht darin, daß der Staat seine Machtexpansionen ideologisch rechtfertigt (Burckhardt kennt freilich diesen Begriff noch nicht) und moralische Argumente dafür anführt. Er wählt als Beispiel dafür Gründe, die Friedrich der Große beim Ersten Schlesischen Krieg für sich in Anspruch nahm.

Die *vierte* Stufe endlich besteht in der »großen indirekten Exkuse«, daß die Expansion der Macht erhabene geschichtliche Fernziele ansteuere, zu deren Erreichung auch Kriege erforderlich sein können. Das simple »Gott-mit-uns« auf den Koppelschlössern oder das gute Gewissen, das sich auf die Gewißheit gründet, daß »Gott auf unserer Seite« sei, können sich von dieser Basis aus eines theologischen Alibis versichert sehen.

Von hier aus wird es vielleicht einsichtig, welch hintergründige Bedeutung es hat, daß die Bergpredigt — ungestört durch eine Rücksichtnahme auf die in unserer Welt geltende »normative Kraft des Faktischen« — ihre radikalen Forderungen vom *ursprünglichen* Schöpfungsentwurf Gottes, von seinem *»eigentlichen«* und noch nicht alterierten Willen bestimmt sein läßt. Denn dadurch werden die Ordnungen dieser unserer Welt ihres Glanzes von angemaßter Unbedingtheit beraubt, sie können jetzt keinen absoluten moralischen Rang mehr beanspruchen. Im Gegenteil:

Es wird nun klar, daß an ihnen nicht nur die Spuren Gottes bemerkbar sind, sondern auch die Spuren des gefallenen Menschen: In ihnen zeigt sich, wie mit dem Storchschnabel vergrößert und ins Gigantische hochgetrieben, der Egoismus des menschlichen Herzens. Der staatliche sacro egoismo ist nur eine Art Institutionalisierung dessen, was im Mikrokosmos des menschlichen Herzens keimhaft angelegt ist. Das große Babylon (wir erinnern uns) als Symbol der Staatlichkeit ist nur eine ins Große erhobene Spiegelung des »babylonischen Herzens«.

Wenn die Ordnungen unserer Welt in dieses Zwielicht getaucht sind, besser: wenn wir sie in dieses Zwielicht getaucht sehen, werden wir immun gegenüber ihrer Idealisierung, auch gegenüber der Ausweitung ihrer Herrschaft (etwa in Gestalt des »totalen Staates« oder einer Verabsolutierung des sogenannten positiven Rechtes). Die Bergpredigt ist ein Mahnzeichen, das uns vor aller Unbedingt-Setzung irdischer Ordnungen bewahrt. Sie hält die Erinnerung an die gefallene Welt wach, die nicht mehr die Welt ist, wie sie dem Entwurf des Schöpfers entspricht. *So wird die Bergpredigt zu einer Art Gaze in der Wunde, die der Sündenfall dieser unserer Welt schlug, und hindert sie an falschem, vorzeitigem Zuheilen.* Solange diese Gaze in der Wunde steckt, kann sie nicht übersehen werden. Und solange sie nicht übersehen wird, sind wir vor dem Mißverständnis gefeit, als könnten wir dieser unserer Welt letzte Normen des Verhaltens — *ethische Normen* — entnehmen und an ihrem entstellten Bilde ablesen, was gut und böse, was gottwohlgefällig und was gottwidrig ist.

So mag denn deutlich geworden sein, welchen Rang die unbedingten Bergpredigtforderungen nicht nur für das geistliche Leben der »Frommen« haben, sondern ebenso für das Verhältnis unserer Welt und ihrer Ordnungen, was sie also für Politiker, Wirtschaftler, Juristen, Techniker — und auch Parlamentarier jeder Partei bedeuten können, wenn sie sich ihnen aufschließen.

Die verschiedenen Gestalten der Liebe

An dieser Station unserer Überlegungen wird die Lehre von den beiden Reichen oder Regimenten wichtig:

Der Wille Gottes erreicht uns nämlich nicht immer in derselben Gestalt. Er äußert sich nicht wie ein in Stein gehauenes, starres und unwandelbares Gesetz. Sein Verhältnis zu uns ist vielmehr »geschichtlich«.

Das hat vielleicht niemand so früh und so deutlich gesehen wie Gotthold Ephraim Lessing in seiner Schrift über »Die Erziehung des Menschengeschlechts«. Darin interpretiert er den Herrn der Geschichte als einen Pädagogen, der die Entwicklung der Menschheit von Stufe zu Stufe begleitet. Und genau wie ein Erzieher seinen Zöglingen keine allgemeinen und zeitlosen Wahrheiten mitteilt, sondern diese Mitteilungen dosiert, dem jeweiligen Reifegrad anpaßt und sich ihnen so »akkommodiert«,[69] so spielt auch Gott das, was er den Menschen an Wahrheiten und Normen kundgibt, auf die jeweilige geschichtliche Situation ein. Die Substanz seiner Offenbarung, so Lessing, bleibt konstant und behält ihre Identität; nur ihre Mitteilungsweise ist variabel, gleichsam plastisch umformbar und dann vielfältig: So wird der Mensch in den frühen Stufen der Menschheitsgeschichte mehr das Bilderbuch und die Fibel verwenden, weil kindliches Verstehen der Anschauung und der Geschichten bedarf (darum bedient sich Gott in diesen Frühstadien der mythischen Bilderwelt), während die reifer gewordene Menschheit mehr und mehr die bildlose und unmittelbare Wahrheit, sogar in abstrakter Gestalt, verkraften kann.

Ein in mancher Hinsicht (nicht in jeder!) ähnlicher Gedanke liegt der Lehre von den zwei Reichen zugrunde. Auch hier geht es jedenfalls darum, daß der Wille Gottes uns in verschiedenen Formen der Mitteilung erreicht, je nach der geschichtlichen Situation, in der uns sein Wort begegnet. Und auch die Art, wie wir unsererseits nach ihm fragen und seinen Forderungen gerecht werden, ist geschichtlich variabel und wechselt mit den Situationen und Daseinsmedien, in denen wir uns jeweils befinden:

Es kann zum Beispiel sein, daß er von uns die *Improvisation der Liebe* erwartet. Das ist etwa dann so, wenn uns der Nächste plötzlich und unerwartet vor die Füße gelegt wird, wie das ja in der Geschichte vom Barmherzigen Samariter geschieht (Lukas-Evangelium 10,25—37).

Hier tritt Gott uns in der Gestalt des Nächsten, des unter die Mörder Gefallenen und Verwundeten, gegenüber. Da sind wir unmittelbar von ihm angesprochen und in unserem persönlichen Engagement gefordert. Wir müssen jetzt und »in actu« unsere Liebe bewähren oder aber wir versagen. In der Regel passiert so etwas gerade dann, wenn es überhaupt nicht in unsere Planungen paßt und die Ordnung unserer Tagesgeschäfte stört. Der Nächste mit seiner Not pflegt unvorhergesehen aufzutauchen. Der Samariter mußte deshalb improvisieren; er mußte sofort mit seiner Hilfe zur Stelle sein. Der Priester und der Levit, die zufällig eben desselben Weges kamen, gingen bekanntlich in einem großen Bogen um den armen Mann herum, der in desolatem Zustande dalag. Er paßte nicht in ihren Terminkalender. Vielleicht mußten sie abends einen Vortrag über »christliche Nächstenliebe« in Jericho halten. Da konnten sie sich nicht aufhalten. Gott aber *verlangt*, daß wir uns aufhalten. Das besagt: Er verlangt von uns die

Improvisation der Liebe. — Damit ist die eine der möglichen Gestalten von Liebe umschrieben.

Es gibt aber noch eine ganz andere: Es kann nämlich sein, daß Gott nicht nur jene Improvisationsbereitschaft, sondern daß er langfristige *Planungen* der Liebe von uns haben will. Er will vielleicht — das kann gerade beim politischen Geschäft im »Reich zur Linken«, im Weltreich, so sein —, daß wir nicht nur an den *Symptomen* von Armut und Elend herumdoktern, hier ein Süpplein für die Armen kochen und dort ein Pflaster auf geschlagene Wunden legen. Kann bloße Symptomtherapie wirklich eine radikale Wende der Verhältnisse bringen? Das wäre wohl nur dann möglich, wenn wir nicht nur von Fall zu Fall — also improvisierend — Wunden verbinden, sondern wenn wir Wunden *verhindern!*

Vielleicht will Gott also, daß wir »radikal« vorgehen, daß wir an die Wurzeln greifen und die gesellschaftlichen *Ursachen* des Elends ändern. Das könnte je nachdem sogar heißen, daß wir dem *System an sich* — dem kapitalistischen oder auch dem sozialistischen — an den Kragen gehen müssen, weil uns als politischen Menschen klar geworden wäre, daß nichts anderes als eben dieses *System* es ist, was immerfort soziale und menschliche Unzulänglichkeiten produziert. Sieht man sich aber aus Liebe zum Menschen so genötigt, die der Misere zugrunde liegenden Strukturen zu beeinflussen, das heißt, sie systematisch und planvoll zu verändern, dann müssen wir uns natürlich auch den *Gesetzen* der Welt richten. Da können wir zum Beispiel nicht das Unmögliche und Utopische wollen, sondern müssen uns »politisch« verhalten, will sagen: Wir müssen die Kunst des Möglichen betreiben. Und das heißt nun ganz schlicht: Wir müssen die realen Verhältnisse, die besonderen Bedingungen im Auge behalten, wenn wir jetzt und hier die Gebote Gottes erfüllen und unsere Nächstenliebe auf diesem nicht nur *improvisierenden*, sondern auf *geplantem* Wege betätigen und die Wurzeln der Misere ausreißen wollen.

Ich will das, was ich meine, an einem Bilde verdeutlichen: Gottes Wort gibt uns ein Meßtischblatt, keine Generalstabskarte an die Hand, obwohl wir gerne solch eine Karte hätten, auf der an jeder Straßenecke, die uns eine Entscheidung über die einzuschlagende Richtung abverlangt, ein Pfeil eingezeichnet wäre: »In *die* Richtung sollst du gehen!« (etwa bei Entscheidungen über einen Schwangerschaftsabbruch oder über ärztliches Verhalten oder auch in einer prekären politischen Situation). Solche kasuistischen Detailweisungen wären uns in der Regel sehr willkommen. In ihnen dürfte auch die Attraktivität der Gesetzesreligionen wie etwa der islamischen bestehen: Sie entlasten ja unsere Verantwortung! Und selbst wenn ihre Forderungen rigoros sind, erscheinen sie uns bequemer als die Last selbstverantwortlicher Entscheidungen.

In der Seelsorge habe ich immer wieder erfahren, daß der Mensch bei schweren Lebensentscheidungen keine größere Sehnsucht kennt, als daß man sie ihm abnimmt und ihm sagt: »Dies und das mußt du jetzt tun!« Doch Gott tut uns diesen Gefallen *nicht*, wenn wir so abgesichert sein möchten. Er gibt uns statt jener Generalstabskarte vielmehr ein anderes Gerät in die Hand (wenn ich weiter bei unserem Bilde bleiben darf): einen *Marschkompaß*. Der Zeiger dieses Marschkompasses ist auf eine bestimmte Richtung eingestellt: auf die Richtung der *Liebe*, überhaupt einer Hilfsbereitschaft im weitesten Sinne. Dahin also sollen wir gehen.

Nun weiß aber jeder, der einmal nach solch einem Kompaß marschiert ist, daß man in der von ihm angezeigten Richtung keineswegs einfach geradeaus und unverdrossen losgehen kann. Das geht nicht. Denn da ist etwa ein Fluß im Wege, da schneidet eine

Autobahn unseren Weg, dann kommen ein Hochhaus, allerhand Zäune und sogar ein Gebirge, die meinen Weg blockieren. Aber ich *soll* doch in dieser Richtung gehen! Was mache ich da? Ich mache Umwege, ich berücksichtige die Geländeverhältnisse. Es kommt allerdings darauf an, daß ich die Kompaßanzeige im Auge behalte und immer wieder in die gewiesene Richtung einschwenke.

Das, was hier durch die Geländeverhältnisse, die alle möglichen Umänderungen meines Weges verlangen, symbolisiert wird, das sind eben die bestimmten »Situationen«, die »Strukturen«, die »Verwirklichungsmedien«, von denen ich sprach. Nach diesem Kompaß zu gehen und nicht auf der Karte an jeder Straßenecke einen Pfeil vorzufinden, also Kompromisse mit dem Gelände machen zu müssen: das ist ein unerhörter Anspruch an unsere *Freiheit*. Denn damit beansprucht Gott ja unsere Rationalität und unsere Entscheidungsbereitschaft: Wir müssen uns eben überlegen (überlegen!), wie wir das Gelände zu verstehen und einzuschätzen haben, wie wir also Möglichkeiten finden, um trotz aller Schwierigkeiten ans Ziel zu gelangen. Sobald wir »politisch« ein bestimmtes Ziel anstreben, ist uns so die Frage nach den Realisierungs*mitteln* gestellt. Sie in Anspruch zu nehmen heißt, »die Kunst des Möglichen« zu betreiben. Sie zu überspringen heißt, ein Schwärmer und ein Utopist zu sein.

Damit wird deutlich, daß wir nicht einfach Sklaven und Funktionierer sind, die nur auf bestimmte, von anderen gesetzte Pfeilrichtungen reagieren, daß wir also keine Leute sind, die in ihrer Unmündigkeit auf Schritt und Tritt gegängelt werden müßten. Nein, wir sollen »Söhne« Gottes sein, *mündige Söhne* (Galater-Brief 4,1—7, im Sinne von Luthers Verständnis der »Freiheit eines Christenmenschen«), die Gott im eigenen Wagnis ihrer Freiheit und unter Aufbietung aller Kräfte der Vernunft zu dienen haben.

Die gesellschaftliche Großwetterlage

Jahrhundertelang waren die Christen die Diakone und Samariter der Welt. Sie haben Wunden verbunden, Kranke besucht, den Gefangenen beigestanden, den Ärmsten der Armen Almosen zugewendet. Ich erwähne das mit Respekt und nicht mit dem Hochmut vieler Heutiger, die sich von der Zinne moderner Wohlfahrtsstaaten herab vernehmen lassen: »Das war ja alles primitiv und brachte keine Wende.« Gleichwohl frage ich mich: Sind diese Formen von spontaner Hilfe das lösende Wort für Probleme der modernen Welt? Sollte das, was Gott von uns will, nur die Einrichtung eines gigantischen Bethel sein? Dann hätte wohl jener atheistische Autor recht, der in einer sowjetischen Zeitschrift schrieb: Die Kirche habe längst aufgehört, eine Feuersäule zu sein, die vor der Menschheit einherzieht und sie einem höchsten Ziel entgegenführt. Sie sei eher mit einem Sanitäter zu vergleichen, der sich neben dem Treck des Menschheitszuges herschleppt und die Verwundeten aufsammelt.[70]

Derweil die Kirche so auf die unglücklichen Opfer des Menschheitstrecks blickte, kam Karl Marx und analysierte die *Ursachen* des sozialen Elends, und zwar so, daß er die auslösenden Kräfte der Verelendung in bestimmten gesellschaftlichen Verhältnissen fand. Konsequenterweise schlug er deshalb eine Umstrukturierung großen Stils vor. Ob das, was Marx dann positiv vorzuschlagen hatte, im einzelnen richtig war, ist überhaupt nicht entscheidend. (Ich habe da meine Vorbehalte.) Entscheidend ist vielmehr, daß er die gesellschaftliche Großwetterlage zu beeinflussen suchte, während die Kirche den Unbehausten nur Regenschirme für den Augenblick zur Verfügung stellte.

Und genauso, wie Karl Marx sein Experiment mit der Gesellschaft betrieb, so gingen auch die Medizin, die Hygiene und die

Technik vor. Sie änderten die *Bedingungen* des menschlichen Zusammenlebens. Sie riefen nicht bloß zur Pflege der Seuchenkranken auf, sondern sie bekämpften die Bakterien, also die Ursachen. Das ist ein völlig neuer Ansatz, wie man mit dem Elend des Menschen umgeht, wie man ihm abzuhelfen sucht. Ich frage mich: Hat man damit den Weltkindern nicht eine Aufgabe überlassen, die auch für die *Christen* das Gebot der Liebe hätte sein müssen? War es dieser Liebe nicht aufgegeben, mehr als bloße Samariterdienste zu leisten: Nämlich im Blick auf den Nächsten (auf den in *Not* befindlichen Nächsten) zu helfen, zu organisieren, fachliche Arbeit, institutionellen Dienst zu leisten, um auf diese Weise Not zu *verhindern,* also nicht nur eine bereits eingetretene Not zu lindern, sondern prophylaktisch zu verfahren?

Dann aber sind uns *sachliche* Aufgaben der Weltbewältigung von Gott gestellt, und mit diesen sachlichen Aufgaben zugleich der Anspruch, die *Bedingungen* zu erforschen, unter denen die Realisierung dieser Aufgaben möglich werden kann. Ich will das, was ich meine, wieder an einem Bilde verdeutlichen:

Ich male mir oft aus, wie die Geschichten des Neuen Testaments weitergegangen sind und überlege mir etwa, was aus dem reichen Jüngling später geworden sein mag (Markus-Evangelium 10,17 ff.) oder aus dem kanaanäischen Weib (Matthäus-Evangelium 1,21 ff.). So frage ich mich auch, wie es wohl mit dem Barmherzigen Samariter weitergegangen sein könnte, als er nach Hause zurückgekehrt war (Lukas-Evangelium 10,25 ff.).

Der Barmherzige Samariter war ja nicht von Beruf Samariter! Das anzunehmen wäre etwa genauso töricht, wie wenn man sagte, Goethe sei von Beruf Klassiker gewesen. Natürlich hat er irgendeinen Beruf gehabt. Und wenn ich schon einmal meiner Phantasie die Zügel schießen lassen darf, dann erlaube ich mir nun die Annahme, er sei von Beruf Bürgermeister gewesen. Warum eigentlich nicht? Jedenfalls paßt es mir in die Gedankenkonstruktion, die ich jetzt vorhabe.

Was mag er also gemacht haben, als er wieder nach Hause kam? Da hat er sich vermutlich in sein Amtszimmer begeben und sich nach den überstandenen Aufregungen klar gemacht: »Gott sei Dank, diesen armen Kerl habe ich jedenfalls vor den Räubern gerettet!« — »Ja«, sagt er sich dann im nächsten Augenblick, »aber die Räuber *sind* ja noch im Wald! Deshalb können sich gleiche Überfälle schon morgen wiederholen. Was machen wir also?« In seinem Selbstgespräch gibt er sich darauf die Antwort: »Wir müssen die Räuber fangen, um neue Wunden zu *verhindern* und sie nicht nur zu verbinden, wenn sie schon geschlagen sind.« — So schickt er denn zwei Polizisten aus. (Ich kann ja ruhig drauflos phantasieren. Es ist zwar eine erfundene Geschichte, doch hält sie ja immer noch die Linie des Neuen Testamentes ein.) Also: Er schickt zwei Polizisten los. Die durchkämmen die Wälder und bringen schließlich zwei Spitzbuben an, die verdächtigt werden müssen, jene Untat an dem armen Opfer begangen zu haben. »Die haben wir jetzt wenigstens hinter Schloß und Riegel«, denkt der Samariter-Bürgermeister. »Wir haben also künftigen Verwundungen vorgebeugt. Das ist ja auch ein Stück Nächstenliebe«, sagt er sich nicht ohne Befriedigung. Kaum will er sich, leicht erschöpft, zurücklehnen, kommt ihm die selbstkritische Frage, ob damit *wirklich* nun alles erledigt sei. Und schon hält sein Gewissen ihm weitere Pflichten vor: »Bin ich nicht auch diesen beiden Räubern Liebe und Zuwendung schuldig? Sind es nicht arme Kerle, die da in der Verlassenheit ihrer Zelle hocken? Auch um sie müßte ich mich eigentlich bekümmern.« Sein Selbstgespräch geht noch weiter: »Um ihnen helfen zu können, muß ich zunächst einmal dahinterkommen, wie sie überhaupt auf die schiefe Ebene gekommen sind.«

So verhört er sie denn und fragt sie nach dem Warum und Wieso ihrer Tat aus. Da erzählt der eine: »Ich stamme aus einem asozialen Milieu. Meine Eltern haben auch schon geräubert und sind auf Diebestouren gegangen. Das habe ich von Jugend an miterlebt und bin so selber auf die abschüssige Bahn geraten. Ich kann also nichts dazu. Ich bin ›milieugeschädigt‹.« (Wir lassen die beiden, um es kurz zu machen, ruhig einmal im heutigen Psychologen- und Soziologen-Slang reden, den übrigens moderne »Knakkis«, wie ich mich selbst überzeugen konnte, oft vollendet beherrschen.)

Dann fragt er auch noch den anderen. Der antwortet: »Ich habe ein Jugend-Trauma: sie haben mich als Kind zu heiß gebadet« — oder irgend etwas anderes dieser Art. Er spricht jedenfalls von einem konstitutionellen Schaden, der ihm von Kindertagen her anhafte.

So sieht sich der Bürgermeister vor die Frage gestellt, wie er auch an *diesen* beiden helfende Nächstenliebe üben könne. Dabei kommt er vielleicht zu der Antwort: »Zunächst sollte man das asoziale Milieu beseitigen, also die Slums und ähnliches. Das werde ich mit Hilfe einer neuen kommunalpolitischen Initiative in Ordnung bringen.« Und für den anderen besorgt er vielleicht einen Psychotherapeuten (!).

Ich will hier abbrechen, obwohl man das noch lange weiterspinnen könnte. Doch möchte ich mich vor narrativen Exzessen hüten. Es kam mir ja nur auf die eine Pointe an: Wenn wir ein Maximum an Zuwendung für den Nächsten aufbringen wollen, ein Maximum an liebender Hilfe — und das kann ja nur das Ziel des Liebesgebotes Jesu sein —, dann kommen wie in einer Kettenreaktion immer neue Aufgaben auf uns. Inmitten der Fülle dessen, was da auf uns eindringt, erkennen wir auch Aufgaben, die über die bloße Improvisation einer individuellen Einzelhilfe von Fall zu Fall hinausweisen. Wir sehen uns auch und zugleich zu einer »systematischen«, einer planenden, unter Umständen sogar zu einer die Gesellschaft *ändernden* Hilfe aufgerufen. (Love of structures hat man sie gelegentlich genannt.) Und ich frage mich nun: Wie konnte dieser Bezug der Liebe zu den Strukturen und zu Umweltzusammenhängen (die der Samariter-Bürgermeister — nach dieser kleinen Dichtung — entdeckt hat), wie konnte das alles von der Kirche so lange übersehen werden? Was ist also mit der Christenheit — speziell der reformatorischen — und mit der Lehre von den zwei Reichen passiert? Was ist da schiefgelaufen? Welche Weichen müssen deshalb anders gestellt werden? Oder etwas anders formuliert: Wie gewinnen wir ein Verhältnis zur Welt, das dem entspricht, was Gott von uns will?

Grenzen reformatorischer Einsichten

Zunächst muß ich hier eine geschichtliche Feststellung treffen: Luthers Reformation konzentrierte sich auf eine Frage, die das menschliche *Herz* betraf. Es ging darum, daß der Mensch aus seinem Unfrieden befreit würde: aus jenem Unfrieden, der ihn befallen mußte, wenn er das Leistungsprinzip zu seinem Götzen machte. Denn durch das Leistungsprinzip wurde er fortgesetzt genötigt, sich selbst zu beobachten, und dann entweder *eingebildet* auf sich zu werden, wenn er meinte: »Ich habe viel geleistet«, oder *verzweifelt* über sich zu sein, wenn er sein Versagen bemerkte (»securitas« und »desperatio« sind die beiden Begriffe, die Luther dafür verwendet). Für dieses Hinein-gekrümmt-sein-in-sich-selber (»incurvitas in se ipsum«), für diese narzißhafte und selbstquälerische Egozentrik mußte es natürlich eine unbeschreibliche Befreiung bedeuten, daß Luther das Wort »allein aus Glauben«

zur Parole machte. Denn das hieß doch: Gott nimmt uns um Christi willen an, so wie wir sind. Wir dürfen aus dem Vertrauen leben und können uns selbst dabei ganz uninteressant werden. So ging es um die Erneuerung des menschlichen *Herzens*. Es bekam eine neue Einstellung zu Gott. Aber — und diese Frage muß sich nun sofort ergeben —, wie sieht es mit dem *Blutkreislauf* aus? Pumpt das so erneuerte Herz das Blut auch in die Gliedmaßen? Gibt es da nicht klamme, nicht durchblutete Glieder?

So kann die Frage entstehen, warum etwa unsere Sexualität oder unser Geschäftsgebaren oder das Verhältnis zu unserem Nachbarn schmerzlich unberührt bleibt von dem, was uns als Glauben erfüllt. Ich bin überzeugt, daß es an dieser Unberührtheit, an dieser fast schizophrenen Gespaltenheit unseres Lebens liegt, daß wir als Christen uns immer wieder den Vorwurf der *Heuchelei* zuziehen. Heuchelei ist nämlich in den Evangelien nicht eine bewußte Verstellung in dem Sinne, daß ich die anderen Menschen täuschen will. Vielmehr ist Heuchelei bei Jesus ein objektiver Selbstwiderspruch. Daß etwa ein Mensch an den Altar geht, um dort seine Gabe abzugeben, während er gleichzeitig mit seinem Nächsten in unversöhnlicher Feindschaft lebt und gar nicht merkt, daß dieses beides in Widerspruch zueinander steht: *das* ist für das Neue Testament Heuchelei. (Vergleiche Matthäus-Evangelium 5,23 ff.) Das ist das, was ich mit dem Stichwort Blutkreislauf ausdrücken will: Pumpt das Herz, das erneuerte Herz, das glaubende Herz, das Blut wirklich in alle Extremitäten hinein, zum Beispiel in den Bereich der Sexualität, in den Bereich unserer Stellung zum Mammon, in den Bereich unserer Stellung zur Macht, zum Prestige und vielem anderen? Die reformatorische Theologie hat zwar die Frage nach dem Herzen gestellt, sie hat aber die Frage des Blutkreislaufs vernachlässigt. Und hier besteht, glaube ich, ein immenser Nachholbedarf.

Die Frage nach dem Wohin und Wozu

Gleichwohl dürfen wir dankbar sein, daß die Reformation an diesem Zentrum des *Herzens* eingesetzt hat. Von diesem Zentrum aus kann man sich nämlich leicht nach den Extremitäten, nach den Gliedern durchfragen. Man sieht sich doch vor das Problem gestellt: »Was bedeuten die Gebote Gottes für die Geschlechtlichkeit? Was bedeutet mein Glaube für das Verhältnis zu meinen Allernächsten in der Familie, zur Gesellschaft usw.?«

Das Umgekehrte ist aber nicht so einfach möglich. Da laboriert man etwa an der Gliedmaßentherapie. Man erstrebt soziale Erneuerung, technische Perfektionen, man schreibt die Parole Mitmenschlichkeit auf die Fahnen und zielt auf die Veränderung ungerechter Strukturen. So wichtig das auch sein mag — natürlich ist das wichtig! —, so hat man die Rechnung doch ohne den Wirt gemacht. Man findet nämlich von dort aus nicht ohne weiteres zu dem Punkt, wo sich der entscheidende Verlust der Mitte ereignet hat, wo der Mensch in all seiner Fragwürdigkeit, in der Fragwürdigkeit seines *Herzens*, offenbar wird. Darum ist alles Laborieren an den Extremitäten oft nur eine Art Symptomtherapie, die den eigentlichen Krankheitsherd des Herzzentrums überhaupt nicht erreicht.

Das hat Albert Einstein auf seine Weise sagen wollen, als er einmal meinte, daß wir in einer Zeit vollkommener Mittel und verworrener Ziele leben. Das heißt doch: mit unseren technischen Mitteln planieren wir zwar die Wege durch die Welt immer besser, wir machen uns das Leben leichter, wir bauen schwere körperliche Arbeit ab, unsere Wohlfahrtsstaaten verringern die soziale Misere. O ja, wir bauen schöne glatte Beton- und Lebensstraßen. Nur wissen wir leider nicht, wohin sie führen. Und eines Tages stellt sich bei uns die Camus-Frage ein: »Was soll das alles? Welchen Sinn hat es? Wofür lohnt es sich überhaupt zu leben?«[71]

Werner Heisenberg, der große Physiker, weist in dieselbe Richtung. Ich zitiere dazu: »Mit der scheinbar unbegrenzten Ausbreitung ihrer materiellen Macht kommt die Menschheit in die Lage eines Kapitäns, dessen Schiff so stark aus Eisen und Stahl besteht, daß die Magnetnadel seines Kompasses nur noch auf die Eisenmasse des Schiffes selber zeigt, nicht mehr nach Norden. Mit einem solchen Schiff kann man keine Ziele mehr erreichen. Es wird nur noch im Kreise fahren und daneben dem Wind und der Strömung ausgeliefert sein.«[72] Was hilft es uns, die ganze Welt zu gewinnen, wenn uns Grund, Ziel und Sinn unseres Lebens entschwunden sind?

Damit stehen wir bei der entscheidenden Frage: *Wie sollen wir als Christen in der Welt handeln?* Wie vollzieht sich denn überhaupt der Übergang des Blutes in die Gliedmaßen? Hier wird noch einmal das soeben gebrauchte Bild vom Marschkompaß aktuell: Ich muß als mündiger Sohn Gottes in Freiheit — aber eben in der *verantwortlichen* Freiheit in der Sohnschaft — entscheiden, wie ich mich zu orientieren, wie ich zu handeln habe. Das ist im Ursinn neutestamentlich. Jesus selbst hat immer wieder dargetan, wie er dem Menschen diesen Freiheitsraum offenhält, den ein Kind haben muß, wenn es sich unbefangen in seinem Elternhaus bewegen soll. Nur ein Beispiel von vielen, die angeführt werden könnten:

Wir kennen wohl alle die Geschichte vom Zinsgroschen (Matthäus-Evangelium 22,15 ff.), in der es um die Frage geht — um die übrigens sehr heimtückisch gestellte Frage! —, ob man dem Kaiser, dem *heidnischen* Kaiser, Steuern zahlen solle. Sie endet nun nicht etwa mit dem Worte Jesu: »Ihr *sollt* dem Kaiser Steuern zahlen, oder ihr sollt *keine* Steuern zahlen!«, vielmehr antwortet er: »Gebet dem Kaiser, was dem Kaiser und Gott, was Gott gehört.« Er läßt also die Frage offen und gibt sie an unsere Entscheidung zurück. Wir müssen von Fall zu Fall in eigener Verantwortung prüfen, ob eine Obrigkeit das Recht hat, unseren Dienst, unsere Steuern in Anspruch zu nehmen oder nicht. Es gibt ja sehr viele geschichtliche Situationen, in denen die Konstellation der Probleme immer wieder anders aussieht, so daß es keine generellen Lösungen gibt.

Ich weiß noch aus dem Dritten Reich, daß ich mich oft verzweifelt fragte, ob man dem Kaiser, sprich: dem Führer dies und das geben dürfe (zum Beispiel Beiträge zur sogenannten »Winterhilfe«). Was war man demgegenüber *Gott* schuldig? Wie sollte man das Schuldige auf beide verteilen, wie sollte man beiden gerecht werden — *wie?* Ich erinnere mich noch genau, wie ich mich immer wieder an diesem Worte Jesu gestoßen und mir gedacht habe: Wenn ich doch eine klare und genaue Weisung von ihm bekäme! Soll ich bei einer Straßensammlung etwas in die Büchsen tun oder der Aufforderung nachkommen, sogar selbst diese Büchse zu schwingen? Soll ich mich an einer fragwürdigen Wahl beteiligen oder nicht? Was will Gott von mir? Ich wollte, er sagte mir das. Im Neuen Testament steht aber nicht: Soundso weit gehen die Kompetenzen des Kaisers, und so weit gehen die Ansprüche Gottes. Vielmehr wird von uns verlangt, daß wir uns darüber unsere Gedanken machen und den Kompetenz-Radius des jeweiligen Regimes in eigener Verantwortung prüfen. Unser Gehorsam, unsere Nachfolge beginnt bereits bei der Art, wie wir nüchtern und ohne ideologische Scheuklappen eine bestimmte Situation *interpretieren*, wie wir — im Sinne des Marschkompasses — das Gelände beurteilen. Der Gehorsam fängt mit einem geistigen Akt, er fängt schon in unserer Ratio an.

Kirche und Politik

So wird uns klar, daß Gott ein immenses Maß von Freiheit von uns verlangt. Normalerweise sagt man ja nur: Freiheit wird geschenkt. Freiheit ist aber zugleich eine unbeschreibliche *Forderung*. Und eben die wird hier an uns gerichtet.

Gerade deshalb nun, weil die Freiheit schon bei der Interpretation einer geschichtlichen Situation ins Spiel kommt, kann es unmöglich ein gemeinsames kirchliches Programm für Politik, Gesellschaft und Kultur geben. Denn die erste Vorbedingung für die Erstellung eines solchen Programms ist doch, daß wir die politische Situation — das geschichtliche Gelände gleichsam — *deuten*. Das aber kann nur in Form von »Ermessens«-Urteilen geschehen, die von vielen subjektiven und individuell verschiedenen Bedingungen abhängen (vom Intelligenzgrad, vom Ausmaß der gegebenen Information, vom Wirklichkeitssinn, von der gesellschaftlichen Stellung, vom Parteimilieu und Common sense, an dem ich teilhabe, und noch manchem anderen). Es kann hier unmöglich jenen Konsensus geben, wie ihn die Kirche in ihrem Glaubensbekenntnis immerhin hat. Damit hängt es auch zusammen, daß Christen in unterschiedlichen politischen Lagern stehen können. So kann es denn auch keine kirchlich verbindliche Stellungnahme, keine synodale Einigkeit bei »Welt«-Fragen, in der Politik zum Beispiel, geben. Allenfalls ist ein Konsensus über Grad und Grenze der kirchlichen Zuständigkeit erreichbar (und sogar anzustreben).

Andererseits *muß* aber die Kirche in diesem Bereich auch wieder Stellung nehmen. Darum will ich diese zweite These, daß die Kirche auch da, wo es um den »Kaiser« geht, gelegentlich ein klares Wort schuldet, begründen:

Wir dürfen uns nämlich nicht einbilden, daß wir in allen Weltfragen, zum Beispiel in denen der Politik, nur aufgrund *sachlicher* Argumente entschieden, dächten, handelten. Auch bei der Lektüre eines Leitartikels, der vielleicht scharfsinnig, nüchtern und rational zu argumentieren scheint, müssen wir immer wieder fragen, welches *Interesse* könnte dahinterstehen? Von welchen Emotionen, Aggressionen, Ideologien ist der Verfasser vielleicht bestimmt? Man darf nicht alles für sachlich halten, was sich sachlich gibt. Denn »der Wunsch ist der Vater unserer Gedanken«, wie das Sprichwort sagt. Furcht und Hoffnung strahlen auch in unsere vermeintliche Rationalität hinein. »Was man wünscht, das glaubt man gern«, das *denkt* man auch gern! Wenn Luther das Wort von der Vernunft als einer »Hure« prägte, hat er damit nicht etwa die rationalen Fähigkeiten des Menschen beschimpfen und denunzieren wollen. Vielmehr hat er gemeint, daß die Vernunft ein Organ sei, das sich immer wieder verkauft, sich wie eine Hure feilbietet, daß die Vernunft vielfach nur als ein Mittel mißbraucht werde, das uns Argumente zuliefert, die das bestätigen, was wir wünschen, und das, was wir fürchten, in Abrede stellen.

Ich kannte zwei berühmte Chirurgen, die sich speziell auf Krebsprobleme verstanden. Beide aber haben die Krebskrankheit bei sich selbst nicht erkannt. Wenn ihre Assistenten versuchten, ihnen durch entsprechende Symptomhinweise nahezulegen, daß sie sich selber die Krebsdiagnose stellten, dann sorgte ihre hochentwickelte medizinische Vernunft dafür, daß sie Assoziationen noch und noch entwickelten, um die Indizien anders zu interpretieren. Sie *fürchteten* ja, Krebs zu haben, und darum fanden sie die Argumente — die Vernunft lieferte sie ihnen —, die eine nichtperniziöse Deutung der Indizien zu erlauben schienen.

Hier zeigt sich nun die Bedeutung unseres *Glaubens* für ein sachliches Verhalten zur Welt. Der Glaube befreit uns von Furcht und Hoffnung, weil wir unsere Hoffnung auf etwas anderes setzen:

Ein Hindu kann sich nicht sachlich zur Kuh verhalten. Er kann zum Beispiel keine Anatomie der Kuh betreiben, einfach weil sie für ihn sakral geladen ist. Sie ist für ihn eine Quelle geheimer Seelenschwingungen. Christus aber entgöttert die Welt. Er befreit uns dadurch von der Angst und schenkt uns ein *sachliches* Verhältnis zur Welt. So gibt es im Zusammenhang mit dem Glauben Objektivität. Und es ist nicht von ungefähr, daß Naturwissenschaft und Technik im *christlichen Abendlande* sich entwickelt haben, obwohl von ihnen nichts in der Bibel steht. Sie haben zur Bedingung, daß die Möglichkeit eines *objektiven* Verhältnisses zur Welt, eben eines »sachlichen« Verhältnisses besteht. Und dieses wieder gründet in der Befreiung von Götterangst und Götzenangst sowie von falscher Furcht und falscher Hoffnung.

Hat man das einmal eingesehen, dann versteht man den soeben formulierten Satz, daß die Kirche sehr wohl auch zu politischen Fragen Stellung nehmen müsse. Dann nämlich, wenn sich herausstellt, daß man nicht sachlich denkt, sondern von ideologischen Vergötzungen oder Verteufelungen bestimmt ist, daß man zum Beispiel von untergründigen Ressentiments gegenüber anderen Rassen erfüllt ist oder daß man auch umgekehrt diese Rassen vereinerleit und alle Unterschiede nivelliert oder daß man a limine alle Kapitalisten oder Sozialisten für den Inbegriff des Bösen hält. In diesem Sinne ist es möglich, daß in der Sozial- oder Rassenpolitik der »unsachliche« Egoismus einer Gruppe oder Klasse oder einer Partei zu triumphieren droht und daß diese Irrungen und Wirrungen dann noch durch das Mittel der Ideologie legitimiert werden. Hier ist die Kirche berufen, die Frage zu stellen, ob man denn dem *Menschen* die gebührende Stellung einräume, jenem Menschen, der teuer erkauft ist, für den Christus starb, und der darum mehr ist als der Sabbat, das heißt, mehr ist als jede Institution.

Dieses seelsorgerliche Motiv der Kirche bei politischen Interventionen (denn um nichts anderes geht es!) könnte auch bei der Absurdität der wechselseitigen *Atomrüstung* herausgefordert werden: dann nämlich, wenn das hemmungslose Drehen an der Rüstungsschraube weit über das hinausgeht, was im Rahmen einer rational noch einigermaßen verständlichen Abschreckungstheorie liegt. Dann ergibt sich die Frage, worin dieser absurde Überstieg des ursprünglich rationalen Konzepts begründet sei. Hier liegt dann die Antwort mehr als nahe, daß Angst und Panik die strategischen Konzepte verwirren. Was so an der Spitze verwirrend mächtig ist, strahlt dann auf die Massen der potentiellen Opfer eines Atomschlags aus und führt zu einer panischen Kollektiv-Infektion. Wer gewisse Demonstrationen und Massenhysterien in den letzten Jahren beobachtet hat, dem drängten sich die *emotionalen* Ursprünge und Folgen jener absurden Atomsituation förmlich auf.

Hier könnte es viel bedeuten, wenn eine Gemeinde, wenn Christen sich inmitten dieses psychischen Aufruhrs bemerkbar machten, die wie Nüchterne in einer berauschten Welt leben und ihre Botschaft verkünden, die von Furcht und Hoffnung — von *falscher* Furcht und *falscher* Hoffnung — befreit. Ein so begründeter (wohlverstanden: ein *geistlich* begründeter!) Aufruf zu Nüchternheit, Objektivität und Distanz könnte ein Stück Seelsorge auf dem Felde der Politik bedeuten.

Indem die Kirche also in politischen und gesellschaftlichen Fragen interveniert, tut sie das nicht — oder sollte es jedenfalls nicht tun —, um sich als politischer Machtfaktor einzuschalten und ehrgeizig mitzumixen, sondern sie tut es — oder sollte es jedenfalls tun —, aus seelsorgerlichen Motiven. Sie weiß ja wie kaum jemand anderes etwas davon, welchen Einfluß die Perversionen des menschlichen Herzens in dieser Welt gewinnen können, nicht nur in unserem persönlichen Handeln, sondern auch in Politik und Wirtschaft und vielen anderen Bereichen.

Wenn sie also ungerechte Strukturen anklagt, dann stellt sie gerade die Schuld des Menschen unter das Gericht und ins Licht der Gebote Gottes, und sie verleiht gleichzeitig den Stummen und Gequälten ihre Stimme. Hier ist ihre Aufgabe.

Hier ist aber auch die *Grenze* dessen, was die Kirche auf dem Felde der Politik zu tun hat und ausrichten kann. Und es ist eine Schande, in welchem Maße diese Grenze immer wieder von Gruppen in ihr — seien es auch noch so winzige, wenn auch lautstarke Minderheiten — überschritten wird, wie diese dann, statt Seelsorger zu sein, auch in politischen Bereichen Politik machen, wie sie bestimmten Ideologien gehorchen und selber (obendrein im *Namen* der Kirche!) politisieren.

Wie eine solche Aktualisierung evangelischer Verkündigung im *sozialethischen* Bereich aussehen könnte, möchte ich abschließend noch an einem Beispiel verdeutlichen: Der paulinisch-reformatorische Satz, daß wir *nicht* »durch gute Werke gerecht werden«, scheint zunächst nur etwas mit unserem individuellen Glaubensleben zu tun zu haben. Er hat aber auch eine Dimension, die in politisch-ideologische Zusammenhänge hineinreicht. Dazu in Kürze nur dies:

Was ist denn mit dem *positiven* Satz gemeint, daß der Mensch doch »durch gute Werke gerecht werden«, daß er also durch Leistung sein Lebenssoll erfüllen könne?

»Durch gute Werke gerecht« zu werden, das hieße — modern ausgedrückt — nichts anderes, als daß der Mensch sich selbst produzieren könne, daß er *Subjekt* seiner Selbstgestaltung sei. Im Judentum zur neutestamentlichen Zeit und auch im Mittelalter dachte man bei dieser Selbstproduktion vor allem an das moralisch verdienstvolle Tun, durch das der Mensch (hier: das Individuum) über sein Sein meint verfügen zu können. Im Zuge moderner Sozialideologien, vor allem der marxistisch inspirierten, wird nun der Gedanke der Selbstproduktion des Menschen ins *Kollektive* abgewandelt: Das Sein des Menschen wird durch gesellschaftliche Strukturen, insbesondere durch die Produktionsverhältnisse bestimmt. Da wir aber diese seine sozialen Bedingungen zu *ändern* vermögen, können wir ihn, den Menschen, *ebenfalls* ändern: Wir können zum Beispiel auf dem Umweg über die zu ändernden Strukturen einen *neuen*, einen nicht mehr verbogenen und entfremdeten Menschen produzieren.

Das ist dann die moderne, die *kollektive* Variante jener alten, von Paulus und von Luther abgewiesenen Illusion, der Mensch könne sich selber gestalten und modellieren, er verfüge also durch ein — wie immer bestimmtes — Leistungsprinzip über sich selber. Hier zeigt sich, wie Luthers Theologie uns helfen kann, eine bestimmte — hier: die marxistische — Anthropologie zu »entideologisieren«.

Auf alle Fälle jedenfalls gilt: Wir können nicht bloß vom Elfenbeinturm unserer frommen Innerlichkeit aus über Glaubensfragen reden. Denn Gott hat die Welt geliebt. Er läßt sich die Welt und ihre Menschen angehen. Vergessen wir das und treiben wir statt dessen nur eine fromme Nabelschau, machen wir Gott zu einer belanglosen Jenseitsfigur. *Eine gottlose Welt und ein weltloser Gott* — das wären Ende und Untergang. Hier würde die Pointe reformatorischer Theologie verfehlt.

Gott ist nicht nur ein Herr über die Herzen. Er ist auch nicht nur der Boß seiner christlichen Parteigänger, sondern er ist der Herr der ganzen Welt. Nicht nur Franz von Assisi und Bodelschwingh gehören zu denen, über die er Herr ist, sondern auch Cyrus und Nebukadnezar und Stalin und Mao Tse-tung.

So führt unser Thema am Ende noch einmal auf das Zentrum, von dem alles ausgehen muß:

Da der Zustand des gefallenen Menschen den geheimen Hintergrund aller Weltzustände bildet, gilt der entscheidende Satz: Wer die Welt verändern will, muß zuerst sich selber ändern. Nur wer sich aufschließen läßt für das »eine, was not ist«, bekommt den offenen Blick und zugleich die Maßstäbe für das viele, was dann *auch* noch nötig zu tun ist und was Gott von ihm haben will.

»Was hülfe es dem Menschen, wenn er die ganze Welt gewönne und nähme doch Schaden an seiner Seele?« so fragt Jesus. Was hülfe es, wenn wir die Perfektion der Welt erreichten — einen Zustand gewaltloser Gerechtigkeit etwa! —, und verlören dabei doch den *Grund,* auf dem diese Welt ruht, und den *Sinn,* der ihr eingestiftet ist? Was hilft uns ein noch so massiv und statisch durchkalkuliertes Haus, wenn es auf Sand gebaut ist?

Kirchenkritik eines Liebenden

Am Ende dieser kritischen Überlegungen stellt sich der Verfasser noch eine selbstkritische Frage. Genauer gesagt: Diese Frage hat ihn vom ersten Augenblick an, ja schon vor der Niederschrift dieses Buches begleitet. Darf jemand, der nicht eben leicht an der gegenwärtigen Situation der Kirche trägt, öffentlich darüber schreiben oder reden? Müßte er das, was ihn leiden macht oder beelendet, nicht als ein pudendum (als einen Gegenstand der Scham) vor fremden Augen verbergen? Könnte es nicht sein, daß sich sonst die »Frommen« geärgert fühlen, während der Applaus von einer falschen Seite auf ihn eindringt? Ausgerechnet auf der Bank der Spötter gäbe es vielleicht ein munteres Getuschel: Nun seht ihr es ja, welche Bruchbude wir da vor uns haben, wenn selbst solch ein Insider seine Querelen loswerden muß.

Wäre der Autor Atheist, könnte die Erlaubtheit des offenen Ausplauderns überhaupt nicht in Frage stehen. Dann wäre ihm schon die bloße Weiterexistenz des Christentums ein Ärgernis, und seine empirische Gestalt würde dieses Ärgernis bestätigen. Sie wäre ihm ein Symbol des herrschsüchtigen Klerikalismus, der Dunkelmännerei (genannt Obskurantismus), der Konfessionsstrategie und der Gewissensknechtung. Es wäre geradezu Ehrensache für ihn, seine Kritik an die große Glocke und dieser leisetretenden Katze die Schelle anzuhängen.

Wenn aber das Bekenntnis dessen, was einen an der gegenwärtigen Kirche belastet, nicht einem grundsätzlichen Nein zu ihr, sondern einer (vielleicht verwundeten) Liebe entstammt: Darf man dann seinen Kummer in die Welt hinausposaunen? Darf man den Böswilligen auf diese Weise Gelegenheit geben, die Klage der Liebe und den Schmerz des Engagements jener Kritik gleichzusetzen, die der Distanzierte und Draußenstehende äußert, die er ärgerlich und überlegen, zynisch oder gönnerhaft, auf jeden Fall aber ungerührt vorbringt? Hat man die Kritik des Katholiken Heinrich Böll an *seiner* Kirche nicht genauso mißverstanden? Hat man sie nicht fast als eine offene Absage gedeutet, obwohl sie doch deutlich vom Zorn und vom Schmerz eines Liebenden gezeichnet war? Sollte man nicht lieber im verborgenen und nur gegenüber Vertrauten davon flüstern, statt zur großen Glocke zu greifen?

Wie man an den vorangehenden Abschnitten sieht, hat sich der Verfasser entschlossen, öffentlich davon zu sprechen und seine Angst vor den lauernden Mißverständnissen zu überwinden. Ich sehe, wie die Entfremdung wächst und wie sich auf heimlichen Wegen Entwicklungen anbahnen, die an Rasanz kaum hinter dem zurückstehen, was die bewußte Strategie der ideologischen Tyranneien auf programmatische Weise anstrebt.

Ich beobachte im Umkreis dieses Themas noch zwei weitere Faktoren:

Zum einen meine ich zu sehen, wie die traurige, ärgerliche oder auch gleichgültige Resignation derer, die sich als desinteressiert verabschieden, auf ähnlichen Anstößen beruhen mag, unter denen auch ich leide. Wäre ich nicht mit allen Fasern dem verbunden, woran die Kirche glaubt — ach, warum rede ich verschlüsselt? —: Wäre ich nicht davon überzeugt, daß Christus lebt und bei uns ist »alle Tage bis an der Welt Ende«, dann hätte ich wohl *auch* so gesprochen wie sie« (Psalm 73,15) und zöge vielleicht ebenfalls die Konsequenz jener anderen, die das vermeintlich brüchige Haus verlassen.

Wenn es aber so ist, daß man der Kirche den Abschied gibt aus Gründen, die auch mich belasten — nur daß die »Abtrünnigen« jenes Schmerzliche von außen sehen, während ich es als Beteiligter und Liebender von innen sehe —, muß ich dann nicht öffentlich davon sprechen? Muß ich jenen an der Kirche Irregewordenen und zuweilen Verzweifelten nicht zeigen, daß das, was ihnen als tot und überlebt erscheint, manchmal tatsächlich die Züge eines Sterbenden haben mag — nur nicht, wie sie wähnen, von der *Geschichte* überholt und zum alten Eisen geworfen, sondern vom Kleinglauben, von Lieblosigkeit und Götzendienst in den eigenen Reihen zu Boden geworfen? Ein armer, verstümmelter Leib des Herrn, dessen Haupt aber lebt und dem so die Verheißung neuen Lebens gilt! Das Feld der Totengebeine harrt des erweckenden Geistes. (Ezechiel 37,1 ff.) Und wem sollte dieser Geist mehr verheißen sein als denen, die die Unnatur dieses Totenfeldes zu entdecken begonnen haben und dem Gott des Lebens vertrauen. Und weiter: Ich selber kenne Gemeinden, in denen sich solche

Auferweckungen aus dem Todesschlaf begeben haben. Als ich sie kennenlernte, waren alle erkennbaren Spuren von Leben verweht. Ihre Gottesdienste waren öde und wurden vor weithin leeren Bänken zelebriert. Wenn es eine Steigerungsform von »tot« gäbe, wäre sie hier wohl angemessen. Dann war plötzlich ein lebendiger Zeuge in ihrer Mitte, und siehe: In den Ruinen und Totenkammern begab sich eine nie geahnte Auferstehung, der die Todesschatten wichen. Auf einmal waren statt der paar alten Leutchen von vorher alle Generationen miteinander versammelt. Die Jungen fanden sich zu eigener spiritueller Arbeit, zu Gottesdiensten zusammen, die sie selber gestalteten, und sammelten sich zu allerhand Formen gemeinsamen Lebens. Die Kirchenmusik blühte neu auf. Bald mußte man frühzeitig genug da sein, um einen ordentlichen Platz zu bekommen.

Wenn ich meine Studenten — also die jungen Theologen und künftigen Verkünder — anschaue, ist es mir schon seit geraumer Zeit ein immer neu angestauntes Wunder, daß die Lebendigsten unter ihnen nicht selten aus religiös gleichgültigen oder gar ablehnenden Elternhäusern stammen. Irgendwann und irgendwo ist ihnen jemand begegnet, dessen Botschaft sie aufhorchen ließ, so daß sie den Anhauch neuen Lebens verspürten. Gerade deshalb vielleicht, weil sie *nicht* in frommer, behüteter Tradition aufgewachsen waren, hatten sie die Chance, daß der Glaube ihnen keine Selbstverständlichkeit, kein von vornherein sie umschließendes »Klima« war, sondern daß er ihnen als unerwartetes Wunder — vielleicht als Aha-Erlebnis — begegnete. So spürte ich gerade bei ihnen immer wieder eine unverbrauchte Frische des Glaubens, eine Originalität *eigener* Begegnung, die dann auch andere ansteckte und nicht das Gefühl aufkommen ließ, nur in das Gehege altgewohnter »Christlichkeit« eingeladen zu werden. Ich sehe bei manchen von ihnen Verheißungen erfüllt, wie sie bei den alten Propheten zu lesen sind (zum Beispiel Jeremia 31,33; Ezechiel 11,19).

All das stand mir vor Augen, als ich dieses Buch niederschrieb. Dabei trieb mich die Frage um: Wird man mir meine pfingstlichen Erwartungen abnehmen, wenn nicht wenige meiner Leser unter beklemmenden Eindrücken stehen, die entweder aus eigener Erfahrung stammen oder die ihnen die Medien mit ihrer Neigung zum Destruktiven vermittelt haben? Würden sie meinen Glauben an das Wunder und an Auferweckungen aus dem Tode nicht vielleicht mit meiner Ahnungslosigkeit und Wirklichkeitsferne erklären? Doch auch die umgekehrte Möglichkeit beschäftigte mich: Könnte es sie nicht nachdenklich machen, wenn ich mich selber als jemanden bekenne, der als Insider die Narben und Entstellungen auf dem Angesicht der Kirche geradezu überdeutlich sieht, die damit verbundenen Probleme unerbittlich analysiert (was ihn einiges kosten mag), und *dann* erst zu begründen sucht, was ihn dennoch an dieser Kirche festhält, an ihre Sendung glauben läßt und die Liebe zu ihr nicht abtötet, sondern eher vertieft?

Ich sehe noch etwas: daß nämlich die Frage nach dem, was die Kirche verkündigen sollte, ja keineswegs verstummt ist. Unsere Generation — die Jugend zumal — ist vielmehr voll des »Hungers und Dürstens« nach Quellen, die ihr inmitten der Wüstenlandschaft heutiger Welt — in einer unabsehbaren Technikeskalation, in einer bedrohten Natur und mit einem Atompilz am Horizont — Wasser des Lebens und der Wahrheit zufließen lassen. Wo lebendige Verkündigung geschieht, ganz gleich ob auf katholischen oder evangelischen Kanzeln, in Kurorten oder daheim, auf Kirchentagen oder wo immer, strömen die Menschen zusammen und die Jugend bildet nicht das kleinste Kontingent. In unzähligen Kundgaben gibt sich die religiöse Frage zu erkennen, manchmal im Klartext, zumeist aber chiffriert, manchmal wie ein Gerücht. Sie verbirgt sich zum Beispiel hinter der Frage nach dem Sinn, nach Auswegen aus Langeweile und Leerlauf. Und auch heute ist es wie eh und je: Wo jemand als Christ oder als christlicher Theologe auftaucht, da wird er auf Fragen seines Glaubens angesprochen und genießt einen oft beschämenden Kredit in allen Fragen menschlichen Vertrauens — es sei denn, daß er ein seltsamer Heiliger oder der früher beschriebene Typ eines dem Leben Entrückten wäre. Die Luft ist voller Verheißungen. Die Felder sind reif zur Ernte. Aber der Arbeiter sind wenige — und auch der Hirten, die nicht nur in den Gehegen weilen, sondern den Verirrten nachgehen und das Abenteuer nicht scheuen.

Dies ist von mir gedacht als ein Gespräch, das im Lichte der Verheißung zwischen denen geführt wird, die an der heutigen Gestalt des Christentums leiden. Die Seligpreisung der Leidtragenden gilt auch hier.
Die Luft ist voller Verheißungen.

Anmerkungen und Quellennachweise

1 In Wirklichkeit steht es mit dieser Parallele allerdings etwas komplizierter, weil die Befreiungstheologie sehr viel ernsthafter ist und auch einen erheblichen Fundus an theologischer Reflexion birgt. Ich wende mich nicht gegen »die« Befreiungstheologie, sondern nur gegen einige ihrer Richtungen, die die politische Dimension zu Lasten der religiösen allzusehr verselbständigen. Soweit ich sehe, kann dieser Vorwurf aber nicht auf den 1985 in den Vatikan zitierten Leonardo Boff bezogen werden. Er hält es vielmehr mit der Synopse beider Dimensionen: »Der heutige Mensch kann . . . einer großen Illusion verfallen, wenn er die Befreiung hauptsächlich als Befreiung aus sozio-ökonomischer Unterdrückung . . . aus der Abhängigkeit von ideologischen globalen Systemen und anderem mehr begreift und weniger als Befreiung aus der radikalen Schizophrenie, die an der Wurzel der Menschheit steht und das menschliche Gewebe zersetzt. Eine Befreiung, die sich nicht diese Gefangenschaft des Herzens zum Ziel setzt, wäre zweifelsohne frustrierend und eine Brutstätte von Illusionen.« Leonardo Boff, Teologia della cattività e della liberazione. Brescia 1977, p. 121 f.; zit v. J. Piepke, Das ist legitime Theologie. Frankfurter Allgemeine Zeitung vom 23.10.1985

2 Hugo von Hofmannsthal, Poesie und Leben. Gesammelte Werke. Hrsg. von Herbert Steiner. Frankfurt am Main 1950. Prosa I., S. 265

3 In der Theologischen Ethik, Bd. I (5. Aufl., Tübingen 1981) habe ich dargelegt, welchen Mißverständnissen der Lehre von den beiden Reichen man verfallen mußte, um zu solch extremen Irrtümern zu gelangen.

4 Martin Kähler, Theologe und Christ. Hrsg. von Anna Kähler. Berlin 1926, S. 113

5 Vgl. mein Buch: Vom geistlichen Reden. Begegnung mit Spurgeon. 4. Aufl., Stuttgart 1978

6 »Das kleine Büchle muß man auswendig können (der Theologe natürlich auf Griechisch).« So Adolf Schlatter, einst großer Neutestamentler in Tübingen

7 Das griechische Wörtchen »de« bedeutet schlicht »aber« und soll nur eine Umschreibung von Kleinigkeiten sein.

8 Siehe Anmerkung 5

9 Dietrich Bonhoeffer, Widerstand und Ergebung. Briefe und Aufzeichnungen aus der Haft. München 1951, S. 232 ff.

10 Zum Beispiel I. Korintherbrief 14. Vgl. das Kapitel über Glossolalie in meinem Buch »Gespräche über Himmel und Erde«. 2. Aufl., Stuttgart 1965

11 Martin Kähler, Theologe und Christ, a.a.O., S. 315

12 Hugo von Hofmannsthal, Brief des Lord Chandos. Gesammelte Werke. Prosa II. a.a.O., 1951, S. 7—20

13 Aus der reichen Literatur über diesen fingierten Brief vgl. vor allem die ausgezeichnete Studie von H. J. Mähl, Die Mystik der Worte. Zum Sprachproblem in der modernen deutschen Dichtung. In: Wirkendes Wort. Jahrg. 13,5, S. 289 ff.

14 Hugo von Hofmannsthal, Prosa I. a.a.O., S. 264 f.

15 Novalis, Schriften. Die Werke Friedrich von Hardenbergs. Hrsg. von Paul Kluckhohn und Richard Samuel. Stuttgart 1981. Bd. 2, S. 378

16 Gottfried Benn, Gesammelte Werke. Hrsg. von Dieter Wellershoff. Stuttgart 1977. Bd. I, S. 528 f.

17 Zit. nach: M. Susman, Ich habe viele Leben gelebt. Stuttgart 1964, S. 11 f.

18 Näheres dazu im Kierkegaard-Kapitel von: Glauben und Denken in der Neuzeit. Die großen Systeme der Theologie und Religionsphilosophie. Tübingen 1983, besonders S. 528 ff.

19 Friedrich Hauß, Der Heilsweg. Predigten von D. Aloys Henhöfer. Karlsruhe o.J., S. 4

20 Vgl. H. Diem, Warum Textpredigt? München 1939

21 Zit. nach O. H. Frommel, Frommels Lebensbild. Berlin 1901. Bd. II, S. 305

22 Ich greife im folgenden Gedanken auf, die ich schon in den »Gesprächen mit amerikanischen Christen« angesprochen habe. Mir liegt aber so viel an diesem Gedanken, daß ich ihn in gegenwärtigem Zusammenhang noch einmal zur Sprache bringen muß. (Gespräche über Himmel und Erde. Begegnungen in Amerika, 2. Aufl., Stuttgart 1965)

23 Gerhard Ebeling, Wort und Glaube. Tübingen 1960, S. 201

24 Rudolf K. Bultmann, Glaube und Verstehen II. Tübingen 1952, S. 59 ff., besonders S. 68

25 Vgl. Theologische Ethik I. a.a.O., § 2144 ff. Geschichte und Existenz. Grundlegung einer evangelischen Geschichtstheologie. 3. Aufl., Gütersloh 1985, S. 66 ff.

26 Zit. nach: O.F. Bollnow, Existenzphilosophie. Systematische Philosophie. Stuttgart/Berlin 1942, S. 349

27 Zit. nach: ebda., S. 356

28 Darüber habe ich genauer in meiner Sexualethik gehandelt. Vgl. Theologische Ethik III. 2. Aufl., Tübingen 1968, § 1845 ff.

29 Ich ziehe im folgenden einen Abschnitt aus dem Vorwort zur 2. Auflage meines Buches »Geschichte und Existenz. Grundlegung einer evangelischen Geschichtstheologie« (Gütersloh 1964) heran.

30 Die Theologen wissen, wie Luther diesen Widerspruch durch die Begriffe opus proprium und opus alienum zum Ausdruck gebracht hat. Ich habe die daraus folgenden Probleme geradezu als Zentralfragen der theologischen Anthropologie und Kosmologie darzustellen versucht (Theologische Ethik I. a.a.O. Theologische Ethik II., I. Tübingen 1985. Ferner: Geschichte und Existenz, a.a.O.)

31 Zu dem Problem und seiner Lösung selbst kann ich hier nicht Stellung nehmen. Das habe ich ausführlich in der »Theologischen Ethik« getan, besonders in den Untersuchungen der »Eigengesetzlichkeiten« in der »Ethik des Politischen«. Bd. II, 2. 4. Aufl., Tübingen 1986, z.B. § 1102 ff., 2906 ff., 423 ff. u.a.

32 Dietrich Bonhoeffer, Widerstand und Ergebung, a.a.O., S. 193

33 Vgl. das Buch des Verfassers: Glauben und Denken in der Neuzeit. a.a.O., S. 103 ff.

34 Georges Bernanos, Tagebuch eines Landpfarrers. Wien 1937, S. 22. Hierzu paßt genau, was Luther in seinen Invocavit-Predigten 1522 zu der Forderung sagt, daß man um der Liebe willen auf manche Aussagen und Gottesdienstformen verzichten solle, für die die Menschen noch nicht reif seien: WA X/3, 3 ff. = Cl VII, 364 f.

35 Vgl. hierzu und zum Folgenden die kommunistische Deutung dieses Durchbruches zur Verkündigung: Partijnaja shisnj, Nr. 22, 1958; Übersetzung abgedruckt in: Ostprobleme, 1959, I, S. 25 ff., besonders S. 27. Inzwischen ist diese Entwicklung weitergegangen.

36 August Winnig, Europa. Gedanken eines Deutschen. Berlin 1937, S. 43

37 Vgl. dazu mein Buch: Offenbarung, Vernunft und Existenz. Studien zur Religionsphilosophie Lessings. 5. Aufl., Gütersloh 1967. Ferner: Glauben und Denken in der Neuzeit. a.a.O., S. 121 ff.

38 Unsere Hamburger »Projektgruppe Glaubensinformation« hat manches von dem Gesagten praktisch ausprobiert, wenn sie sich in Lehrbriefen und Büchern speziell an jene Altersschichten wandte, in denen junge Eltern zu finden sind. Die Resonanz war und ist beträchtlich. — Lehrbriefe (kostenlos erhältlich bei der Ev. Buchhilfe, PF 3180, 3602 Vellmar): Wer glaubt, denkt weiter; Wer glaubt, hat Zukunft; Wer glaubt, lernt Leben. — Buchausgaben in den Verlagen Herder, Freiburg, und Kaufmann, Lahr.

39 DIE ZEIT, Nr. 18/1985, S. 18

40 Der Verfasser hat diese Frage im 3. Band seiner Theologischen Ethik. a.a.O., ein ausführliches Kapitel gewidmet (S. 788 ff.)

41 Erlaß vom 9.11.1983

42 DIE ZEIT, Nr. 18/1985, S. 20

43 ebda.

44 Ein Beispiel dafür ist, daß das offizielle Nordelbische Frauenwerk zur Teilnahme an einer feministischen Tagung einladen kann (April 1985), die bewußt das Thema »Feminismus« nicht zur Diskussion stellen will, sondern als Bedingung der Teilnahme festschreibt, daß man sich vorbehaltlos zur feministischen Theologie bekenne. Die Einladung enthält den Satz: »Dies ist keine Kontroverstagung über Feministische Theologie. Voraussetzung für die Teilnahme ist vielmehr, daß die Teilnehmerinnen bereit sind, sich auf die Art, Arbeitsweise und Fragestellung Feministischer Theologie einzulassen.« (E. Motschmann, Die Dreieinigkeit der Feministinnen: Gott-Mutter, Tochter und Heilige Geistin. In: Erneuerung und Abwehr, 3/1985, S. 17

45 Tilmann Moser, Gottesvergiftung. Frankfurt am Main 1979. H. E. Richter, Der Gotteskomplex. Reinbek bei Hamburg 1979. Edmund Gosse, Father and Son. A Study of Two Temperaments. London 1907. Deutsche Übersetzung: Vater und Sohn. Manesse-Bücherei, Zürich 1973

46 Selbst hier aber kann sich schon ein feministisches Ressentiment bemerkbar machen, wenn man etwa in der Auslegung des Magnificats u.a. die Verheißung angekündigt sieht: ». . . die herrschaft der männchen über die weibchen wird ein ende nehmen« (zitiert bei E. Motschmann, a.a.O., S. 19)

47 In diesem Sinne hat die orthodoxe Lehre von der sogenannten »Verbalinspiration« bis heute verhängnisvoll gewirkt und völlig schiefe Frontstellungen zwischen Theologie und Naturwissenschaft zustande gebracht. Vgl. dazu meine ausführliche Darstellung in: Der evangelische Glaube. Grundzüge der Dogmatik. Tübingen 1978. Bd. III. § 12, S. 253 ff.

48 F. Francis Thompson, The Heart. Vgl. Anmerkung 25

49 Vgl. dazu die ausführlicheren Aufschlüsse in der Theologischen Ethik. Bd. III, a.a.O., § 1809 f. Die beste Verhältnisbestimmung zwischen zeitbedingten Aussagen und den sie überwindenden kerygmatischen Aussagen innerhalb dieses Themas dürfte zu finden sein bei J. Christine Janowski, Umstrittene Pfarrerin. In: M. Greiffenhagen, Das evangelische Pfarrhaus. Eine Kultur- und Sozialgeschichte. Stuttgart 1984, S. 83 ff. — Übrigens zeigt sich die Dominanz des kerygmatischen Gehaltes noch auf einem anderen Gebiet: in der christlichen Forderung der Monogamie. Sie ist biblisch kaum unmittelbar begründet, zumal die Erzväter ja keineswegs monogam lebten. Auch hier dürfte das Liebesgebot maßgeblich beteiligt sein, wenn dem Ehepartner die »Ehre« seiner Einzigkeit zuerkannt wird (vgl. dazu »Monogamie — Polygamie«. In: Theologische Ethik. Bd. III. a.a.O., § 2045 ff.

50 Genauere Entfaltung dieses Verhältnisses von Indikativ und Imperativ: Theologische Ethik. Bd. I. a.a.O., § 315 ff.

51 Helga Sorge, Frieden und Eros. Zur Friedensfrage aus matriarchalischer Sicht. In: Radius-Almanach 1983/84, S. 26 ff., besonders S. 31, 32

52 Vgl. dazu das klassische Werk von Leopold Ziegler, Überlieferung. Leipzig 1936, S. 173 ff.

53 Mary Daly, Gyn/Ökologie. Die Metaethik des Radikalen Feminismus. München 1982, S. 33, 37

54 Ein drastisches Beispiel für diese Identifizierung einer politischen Meinung mit einer Bekenntnisaussage ist die Erklärung des »Moderamens des Reformierten Bundes« vom 12.6.1982 über »Das Bekenntnis zu Jesus Christus und die Friedensverantwortung der Kirche«. Hier wird ein »Nein ohne jedes Ja« als *die* christliche Gewissensentscheidung gegenüber Massenvernichtungsmitteln selbst für den Fall gesprochen, daß sie in den Dienst der Abschreckung gestellt sein, also ihre Nicht-Anwendung zum Ziel haben sollen. (Vgl. die Dokumentation des epd darüber in Nr. 38a/82 vom 19.8.82). Obwohl die maßgebenden Verfasser (H. J. Kraus und H. Kern) in sehr gewundener Form einräumen, es gebe im Umkreis der »politischen Konkretion des ›Nein‹ unterschiedliche Auffassungen, die keinen Bekenntnisrang haben«, steht es fest, daß hier eine Trennungslinie zwischen einer Pseudo-Nuklear- und einer Friedens-Kirche festgemacht werden soll. Vgl. dazu den Brief des Moderamens auf eine Anfrage des Evangelischen Arbeitskreises der CDU vom 2.11.82.

55 DIE WELT vom 22.2.1985

56 Vgl. dazu: Ethik des Politischen. Theologische Ethik. Bd. II., 2. a.a.O.

57 Vgl. dazu: Theologische Ethik. Bd. II, 1. a.a.O., § 752 ff.: Das Problem der Gen-Manipulation. Kern-Umbau. Genetic Engineering

58 Vgl. dazu: Theologische Ethik. Bd. I. a.a.O., § 1852-2086: Das Problem des Naturrechts und die Lehre von den Ordnungen

59 Vgl. dazu: Thielicke, Christliche Verantwortung im Atomzeitalter. Ethisch-politischer Traktat über einige Zeitfragen. Stuttgart 1957, S. 38 ff.

60 ebda., S. 44 ff. Hier habe ich das Recht zu solchen Aussagen kritisch untersucht.

61 Vgl. dazu: Thielicke, Religion in Geschichte und Gegenwart. 3. Aufl. Tübingen 1957. Bd. I, Sp. 559 f.

62 Siehe Anmerkung I

63 Dazu: Thielicke, Kulturkritik der studentischen Rebellion. Tübingen 1969. Zum Thema der Arbeiterpriester: G. Cesbron, Die Heiligen gehen in die Hölle. 1153. Ferner: Arbeiterpriester. Dokumente (Weißbuch der 73 protestierenden Priester) 1956. Siehe auch Herderkorrespondenz, Jahrgänge 1952—54, passim

64 Genesis-Vorlesung 1535—1545. In: Weimarer Ausgabe in 69 Bänden. 1883 ff. Bd. 42, S. 79, Z. 7 bis 19

65 Vgl. Theologische Ethik. Bd. II, 2. a.a.O., § 69 ff., 92, 2985
66 Welche Mühe hat etwa ein Autor wie Franz Alt und welche Umwege muß
    er einbauen, um die Relevanz der Bergpredigt für politische Entscheidungen
    im Atomzeitalter aufzuzeigen! Siehe dazu sein vielgelesenes Buch: Frieden ist
    möglich. Die Politik der Bergpredigt. 17. Aufl., München 1984
67 Alle diese Thesen sind von einer fragwürdig fundamentierten Theologie denn
    auch vertreten worden. Als Beispiel weise ich nur hin auf G. Wünsch, Evan-
    gelische Ethik des Politischen. Tübingen 1936, S. 384 ff.
68 Jacob Burckhardt, Weltgeschichtliche Betrachtungen. 12. Aufl., Stuttgart
    1978, S. 36 f. Vgl. dazu: Thielicke, Ethik des Politischen (Theologische Ethik.
    Bd. II, 2.) a.a.O., § 1102 ff.
69 Vgl. dazu die Lessingstudien des Verfassers: Offenbarung, Vernunft und Exi-
    stenz. a.a.O. Vernunft und Existenz bei Lessing. Das Unbedingte in der Ge-
    schichte. Veröffentlichung der Joachim-Jungius-Gesellschaft der Wissenschaf-
    ten. Nr. 40, 1981
70 Zitiert nach H. F. Steiner, Marxisten—Leninisten über den Sinn des Lebens.
    Eine Studie zum kommunistischen Menschenbild. Essen 1970, S. 254
71 Während der Mensch des bürgerlichen Zeitalters die Welt als vertraut und
    durchschaubar empfand, ist für Camus unsere heutige Welt unbegreiflich,
    chaotisch und absurd geworden. Im Universum, wie wir es heute sehen, sind
    wir aller Illusionen eines möglichen Verstehens beraubt und fühlen uns in
    ihm als Fremde. (Diesen Gedanken der Fremdheit hat Camus' Freund, der
    Molekular-Biologe Jacques Monod in: Zufall und Notwendigkeit. Philoso-
    phische Fragen der modernen Biologie. 6. Aufl., München 1983, von ihm
    übernommen.) So ergibt sich ein Zwiespalt zwischen dem Menschen und sei-
    nem Leben, zwischen dem Wunsch, ein sinnvolles Band zu finden, das die
    Welt im Innersten zusammenhält, *und* der Unmöglichkeit, in dieser »frem-
    den« und undurchschaubaren Welt diesen Wunsch zu befriedigen. Dieser Wi-
    derspruch bildet für Camus die eigentliche Absurdität.
    Trotzdem führt diese Feststellung nicht zur Resignation, sondern eher zum
    Trotz. Ohne in irgendeine Transzendenz auszuweichen — was für Camus
    nur Flucht bedeuten würde — muß jener Widerspruch ausgehalten werden:
    Der Widerspruch zwischen »dem sehnsüchtigen Geist und der enttäuschen-
    den Welt«. Auf diesem »schwindelnden Grat« gilt es sich zu halten ohne
    Hoffnung, ohne Verzweiflung und ohne den Ausweg ins Irrationale zu su-
    chen. Gerade diese Absurdität eröffnet für Camus ungeahnte Perspektiven,
    sich in Freiheit und Trotz ihm gegenüber zu behaupten. Es ist die Freiheit
    des zu Tode Verurteilten, diese »unglaubliche Interesselosigkeit allem anderen
    gegenüber als der reinen Flamme des Lebens«.
    Vgl. vor allem Albert Camus: Der Mythos von Sisyphos. Ein Versuch über

das Absurde. Reinbek bei Hamburg 1963. Ferner: Der Mensch in der Revolte. Reinbek bei Hamburg 1958

72 Werner Heisenberg, Das Naturbild der heutigen Physik. In: Die Künste im technischen Zeitalter. Hrsg. von der Bayerischen Akademie der Schönen Künste. München 1954, S. 68

Veröffentlichungen des Autors in Auswahl

Das Verhältnis zwischen dem Ethischen und dem Ästhetischen. Leipzig 1932 (Felix Meiner). Buchausgabe der philosophischen Dissertation.

Geschichte und Existenz. Grundlegung einer evangelischen Geschichtstheologie. I. Aufl. 1935, 2. Aufl. Gütersloh 1964, 3. Aufl. 1985. Buchausgabe der theologischen Dissertation.

Offenbarung, Vernunft und Existenz. Studien zur Religionsphilosophie Lessings. 1. Aufl. 1936. 5. Aufl. Gütersloh 1967 (Gerd Mohn). Buchausgabe der Habilitationsschrift. Gekürzte Neubearbeitung unter dem Titel: Vernunft und Existenz bei Lessing. Das Unbedingte in der Geschichte. Joachim-Jungius-Gesellschaft der Wissenschaften, Hamburg 1981 (Nr. 40).

Fragen des Christentums an die moderne Welt. Untersuchungen zur geistigen und religiösen Krise des Abendlandes. Tübingen 1947 (J. C. B. Mohr). Mehrere während des Krieges anonym erschienene Vorausauflagen im Verlag Oikumene Genf.

Der Glaube der Christenheit. 5. Aufl. Göttingen ab 1947 (Vandenhoeck und Ruprecht). Die im Krieg gehaltenen Stuttgarter Stiftsvorträge.

Theologie der Anfechtung. Gesammelte Aufsätze. Tübingen 1949 (J. C. B. Mohr).

Kirche und Öffentlichkeit. Tübingen 1947 (J. C. B. Mohr). Der für die Kirchenkonferenz in Treysa 1945 geplante und dann ausgefallene, im Druck erweiterte Vortrag.

Theologische Ethik

Band I: Prinzipienlehre. Dogmatische, philosophische und kontroverstheologische Grundlegung. 5. Aufl. Tübingen 1981. Band II/1: Entfaltung, 1. Teil: Mensch und Welt. 5. Aufl. Tübingen 1985. Band II/2: Entfaltung. 2. Teil: Ethik des Politischen. 4. Aufl. Tübingen 1986. Band III: Entfaltung. 3. Teil: Ethik der Gesellschaft, des Rechtes, der Sexualität und der Kunst. 2. Aufl. Tübingen 1968. 3. Aufl. in Arbeit (sämtlich J. C. B. Mohr).

Der Evangelische Glaube. Grundzüge der Dogmatik.

Band I: Prolegomena. Die Beziehung der Theologie zu den Denkformen der Neuzeit. Tübingen 1968. Band II: Gotteslehre und Christologie. Tübingen 1973. Band III: Theologie des Geistes. Tübingen 1978 (sämtlich J. C. B. Mohr).

Glauben und Denken in der Neuzeit. Die großen Systeme der Theologie und Religionsphilosophie. Tübingen 1983 (J. C. B. Mohr).

Notwendigkeit und Begrenzung des politischen Auftrags der Kirche. Tübingen 1974 (J. C. B. Mohr)

Kulturkritik der studentischen Rebellion. Tübingen 1969 (J. C. B. Mohr).

Mensch sein — Mensch werden. Entwurf einer christlichen Anthropologie, 4. Aufl. München 1981 (R. Piper Verlag).

Goethe und das Christentum. München 1982 (R. Piper Verlag).

Zu Gast auf einem schönen Stern. Erinnerungen. Hamburg 1984, 5. Aufl. 1985 (Hoffmann und Campe Verlag).

Predigt- und Meditationsbücher, erschienen ab 1947 in vielen Auflagen (auch als Taschenbuch) im Quell-Verlag Stuttgart:

Das Gebet, das die Welt umspannt. Reden über das Vaterunser. — Das Bilderbuch Gottes. Reden über die Gleichnisse Jesu. — Das Leben kann noch einmal beginnen. Ein Gang durch die Bergpredigt. — Wie die Welt begann. Der Mensch in der Urgeschichte der Bibel. — Woran ich glaube. Der Grund christlicher Gewißheit. — Und wenn Gott wäre . . . Reden über die Frage nach Gott. — Glauben als Abenteuer. Unsere Lebensfragen im Lichte biblischer Texte. — Vom geistlichen Reden. Begegnung mit Spurgeon. — Gespräche über Himmel und Erde. Begegnungen in Amerika. — Auf dem Weg zur Kanzel. Sendschreiben an junge Theologen und ihre älteren Freunde.

Reiseberichte, erschienen in mehreren Auflagen und Ausgaben (auch als Taschenbuch) bei Gerd Mohn Gütersloh:

Vom Schiff aus gesehen. Tagebuch einer Ostasienreise (ab 1959). — So sah ich Afrika. Tagebuch einer Schiffsreise (ab 1971). Neuerscheinungen im Quell-Verlag, Stuttgart, in Vorbereitung.

Herder-Taschenbücher, erschienen im Herder Verlag Freiburg/Brsg.:

Wer darf sterben? Grenzfragen der modernen Medizin (Nr. 710. 3. Aufl. 1981). Das Lachen der Heiligen und Narren. Nachdenkliches über Witz und Humor (Nr. 491. 5. Aufl. 1982)

Brockhaus-Taschenbücher, erschienen bei R. Brockhaus Wuppertal:

Zwischen Gott und Satan. Die Versuchung Jesu und die Versuchlichkeit des Menschen (Nr. 267. 1978). Seit 1938 vielfach aufgelegt und in verschiedenen Verlagen erschienen. Das Schweigen Gottes. Fragen aus der Bedrängnis (Nr. 288. 1979). Seit 1947 mehrfach aufgelegt.

BIOGRAPHIE

Als Band mit der Bestellnummer 61 106 erschien:

Helmut Thielicke Zu Gast auf einem schönen Stern

Erinnerungen

Helmut Thielicke, einer der meistgelesenen und meistgehörten Theologen unserer Zeit, erzählt sein langes, erfülltes Leben in anekdotisch aufgelockerter Form, spannend und humorvoll. Sein Lebensbericht ist zugleich ein Zeugnis der bedeutsamsten historischen Entwicklungen unseres Jahrhunderts, ein informativer Einblick in die Geschichte der deutschen Universitäten und in das religiöse Leben dieser Zeit.

BASTEI LÜBBE

SACHBUCH

Als Band mit der Bestellnummer 60 184 ist erschienen:

Zu den meistbeachteten öffentlichen Ereignissen gehört Jahr für Jahr die Verleihung des Friedensnobelpreises. Nicht immer werden die Entscheidungen des Preiskomitees vorbehaltlos begrüßt, aber stets haben sie weltweites Interesse gefunden. In ausführlichen Einzelporträts werden hier die Träger der international wichtigsten politischen Auszeichnung vorgestellt: ihr Lebensweg, ihr Dienst im Geiste des Friedens und ihre welthistorische Bedeutung.

Sachbuch

Als Band mit der Bestellnummer 60205 erschien:

Das Dokument einer Generation der suchenden Väter –
ein Buch zum Nachdenken.

BIOGRAPHIE

Als Band mit der Bestellnummer 61 096 ist erschienen:

Vor über einem halben Jahrtausend wurde Martin Luther geboren. Der namhafte Historiker Hellmut Diwald zeichnet den
Lebensweg des Reformators nach. Seine Darstellung zeigt uns
einen anderen Luther als den, der allzuoft in unverbindlichen
Gedächtnisfeiern zitiert wird. Für Diwald ist Luther ein Mann,
der in unserer eigenen Zeit leben könnte, dessen gewaltige
Stimme noch immer zu hören und zu verstehen ist.